主　　编　曹士兵　国家法官学院副院长
副 主 编　关　毅　国家法官学院科研部主任
　　　　　刘　畅　国家法官学院科研部副主任
主编助理　边疆戈　国家法官学院科研部编辑
　　　　　苏　烽　国家法官学院科研部编辑

《中国法院年度案例》编辑人员（按姓氏笔画）
边疆戈　朱建伟　刘　畅　关　毅　苏　烽
罗胜华　孟　军　赵丽敏　袁登明　徐一楠
唐世银　曹士兵　曹海荣　梁　欣　程　瑛

本书编审人员　曹海荣

中国法院
2018年度案例

国家法官学院案例开发研究中心 ◎ 编

买卖合同纠纷

中国法制出版社
CHINA LEGAL PUBLISHING HOUSE

《中国法院年度案例》通讯编辑名单

刘书星	北京市高级人民法院	杨　治	浙江省高级人民法院
刘晓虹	北京市高级人民法院	李相如	福建省高级人民法院
董　扬	天津市高级人民法院	李春敏	福建省高级人民法院
陈希国	山东省高级人民法院	陈九波	广东省高级人民法院
王　佳	河北省高级人民法院	贺利研	广西壮族自治区高级人民法院
马　磊	河南省高级人民法院	唐　洁	广西壮族自治区高级人民法院
李　玮	内蒙古自治区高级人民法院	李周伟	海南省高级人民法院
刘芳百	黑龙江省高级人民法院	豆晓红	四川省高级人民法院
李慧玲	吉林省高级人民法院	游中川	重庆市高级人民法院
周文政	辽宁省高级人民法院	尤　青	陕西省高级人民法院
牛晨光	上海市高级人民法院	袁辉根	陕西省高级人民法院
马云跃	山西省高级人民法院	施辉法	贵州省贵阳市中级人民法院
孙烁犇	江苏省高级人民法院	杨　聃	云南省高级人民法院
戴鲁霖	江苏省高级人民法院	冯丽萍	云南省昆明市中级人民法院
沈　杨	江苏省南通市中级人民法院	饶　媛	云南省昆明市中级人民法院
周耀明	江苏省无锡市中级人民法院	石　燕	新疆维吾尔自治区高级人民法院
胡　媛	江西省高级人民法院	王　琼	新疆维吾尔自治区高级人民法院生产建设兵团分院
黄金波	湖北省宜昌市中级人民法院		
唐　竞	湖南省高级人民法院	韦　莉	青海省高级人民法院
庞　梅	安徽省高级人民法院	孙启英	青海省高级人民法院
曹红军	安徽省高级人民法院		

序

法律的生命在于实施，而法律实施的核心在于法律的统一适用。《中国法院年度案例》丛书出版的价值追求，即是公开精品案例，研究案例所体现的裁判方法和理念，提炼裁判规则，为司法统一贡献力量。

《中国法院年度案例》丛书，是国家法官学院于2012年开始编辑出版的一套大型案例丛书，之后每年年初定期出版，由国家法官学院案例开发研究中心具体承担编辑工作。此前，该中心坚持20余年连续不辍编辑出版了《中国审判案例要览》丛书近90卷，分中文版和英文版在海内外发行，颇有口碑，享有赞誉。现在编辑出版的《中国法院年度案例》丛书，旨在探索编辑案例的新方法、新模式，以弥补当前各种案例书的不足。该丛书2012～2017年已连续出版6套，一直受到读者的广泛好评，并迅速售罄。为更加全面地反映我国司法审判的发展进程，顺应审判实践发展的需要，响应读者需求，2014年度新增3个分册：金融纠纷、行政纠纷、刑事案例，2015年度将刑事案例调整为刑法总则案例、刑法分则案例2册，2016年度新增知识产权纠纷分册，2017年度新增执行案例分册。现国家法官学院案例开发研究中心及时编撰推出《中国法院2018年度案例》系列丛书，将刑事案例扩充为4个分册，共23册。

总的说来，当前市面上的案例丛书百花齐放，既有判决书网，可以查询各地、各类的裁判文书，又有各种专门领域的案例汇编书籍，以及各种案例指导、案例参考等读物，十分活跃，也各具特色。而《中国法院年度案例》丛书则试图把案例书籍变得"好读有用"，故在编辑中坚持以下方法：一是高度提炼案例内容，控制案例篇幅，每个案例基本在3000字以内；二是突出争议焦点，剔除无效信息，尽可能在有限的篇幅内为读者提供有效、有益的信息；三是注重对案件裁判文书的再加工，大多数案例由案件的主审法官撰写"法官后语"，高度提炼、总结案例的指导价值。

同时，《中国法院年度案例》丛书还有以下特色：一是信息量大。国家法官学院案例开发研究中心每年从全国各地法院收集到的上一年度审结的典型案例超过10000件，使该丛书有广泛的选编基础，可提供给读者新近发生的全国各地的代表性案例。二是方便检索。为节约读者选取案例的时间，丛书分卷细化，每卷下还将案例主要根据案由分类编排，每个案例用一句话概括裁判规则、裁判思路或焦点问题作为主标题，让读者一目了然，迅速找到需求目标。

中国法制出版社始终全力支持《中国法院年度案例》的出版，给了作者和编辑们巨大的鼓励。2018年新推出数据库增值服务。购买本书，扫描前勒口二维码，即可在本年度免费查阅使用上一年度案例数据库。我们在此谨表谢忱，并希望通过共同努力，逐步完善，做得更好，真正探索出一条编辑案例书籍、挖掘案例价值的新路，更好地服务于学习、研究法律的读者，服务于社会，服务于国家的法治建设。

本丛书既可作为法官、检察官、律师等司法实务工作人员的办案参考和司法人员培训推荐教程，也是社会大众学法用法的极佳指导，亦是教学科研机构案例研究的精品素材。当然，案例作者和编辑在编写过程中也不能一步到位实现最初的编写愿望，可能会存在各种不足，甚至错误，欢迎读者批评指正，我们愿听取建议，并不断改进。

曹士兵

目 录
Contents

一、标的物质量

1. 产品质量异议 ·· 1
   ——北京北方永邦科技股份有限公司诉重庆非致科技发展有限公司买卖合同案
2. 买卖合同纠纷中检验期间的认定 ··· 5
   ——首佳提供照明方案（北京）有限责任公司诉北京天超仓储超市有限责任公司买卖合同案
3. 质量异议期约定不明时应如何认定 ·· 8
   ——江门市蓬江区金石机电有限公司诉北京航天嘉诚精密科技发展有限公司买卖合同案
4. 买卖合同纠纷中检验期合理期间的认定 ·· 12
   ——北京点众电子股份有限公司诉北京天合兄弟科技有限公司买卖合同案
5. 欺诈行为的认定 ·· 16
   ——姜楠诉北京市华德宝汽车销售服务有限公司买卖合同案
6. 网络购物合同中平台经营者欺诈行为标准的认定 ···························· 20
   ——龙正君诉乐视控股（北京）有限公司等网络购物合同案
7. 特定物交易中欺诈行为的认定 ··· 26
   ——谢张福诉徐建国、黄柏林买卖合同案
8. 宣传手册的宣传语与实际不符能否认定经营者欺诈 ························· 29
   ——王娴诉北京沃尔玛百货有限公司买卖合同案

9. 《卫生证书》能否证明进口食品在流通环节符合我国食品安全标准 …………… 32
　　——张培磊诉北京湖南大厦酒店管理有限公司买卖合同案

10. 进口食品无中文标识不属于不符合食品安全标准 ………………………………… 36
　　——唐中华诉北京颐泉万家超市有限公司买卖合同案

11. 玛咖片未标食用限量及不适宜人群是否违反食品安全标准 ……………………… 41
　　——杨照诉优禾生活实业（上海）有限公司北京大兴分公司买卖合同案

12. 实践中"退一赔十"如何认定 ………………………………………………………… 44
　　——莫承福诉普安县宏鑫茶业开发有限公司买卖合同案

13. 《食品安全法》第一百四十八条但书部分的适用 ………………………………… 48
　　——叶春玲诉北京家乐福商业有限公司买卖合同案

14. 非生活消费目的购买行为能否适用消费者权益保护法惩罚性赔偿制度 ……… 52
　　——苏振磊诉天津市小猫线缆有限公司北京第三分公司、天津市小猫线
　　　缆股份有限公司买卖合同案

15. 消费者权益保护法"退一罚三"条款在网络购物中的应用 ……………………… 55
　　——王涛诉北京蓝田衣莎商贸有限公司买卖合同案

16. 消费者连续多次购买同一种商品应视为同一购买行为仅能获得一次
　　惩罚性赔偿 ……………………………………………………………………………… 59
　　——简晓华诉天津华润万家生活超市有限公司、天津华润万家生活超市
　　　有限公司紫金山路分公司买卖合同案

17. 以营利为目的的多次重复购买不应支持多次惩罚性赔偿 ………………………… 62
　　——张亚新诉北京京客隆商业集团股份有限公司、北京京客隆商业集团
　　　股份有限公司买卖合同案

二、买卖合同的订立

18. 买卖合同关系成立的认定 …………………………………………………………… 65
　　——王明诉北京家乐福商业有限公司、北京家乐福商业有限公司天通苑
　　　店买卖合同案

19. 买卖合同关系成立的认定 ………………………………………… 68
　　——康冰诉阜康市小红沟华建节能环保砖厂、马建军买卖合同案

20. 当事人是否存在买卖合同法律关系的认定 ……………………… 71
　　——封开县盈晖材料贸易有限公司诉广州铁路集团广州铁路经济技术开
　　　发总公司买卖合同案

21. 买卖合同关系与承揽合同关系如何认定 ………………………… 75
　　——北屯市一八三团宏宇陶瓷诉王江平买卖合同案

22. 网络购物中"现货代购"性质的认定及食品无中文标签的罚则 …… 78
　　——崔志伟诉蓝连秀买卖合同案

23. 买卖合同"走单不走货"交易模式的认定及处理 ………………… 82
　　——广州市煤建有限公司诉深圳市中油通达石油有限公司买卖合同案

24. 多方参与的循环贸易中"名为买卖实为借贷"的判断标准 ……… 86
　　——中铁物贸（北京）商贸有限公司诉天津滨海投资集团商贸有限公司
　　　买卖合同案

25. 买卖合同相对人的认定 …………………………………………… 91
　　——孟凡岭诉宁玉峰等买卖合同案

26. 个人行为和职务行为的区分 ……………………………………… 94
　　——林建萍诉重庆鑫龙建筑劳务有限公司买卖合同案

27. 电子证据的采信 …………………………………………………… 96
　　——江西坚强百货连锁有限公司诉厦门市好月圆贸易有限公司买卖合同案

28. 在审判实践中如何处理民刑交叉的问题 ………………………… 100
　　——安费诺科技（珠海）有限公司诉三门峡恒生科技研发有限公司买卖
　　　合同案

三、买卖合同的效力

29. 转让禁止转让标的合同效力如何认定 …………………………… 105
　　——马建设诉闫胜利买卖合同案

30. 工程项目部对外签订合同的效力认定 …………………… 108
    ——无锡市锡山区东北塘镇顺通木业经营部诉南通四建集团有限公司买卖合同案

31. 网购《购物须知》中管辖条款的效力问题 ………………… 112
    ——王海诉捷安特（昆山）有限公司网络购物合同管辖异议上诉案

32. 买受人与分包人签订的包工包料包结算合同的效力是否及于出卖人 …… 115
    ——北京京申申泰科技发展有限公司诉深圳海外装饰工程有限公司买卖合同案

33. 战略合作协议在买卖合同中效力的认定及溯及力 …………… 119
    ——绿城电子商务有限公司诉深圳市中航装饰设计工程有限公司、台州银行股份有限公司买卖合同案

34. 买卖合同双方约定的"不含税"条款是否有效 ……………… 122
    ——长沙市展源金属材料贸易有限公司诉黔东南州兴源建筑工程有限责任公司买卖合同案

35. 借名买车情形下机动车所有权的认定 ……………………… 126
    ——贾平安诉邱国建买卖合同案

36. 夫妻一方处置共有房产是否有效 …………………………… 129
    ——罗克清诉邹淑珍、赖君粦房屋买卖合同案

37. 签订合同过程中有权代理、无权代理和表见代理的区别 …… 133
    ——广西攀峰化工有限公司诉广西忻城县宏图锰业有限责任公司买卖合同案

38. 代理人以被代理人名义从事的活动所产生的法律后果由被代理人承担 …… 139
    ——北京鑫方盛五金交电有限公司诉北京金运通商贸有限公司、余本金买卖合同案

39. 行为人冒用单位名义签订合同构成合同诈骗罪时单位的责任承担 …… 144
    ——陈海波诉上海益典船舶销售有限公司买卖合同案

40. 个体工商户的营业执照能否转让 …………………………… 147
    ——张成林诉董英买卖合同案

41. 正确适用第三人撤销之诉规定保护案外第三人合法权益 ……………… 151
——刘忠宪等诉刘忠荣、刘桂英第三人撤销之诉案

四、买卖合同的履行

42. 用承兑汇票支付货款，汇票后被宣告无效，是否完成履行义务 ……… 156
——唐山盾石电气有限责任公司诉华效资源有限公司买卖合同案

43. 买卖机动车辆的过户问题 ……………………………………………… 160
——刘斌诉王为玲买卖合同案

44. 购车人有权要求4S店交付车辆合格证并赔偿损失 …………………… 163
——李金松诉北京联拓诚信商贸有限公司买卖合同案

45. 买卖合同中有关单证交付义务的认定 ………………………………… 166
——零英诉广西臻辰汽车销售服务有限公司买卖合同案

46. 汽车合格证能否"质押" ………………………………………………… 169
——徐静诉安徽省淳泰东标汽车销售服务有限公司等买卖合同案

47. 买卖合同中增值税发票的履行效力 …………………………………… 172
——周清怀诉宁国市双利物流有限公司、徐健买卖合同案

48. 交易习惯在事实认定中的运用 ………………………………………… 175
——厦门市开源顺贸易有限公司诉厦门市中靖建设工程有限公司买卖合同案

49. 民事诉讼中用交易习惯规则认定买卖合同履行行为 ………………… 178
——兰元涛诉杨中亮、卢忠勤买卖合同案

50. 以交易习惯认定合同的履行 …………………………………………… 182
——张栋良诉厦门艺闽工贸有限公司买卖合同案

51. 关于网购产品"七天无理由退货"问题的认定 ……………………… 184
——吴超诉北京京东世纪信息技术有限公司买卖合同案

52. 增值税发票上记载的单价可否作为合同标的物单价 ………………… 188
——大连亚德石油化工有限公司诉中航油进出口有限责任公司买卖合同案

53. 报关单电子数据表的采信 ································· 192
    ——苏州市合庆纺织贸易有限公司诉厦门东纶贸易有限公司买卖合同案

54. 网络交易平台的责任 ····································· 196
    ——陈明诉纽海电子商务（上海）有限公司买卖合同案

55. 网络经营者主体分离应承担赔偿责任 ····················· 200
    ——靳超诉北京苏宁云商销售有限公司买卖合同案

56. 经营者未正确履行告知义务是否必然构成欺诈 ············· 204
    ——孙文禄诉北京燕莎友谊商城有限公司、北京燕莎友谊商城有限公司奥特莱斯购物中心买卖合同案

57. 欺诈的构成要件及认定 ··································· 207
    ——单海燕诉北京寰宇恒通汽车有限公司买卖合同案

58. 合同第三人选择受托人或委托人主张权利 ················· 211
    ——莫高诉李光添买卖合同案

59. 一人有限责任公司股东的连带责任问题 ··················· 214
    ——单恩伶诉北京宝林轩鸭王餐饮有限公司、叶种忍买卖合同案

60. 双务合同抗辩权对抗时应先审查先履行方的抗辩权 ········ 217
    ——福建永宏达建筑工程有限公司诉黄世忠买卖合同案

五、买卖合同的变更、转让和终止

61. 合同变更的认定问题 ····································· 221
    ——北京仁信机械加工厂诉北京精诚铂阳光电设备有限公司买卖合同案

62. 以主体变更名义产生的债权债务概括转移应以"变更"时的债权债务数额为限 ··· 224
    ——北京均博阶点商贸有限公司诉北京万方西单商场有限责任公司买卖合同案

63. 第三人向债权人出具《承诺函》的行为应认定为债务转移还是债务加入 ………………………………………………………………… 227
　　——人民法院出版社诉英特华（北京）国际文化交流中心、英特嘉华（北京）电子商务有限公司买卖合同案

64. 股东出资不实对公司债务的补充责任 ………………………… 230
　　——无锡市金达成环锻厂诉洛阳华巩重型机械制造有限公司、巩琦买卖合同案

65. 按揭贷款商品房买卖合同法定解除权行使条件的认定 ……… 232
　　——融创公司诉詹神光、张益凤商品房买卖合同案

66. 买卖合同的解除及法律后果 …………………………………… 236
　　——杭州富瑞司纺织有限公司诉绍兴东方能源工程技术有限公司买卖合同案

67. 合同条款的解释 ………………………………………………… 241
　　——王德文诉北京星德宝汽车销售服务有限公司买卖合同案

六、买卖合同的违约责任

68. 以连环买卖合同形式实施融资发生违约时如何认定法律关系和违约责任 ……………………………………………………………… 245
　　——中钢炉料有限公司诉北京天润东方经贸有限公司、北京亚欧经贸集团有限公司买卖合同案

69. 总合同项下多笔交易滚动付款情形下，如何确定被告未付款项及违约责任 ……………………………………………………………… 250
　　——新疆五月山贸易有限公司诉浙江宝恒建设有限公司分期付款买卖合同案

70. 对未采取措施防止损失扩大的部分损失不得要求赔偿 ……… 253
　　——吴涧权诉芜湖市安腾汽贸有限公司买卖合同案

71. 逾期交房违约金的计算 ………………………………………… 257
　　——陈鑫生诉柳州市乐和房地产开发有限公司商品房预售合同案

72. 违约金约定是否过高的判定及违约金调整制度中的举证责任分配 ………… 261
　　——北京盛泽利恒食品有限公司诉绍兴市虞瑞制冷设备有限公司买卖合同案

七、其他

73. 买卖合同纠纷中"代办"行为是否属于居间法律关系 ……………………… 265
　　——刘新民诉范词银买卖合同案

74. 居间人怠于履行如实报告义务之责任分析 …………………………………… 269
　　——邱宇明诉颜丽琴、厦门麦田人房地产代理有限公司房屋买卖合同案

75. 海运货物到港后的善意取得认定 ……………………………………………… 273
　　——荷兰合作银行香港分行诉中铁物贸有限责任公司、沈阳东方钢铁有限公司第三人撤销之诉案

76. 分期购车合同"车贷服务费"收取的依据及其合理性的认定 ……………… 283
　　——王志华诉北京奥吉通汽车销售有限公司买卖合同案

77. 多份合同约定管辖不一致时如何确定管辖法院 ……………………………… 286
　　——北京恩泽兴正商贸有限公司诉北京音乐之声餐饮文化有限公司买卖合同案

78. 代开发票的主体是否应对不符合食品安全标准的"十倍赔偿"承担连带责任 ……………………………………………………………………… 289
　　——喻峰诉北京西点永定百货市场有限公司、林翠买卖合同案

79. 担保人担保责任认定问题 ……………………………………………………… 292
　　——奇台县兴农源商贸有限公司诉常贵等买卖合同案

一、标的物质量

1

产品质量异议

——北京北方永邦科技股份有限公司诉重庆非致科技发展有限公司买卖合同案

【案件基本信息】

1. 裁判书字号

北京市第一中级人民法院（2016）京01民终2972号民事判决书

2. 案由：买卖合同纠纷

3. 当事人

原告（被上诉人）：北京北方永邦科技股份有限公司（以下简称北方永邦公司）

被告（上诉人）：重庆非致科技发展有限公司（以下简称重庆非致公司）

【基本案情】

2014年4月至11月，重庆非致公司（甲方）与北方永邦公司（乙方）签订《产品供销合同》，购买WB-C05防爆手机。合同对产品质量、交货期、违约责任等条款进行了约定。北方永邦公司的合同经办人是张某某。后用户在使用过程中发现手机存在质量问题。双方就手机存在的质量问题也进行了多次协商和沟通。

2015年3月17日，重庆非致公司将防爆手机的3块电池委托成都产品质量检验研究院有限责任公司进行检验，检验结论为样品不合格。重庆非致公司为此支出检验费4000元。

自2014年7月至2015年10月，重庆非致公司多次至中国石油四川石化的南充炼油厂进行防爆手机的故障维修，维修时均填写了非致科技售后服务单。重庆非致公司支出了差旅费用。

北方永邦公司的WB-C05型防爆手机已于2012年8月9日取得了《防爆电气设备防爆合格证》。北方永邦公司在其宣传网页上发布的WB-C05型防爆手机功能特点是，适用于爆炸危险场的1区和2区，持续对讲时间大于5小时，终端具备工作模式和常规模式，工作模式只能拨打或接听内线电话。

北方永邦公司诉讼请求重庆非致公司支付货款。重庆非致公司反诉请求解除《产品供销合同》和《防爆手机买卖合同（2014年度）》并赔偿损失。

【案件焦点】

涉案产品是否存在质量问题，1. 在约定检验期间内未提出异议的是否视为质量合格；2. 无手机进网许可是否构成质量问题。

【法院裁判要旨】

北京市海淀区人民法院经审理认为：北方永邦公司与重庆非致公司先后签订的《产品供销合同》《防爆手机买卖合同（2014年度）》，未违反国家法律和行政法规的强制性规定，应属有效。北方永邦公司已履行供货义务。本案争议焦点之一是，北方永邦公司在2014年7月1日提供给重庆非致公司的50部"借货"产品及1部"换货"产品，重庆非致公司是否应支付相应的货款。北方永邦公司发送的50部"换货"产品，重庆非致公司收到该产品后应将换下的产品及时退还北方永邦公司。重庆非致公司主张已退还50部，但北方永邦公司认可收到49部产品，在重庆非致公司未能举证退货数量的情况下，该院采纳北方永邦公司认可的数据，即重庆非致公司尚有1部"换货"产品未退还。北方永邦公司已将在重庆非致公司处的51部产品开具了金额为86700元的增值税发票，说明双方已对"借货"的用途进行了变更，重庆非致公司收到发票时未对发票中记载的内容提出质疑，视为其认可负有支付发票款项的义务。重庆非致公司应当支付此笔货款86700元。本案另一争议焦点是，北方永邦公司提供给重庆非致公司的防爆手机产品是否存在质量问题，并足以导致重庆非致公司拒绝履行付款义务、单方提出解除合同。《产品供销合同》已为买方约定了质量检验期间，即收货后的五日内。重庆非致公司在2014年7月初时已然知道防爆手机的电池易发生问题，仍然与北方永邦公司签订了年度买卖合同。重庆非致公司在 2014 年 7 月、2014 年 10 月先后收到北方永邦公司提供的手机后，未在五日内就手机的质量问题提出书面异议，并且将手机直接交用户使用，故应视为北方永邦公司提供的手机符合质量约定。重庆非致公司并未举证证明在其收到卖方的发票之前，北方永邦公司存在严重的拒绝履行售后服务义务的情形，故重庆非致公司应当在收到卖方提供的发票后，支付相应的货款。重庆非致公司拖欠货款 174200 元，已构成违约，应承担违约责任。北方永邦公司主张的货款、利息、违约金和律师费等诉讼请求，符合合同约定，该院予以支持。北方永邦公司要求重庆非致公司返还 10 部备用机，但其并未申请证明 10 部备用机已交付给重庆非致公司，故该院对此项诉讼请求，不予支持。重庆非致公司主张的手机质量问题，应在其支付欠款后，通过卖方的售后服务解决。北方永邦公司应本着对客户负责的态度，继续做好售后服务工作。重庆非致公司的反诉请求，该院不予支持。该院依照《中华人民共和国合同法》第八条、第一百零七条、第一百一十四条、第一百五十八条第一款、第一百五十九条，《最高人民法院关于审理买卖合同纠纷案件适用法律问题的解释》第二十条之规定，判决：

一、重庆非致科技发展公司于判决生效后十日内给付北京北方永邦科技有限公司货款十七万四千二百元及利息（截至二〇一五年十二月三十一日的利息为一万二千三百一十一元二角一分，此后的利息按照中国人民银行同期同类贷款基准利率计算，计至欠款付清之日止）；

二、重庆非致科技发展公司于判决生效后十日内给付北方永邦公司违约金四百二十五元、律师费一万五千元；

三、驳回北京北方永邦科技有限公司的其他诉讼请求；

四、驳回重庆非致科技发展公司的反诉请求。

重庆非致科技发展公司提起上诉。北京市第一中级人民法院认定的事实与一审一致，依照《中华人民共和国民事诉讼法》第一百七十条第一款第（一）项、第一百七十五条之规定，判决如下：

驳回上诉，维持原判。

【法官后语】

1. 约定检验期间内当事人未提出产品质量异议，如何判断产品质量是否合格。根据《最高人民法院关于审理买卖合同纠纷案件适用法律问题的解释》第十八条及第十七条第一款的规定，约定的检验期间过短，应当认定该期间为对外观瑕疵提出异议的期间，对隐蔽瑕疵提出异议的合理期间，应当综合多种因素考量，依据诚实信用原则进行判断。对于产品进一步的质量属性需结合多种因素综合考量，由合议庭确定一个合理检验期间。

本案中，双方签订的《产品供销合同》约定，产品质量是否达到相关质量技术标准，重庆非致公司应在收货后五日内书面提出异议，并通知北方永邦公司，逾期不提异议或者重庆非致公司已实际使用产品，视为产品质量和数量无误。五天的检验期间仅能对手机的外观以及数量进行检验；至于手机电池的质量如通话时间、待机时间等，在收货时以及5天之内不能完全发现，只能在使用过程中才能发现。合议庭法官结合司法解释相关规定，认为双方所签买卖合同中有关手机电池质量的合理检验期间应为自收货之日起一个月。然而，对于双方2014年4月3日、10月9日、11月3日签订的《产品购销合同》，重庆非致公司亦未在一个月合理期间内提出质量异议，应视为手机质量符合标准。

2. 无进网许可是否构成涉案手机质量问题。

首先，根据信息产业部发布的《电信设备进网管理办法》，国家对接入公用电信网使用的电信终端设备、无线电通信设备和设计网建互联的电信设备实行进网许可，入网许可证标志是行货手机的真品凭证之一，没有入网许可不代表手机本身有质量问题。如因无法入网，手机本身功能无法满足，合同目的无法实现，则该手机可能构成质量问题。本案中，涉案手机的功能特点是，适用于爆炸危险场的1区和2区，持续对讲时间大于5小时，终端具备工作模式和常规模式，工作模式只能拨打或接听内线电话。现有证据无法证明手机无法入网，只是没有入网许可证。其次，本案审理期间，就企业采购经过国家强制认证后的民用手机，经改造、生产为防爆手机是否应再次经过国家强制认证，北京市第一中级人民法院向国家认证认可监督委员会书面发函进行咨询，国家认证委于2016年6月28日回函答复称：防爆手机主要使用环境为易爆环境，具有特殊结构和特殊安全要求，不属于强制性产品认证范围。因此，无进网许可证不影响手机质量。

综上，涉案产品质量合格，重庆非致公司依约应支付剩余货款。

编写人：北京市第一中级人民法院　陈焱

2

买卖合同纠纷中检验期间的认定

——首佳提供照明方案（北京）有限责任公司诉
北京天超仓储超市有限责任公司买卖合同案

【案件基本信息】

1. 裁判书字号

北京市第三中级人民法院（2016）京03民终12571号民事判决书

2. 案由：买卖合同纠纷

3. 当事人

原告（反诉被告，被上诉人）：首佳提供照明方案（北京）有限责任公司（以下简称首佳公司）

被告（反诉原告，上诉人）：北京天超仓储超市有限责任公司（以下简称天超公司）

【基本案情】

2013年1月10日，天超公司（合同甲方）与首佳公司（合同乙方）签订《合同书》，约定：双方就天客隆鲁班店超市照明改造工程相关事项订立本合同；乙方完成本项目照明工程所需要的明细的购置、运输、安装、运行调试等全部工作内容；总价为165000元；自合同签订之日起，甲方须付工程总价50%的预付款给乙方；乙方完成施工甲方验收完全合格并交付使用后，甲方须将剩余的45%工程款给付乙方；乙方完成施工交付甲方使用12个月内，甲方须再付5%工程款给乙方；如果甲方不能按合同规定付款，甲方则承担给乙方造成的损失，违约金按3‰/天计算；乙方承诺灯具、光源质保期为二年，电子镇流器质保期为三年；超市正常运营期间，乙方为甲方提供完善的售后服务，承诺检验期间内产品出现的质量问题，乙方无条件进行维修更换。

涉案工程于2013年1月开工，于2013年2月完工。涉案工程使用了中诚牌电子镇流器，搭配使用了飞利浦牌等灯管，中诚牌电子镇流器外观无CCC标识。

2013年1月29日，天超公司向首佳公司支付82500元。2013年3月4日，天超公司向首佳公司支付74250元。

本案审理过程中，法院向国家认证认可监督管理委员会、中国质量认证中心发出询证函，均回函称：镇流器若单独销售，则应当获得CCC认证证书；若未单独销售，而只是随整机一起销售的，则可以不单独办理CCC认证，但销售的灯具整机产品应当获得CCC认证证书。

【案件焦点】

首佳公司与天超公司的合同关系性质；首佳公司提供的货物是否符合合同约定的质量标准。

【法院裁判要旨】

北京市朝阳区人民法院经审理认为：首佳公司为天超公司提供并安装的灯具为首佳公司从市场采购，双方应为买卖合同关系。买受人在合理期间内或者自标的物收到之日起质量保证期间内未通知出卖人的，视为标的物的数量或者质量符合约定。本案中，双方当事人仅约定了质量保证期，而未约定检验期间，故天超公司须在"合理期间"及质量保证期内向首佳公司提出质量异议，否则应视为首佳公司提供的产品符合质量约定。本案中的电子镇流器的CCC认证标识在产品表面即可发现，检验并无难度；天超公司购买电子镇流器应明知电子镇流器的标准要求，对此应尽合理注意义务。天超公司依约支付了应于验收后支付的货款，亦说明涉案灯具经过了天超公司的验收。天超公司未在合理期间内向首佳公司提出质量异议，视为首佳公司提供的产品符合约定。天超公司逾期付款，还应当支付相应的违约金，但《合同书》中所约定的违约金标准为每日3‰过高，法院予以调整。

北京市朝阳区人民法院依照《中华人民共和国合同法》第六十条、第一百一十四条、第一百五十七条、第一百五十八条第二款、第一百五十九条、第一百六十一条，《最高人民法院关于审理买卖合同纠纷案件适用法律问题的解释》第十七条等规定，作出如下判决：

一、天超公司于本判决生效之日起十日内给付首佳公司货款八千二百五十元；

二、天超公司于本判决生效之日起十日内给付首佳公司违约金（以八千二百五十元为本金，自二〇一三年三月一日起至判决生效之日止，按照中国人民银行同期贷款利率的四倍计算）；

三、驳回首佳公司的其他诉讼请求；

四、驳回天超公司的全部反诉请求。

天超公司认为本案纠纷应为承揽合同纠纷，且认为电子镇流器不符合安全标准，故提起上诉。北京市第三中级人民法院经审理认为：首佳公司于本案合同项下提供的灯具均为市场采购，并非专门订制，因此并不符合承揽合同特征。本案电子镇流器的 CCC 认证应标识于产品表面，是否有 CCC 认证标识应属于外观瑕疵，天超公司应当及时发现该批产品没有 CCC 认证标识，但天超公司仍在工程施工申请验收单上签字确认，且该批灯具一直处于正常使用中，应当视为天超公司对该批灯具数量和外观瑕疵进行了检验，故标的物的质量符合双方约定。涉案产品如在使用过程中出现质量问题，天超公司在质保期内可以要求首佳公司提供质保服务。

北京市第三中级人民法院依照《中华人民共和国民事诉讼法》第一百七十条第一款第（一）项之规定，作出如下判决：

驳回上诉，维持原判。

【法官后语】

质量检验期间与质量保证期间的作用与意义并不相同，二者容易在处理买卖合同纠纷案件时混淆。质量保证期间是出卖人向买受人承诺标的物符合质量要求或使用性能的期间。通俗地讲，就是指该标的物的正常使用寿命。质量检验期间所解决的是标的物在交付时是否存在质量瑕疵的问题。

《中华人民共和国合同法》第一百五十八条规定，当事人没有约定检验期间的，买受人应当在发现或者应当发现标的物的数量或者质量不符合约定的合理期间内通知出卖人；买受人在合理期间内未通知或者自标的物收到之日起两年内未通知出卖人的，视为标的物的数量或者质量符合约定，但对标的物有质量保证期间的，适用质量保证期间，不适用该两年的规定。上述"合理期间"与"质量保证期间"的关系，应当与"合理期间"与"自标的物收到之日起两年内"的关系一样，当事人没有约定检验期间的,买受人应当在发现或者应当发现标的物的数量或者质量不符合约定的合理期间内通知出卖人。故将约定的质量保证期间理解为最长合理期间应更为合适,也更符合立法本意,即在当事人没有约定检验期间但约定有质量保证期间时,不能直接将质量保证期间认定为检验期间,而是仍要确定合理期间作为检验期间,只是该合理期间最长不得超过质量保证期间。检验期间是对标的物在交付时存在的瑕疵提出异议的期间。而质量保证期间是对标的物在使用过程中出现质量问题的承诺予以处理的期限,至于该质量瑕疵是否在交付时就存在,还是在使用过程中产生,则在所不问。超过了检验期间,仅仅是视为标的物在交付时不存在瑕疵,并不妨碍买受人针对使用中出现的质量问题在质量保证期间内要求出卖人履行承诺。

编写人:北京市朝阳区人民法院　赵鑫

3

质量异议期约定不明时应如何认定

——江门市蓬江区金石机电有限公司诉北京航天嘉诚精密科技发展有限公司买卖合同案

【案件基本信息】

1. 裁判书字号

北京市第二中级人民法院 2016 京 02 民终 8552 号民事判决书

2. 案由:买卖合同纠纷

3. 当事人

原告(被上诉人):江门市蓬江区金石机电有限公司(以下简称金石公司)

被告(上诉人):北京航天嘉诚精密科技发展有限公司(以下简称航天公司)

【基本案情】

2014 年 11 月 24 日,金石公司(乙方)与航天公司(甲方)签订《M321－ER

弹翼舱等零件加工合同》，合同约定技术要求：乙方根据甲方提供的图纸加工；交货时间：2014年12月4日前交付M321-ER第一批弹翼舱结构件，2014年12月10日前交付M321-ER第二批其他结构件；付款方式及期限：第一批加工件货到后7个工作日内向乙方支付该批加工件合同款，即54910元整，第二批加工件货到后7个工作日内向乙方支付该批加工件合同款，即41800元整；产品验收：甲方按产品图纸验收，提出异议期间为20个工作日；违约责任：甲方不能按时履行其付款义务，需按未付款的0.1%每日向乙方支付违约金，最多不超过合同总额的2倍。金石公司提交的顺丰速运906734200370邮寄单显示2014年12月5日邮寄交付合同约定的第一批结构件；顺丰速运662254419570邮寄单显示2014年12月25日邮寄交付合同约定的第二批结构件。航天公司称其共收到金石公司发出的三批货，收货日期分别为2014年12月13日，2014年12月25日与2015年5月4日，三批货物均为双方合同约定的货物，但是每一批具体是哪些货物，因经手人离职，现已无法核实。

2015年1月14日不合格品通知单显示：产品名称弹翼舱，产品经检验发现有两个弹翼舱出现不合格品，一个是弹翼舱内出现裂纹，另一个是弹翼舱边缘加工尺寸有误出现裂纹……不合格品处理意见返工。2015年1月27日不合格品通知单显示：产品名称弹翼舱，经检验发现第三个弹翼舱［图纸号M321-ER/0-41（T）］出现不合格品，问题主要为侧孔处出现裂缝，侧壁处出现大面积裂纹，处理意见返工。2015年2月4日不合格品通知单显示：产品名称弹翼舱体，经检验发现弹翼舱体的定位销孔和定位销座固定孔不在一条直线上，间距尺寸不对。处理意见返修，建议焊死，重新打孔。被告航天公司称2015年1月14日与2015年1月27日不合格品通知单所载明的不合格品为三个弹翼舱，单价为合同约定的4250元，航天公司于2015年1月27日将三个弹翼舱及两份不合格品通知单邮寄给原告金石公司。2015年2月4日不合格品通知单显示的不合格品由被告航天公司自行维修，并未退回原告金石公司。

2015年5月28日航天公司发往金石公司的传真显示：由于产品加工缺陷，现将贵公司不合格品退回。航天公司称其将总价为54850元的不合格品分次退回原告金石公司，且有顺丰快递单号为证，货物分别是2015年4月15日和2015年5月28日寄出的。金石公司称2015年5月28日不合格品清单上载明的货物是一次性退还给原告的，对退回货物总价款54850元予以认可。

【案件焦点】

1.《M321－ER 弹翼舱等零件加工合同》中关于产品验收的约定"甲方按产品图纸验收，提出异议期限为 20 个工作日"，是否属于约定不明。2. 检验期间是否过短。3. 航天公司是否在约定的检验期间内提出质量异议。

【法院裁判要旨】

北京市大兴区人民法院经审理认为：被告航天公司收到货物后，应当在合同约定的异议期间内提出质量异议。被告航天公司自认于 2014 年 12 月 13 日、2014 年 12 月 25 日、2015 年 5 月 4 日收到原告金石公司交付的货物，于 2015 年 1 月 27 日向原告金石公司邮寄不合格品通知单，已过质量异议期；航天公司自认其余不合格品于 2015 年 4 月 15 日及 2015 年 5 月 28 日邮寄交付原告金石公司，已过质量异议期。

北京市大兴区人民法院依照《中华人民共和国合同法》第一百零七条、第一百零九条之规定，作出如下判决：

被告北京航天嘉诚精密科技发展有限公司于本判决生效后十日内向原告江门市蓬江区金石机电有限公司支付货款九万六千七百一十元并支付违约金（以九万六千七百一十元为基数，自二〇一五年五月二十八日起至一审判决之日止，按中国人民银行同期贷款基准利率四倍计算）。

航天公司持原审意见提出上诉。北京市第二中级人民法院经审理认为：根据《中华人民共和国合同法》第六十一条规定："合同生效后，当事人就质量、价款或者报酬、履行地点等内容没有约定或者约定不明确的，可以协议补充；不能达成补充协议的，按照合同有关条款或者交易习惯确定。"航天公司与金石公司对提出质量异议的起算时间未作约定，应结合合同条款及产品质量问题特征综合考虑，在前述加工合同中约定验收的依据为产品图纸，且航天公司提出的质量异议内容为"裂纹""内壁较粗糙"等涉及外观瑕疵的问题。因此，一审法院认定应从航天公司收到货物之日起计算检验期间并无不当，本院对航天公司的该项上诉主张不予采纳。航天公司在上诉中称因合同所涉及标的物为军工产品，需要依照图纸对外形、规格和尺寸进行精确测量后才能判断产品是否合格，从收货之日起 20 个工作日计算异议期间时间太短。法院认为，航天公司未能提供充分证据对其主张的检验期间过短的问题予以证明，未能提供充分理由排除适用双方关于检验期间的约定，故本院对其该项上诉主张不予采信。航天公司在一审审理过程中称其分三批收到涉案货物,日期分别为 2014 年 12 月 13 日、2014 年 12 月 25 日,2015 年 5 月 4 日,金石公司对航天公司主张的第三次收货时间不予确认,航天公司在一、二审中均未能提供充分证据证明其主张的 2015 年 5 月 4 日收货,故本院对其主张的第三次收货不予采信。因此,应从 2014 年 12 月 25 日起计算检验期间。同时,航天公司主张其向金石公司邮寄不合格品通知单的时间为 2015 年 1 月 27 日,金石公司对此不予认可,航天公司亦未能提供充分证据对此予以证明。此外,即便航天公司于 2015 年 1 月 27 日提出质量异议,也已超过了检验期间。

北京市第二中级人民法院依照《中华人民共和国民事诉讼法》第一百七十条第一款第(一)项规定,作出如下判决:

驳回上诉,维持原判。

【法官后语】

实践中,存在买卖合同双方约定的质量异议期不明确的情形,根据《中华人民共和国合同法》第六十一条规定:"合同生效后,当事人就质量、价款或者报酬、履行地点等内容没有约定或者约定不明确的,可以协议补充;不能达成补充协议的,按照合同有关条款或者交易习惯确定。"而本案中,双方均在合同中约定"20 个工作日内提出质量异议",但是却未明确 20 个工作日的质量异议期的起算时间,原告主张是收货后起算,被告则主张此为约定不明,适用两年的质量异议期的相关规定。但是《中华人民共和国合同法》本身的立法宗旨在于保障双方当事人之间的经济往来,促成双方当事人交易的成功,若将此种约定视为约定不明,从而采用两年的质量异议期则明显显失公平,且不利于平等主体之间的交易往来,结合该案的具体情况,因双方交易的货物属于参照图纸进行生产的军工零件,那么对于外观瑕疵等的验收时间应当为收到货物后起算,质量异议期为收到货物后 20 个工作日内,这样计算检验期间并无不当。

合同本身的签订是基于双方当事人的意思自治,所以在审理合同纠纷时,应当充分考量并尊重双方当事人基于平等关系所签订的合同条款。买卖案件审理过程中,当事人经常会提出质量异议期过短等抗辩意见,结合双方交付产品的特性及检验所需的相关工作步骤,若提出异议一方未能提供充分证据对其主张的检验期间过短的问题予以证明,未能提供充分理由排除适用双方关于检验期间的约定,则对当事人关于检验期过短的抗辩意见不予采信。

本案中，被告未在约定的质量异议期内提出异议，但却将货物退回原告，根据《中华人民共和国合同法》第一百五十八条第一款的规定："当事人约定检验期间的，买受人应当在检验期间内将标的物的数量或者质量不符合约定的情形通知出卖人。买受人怠于通知的，视为标的物的数量或者质量符合约定。"针对被告退回货物的行为缺乏事实及法律依据，因此，对其要求在支付的货款中扣除相应退货货款的主张，法院未予支持。

编写人：北京市大兴区人民法院　赵雪

4

买卖合同纠纷中检验期合理期间的认定

——北京点众电子股份有限公司诉北京天合兄弟科技有限公司买卖合同案

【案件基本信息】

1. 裁判书字号

北京市朝阳区人民法院（2013）朝民初字第40695号民事判决书

2. 案由：买卖合同纠纷

3. 当事人

原告：北京点众电子股份有限公司（以下简称点众电子公司）

被告：北京天合兄弟科技有限公司（以下简称天合兄弟公司）

【基本案情】

2013年3月15日，点众电子公司与天合兄弟公司签订销售合同，约定：点众电子公司向天合兄弟公司采购6台55寸超窄边液晶拼接屏以及立地支架，型号规格为PD55N6，总金额为117800元；天合兄弟公司对质量负责的条件和期限参照本合同补充规定报修条款，双方对产品质量及保修范围产生争议的，应当共同委托上海市质量监督检验技术研究院进行检验；合同签订后3日内支付总额的50%，货到北京后2个工作日内支付总额的另外50%；整机质保一年，主要零部件三年（含液晶屏、电源、主板）；点众电子公司自收到产品之日起3日内对外观实行检验，经检验确认后视为该产品外观质量合格，如发现划伤、断裂、凹陷、磕碰等不符合要求，点众电子公司应当在上述检验期限内及时通知天合兄弟公司，天合兄弟公司在收到通知之日起30天内对外观不合格及功能有缺陷的产品予以更换；如点众电子公司未在规定期限内进行验收，且未提出任何异议的，则视为产品外观质量验收合格。

2013年3月20日，天合兄弟公司委托第三方物流向点众电子公司指定项目地点运输约定货物，孙双超于2013年3月24日在货物签收单上签字收货。

2013年3月15日、4月3日、4月24日，点众电子公司分别向天合兄弟公司付款58900元、53900元、5000元，合计117800元。

诉讼中，点众电子公司认为其曾向天合兄弟公司提出过质量异议并进行沟通，并提供2013年10月14日函件，2013年10月17日物流单，2014年2月12日、2月24日与鉴定机构沟通电子邮件予以佐证，天合兄弟公司否认曾收到函件，亦否认电子邮件的真实性，点众电子公司称可以查找物流单、电子邮件的原件，但在限期内未能提供。点众电子公司认可起诉意见中所述的质量问题应属于外观检验范畴，并不属于隐蔽性瑕疵。

诉讼中，点众电子公司提出产品质量鉴定申请，申请对涉案设备的运动图像拖尾时间、图像清晰度、信号输入输出衰减情况、信号输入输出带宽进行检测，法院曾委托合同约定的上海市质量监督检验技术研究院进行鉴定，但点众电子公司递交情况说明以及更换鉴定机构申请书，称其与检测机构联系并提出4项检验要求，但检验所的答复是只能检验其中第一、二项，故该检验所不能满足检验要求，同时该鉴定机构与天合兄弟公司存在关联，不同意在该检验所继续检验。

【案件焦点】

买卖合同纠纷中隐性瑕疵与显性瑕疵的区分以及检验期合理期间的认定标准。

【法院裁判要旨】

北京市朝阳区人民法院经审理认为：点众电子公司与天合兄弟公司签订的销售合同，系双方当事人的真实意思表示，合同内容不违背法律、行政法规的强制性规定，应属合法有效。法律规定，当事人约定检验期间的，买受人应当在检验期间内将标的物的数量或者质量不符合约定的情形通知出卖人。买受人怠于通知的，视为标的物的数量或者质量符合约定。本案中，合同约定收货方自收到产品之日起3日内对外观实行检验，点众电子公司主张的信号拖尾、重影、失真等质量问题属于显性瑕疵，点众电子公司亦认可属于外观检验的范畴，并不属于隐蔽性瑕疵，故可适用上述约定检验期间，现无证据证明点众电子公司在约定期间内提出质量异议，也无证据证明点众电子公司所述更换设备事宜，应视为产品外观质量验收合格。即使上述质量问题并不属于外观检验，或认定上述约定的检验期限过短，考虑到双方交易的标的物为液晶拼接屏，用途为第三方客户的项目，点众电子公司在收货后可以通过试用、试看、调试、第三方客户反馈等方式及时发现所述的信号拖尾、重影、失真等问题，检验方法并不具有过高难度，也无须特殊专业技能，故确定检验期间的合理期限也不宜过长，综合考虑交易性质、交易方式、标的物使用情况、瑕疵的性质等合理因素，合理期限也应以六个月为宜，该合理期限的确定与约定的质保期限并不矛盾，现到货时间为2013年3月24日，而点众电子公司所称的质量异议函件时间为2013年10月14日，已经超过六个月期限，点众电子公司在质量异议的提出上也并未尽到合理注意义务。综上，无论是合同约定的检验期间，还是结合各种因素确定的合理期间，点众电子公司所提质量异议均已超期，其主张货物存在质量问题，并据此提出解约、退货退款的诉讼请求，本院不予支持，其所提鉴定申请，本院不予同意。天合兄弟公司的相应答辩意见，本院予以采信。

依照《中华人民共和国合同法》第六十条、第一百五十八条，《最高人民法院关于审理买卖合同纠纷案件适用法律问题的解释》第十七条、第十八条、第二十条之规定，判决如下：

驳回原告北京点众电子股份有限公司的全部诉讼请求。

案件受理费六百一十四元，由原告北京点众电子股份有限公司负担（已交纳）。

一审判决后，双方当事人均未提出上诉，案件现已生效。

【法官后语】

买卖合同是经济生活中最普遍、最常见的一种合同，买卖合同双方当事人的权利和义务亦是相对应的，其中检验期间的认定是买卖合同司法实践中较为常见的争议焦点。检验期间是一个内涵丰富的概念,既可以由当事人约定,也可以由法官酌定,同时法律还规定了两年的最长期间。各国法律一般都承认买受人有权对标的物进行检验,如果不符,则要查明原因,若是卖方的责任导致,买方可以采取不同的救济措施。实践中,传统买卖合同案件的审理,容易忽视依职权对检验期间的审查,直接查明标的物是否符合约定,导致案件长期得不到审结。检验是分清责任,进行索赔和理赔的重要依据,检验期间直接影响当事人的权利义务关系,本案正是从上述审理思路着手案件的审理,避免未对检验期间审查而直接查明瑕疵原因,导致责任难以区分,审理期限过长,当事人的权益不能及时得到保障。

《中华人民共和国合同法》第一百五十七条、第一百五十八条对买卖检验期间的规定可以分为四种情形:1. 双方当事人约定检验期间的,买受人应当在约定期间内检验;2. 没有约定检验期间的,买受人应当在合理期间内通知出卖人;3. 买受人自标的物收到之日起两年内通知出卖人;4. 对标的物约定质量保证期的,适用质量保证期,不适用两年的规定。分析以上四种买卖检验期间的规定,不难发现对于"合理期间"的认定,法律赋予了法官自由裁量权,而如何理解和界定,又成为一大难题。2012年5月10日,《最高人民法院关于审理买卖合同纠纷案件适用法律问题的解释》第十七条规定了对"合理期间"认定需要考虑的合理因素范围。第十八条规定了约定的检验期间过短,应当认定是对外观瑕疵提出异议的期间,对于隐蔽瑕疵则需要根据第十七条第一款的规定,确定提出异议的合理期间。买受人在合理期间内未尽通知义务的,其法律后果是出卖人免除瑕疵担保义务,即法律上视为出卖人交付的标的物数量或者质量符合约定,这不仅为了减少出卖人在时间上的责任负担,也防止买卖双方的关系长期处于不确定的状态,引发矛盾纠纷。本案结合法律规定及具体案情,对当事人约定的检验期和"合理期间"均进行了充分的辨析和论证,得出了最终的审理结果。

综上所述,检验期间的认定在案件审理中起到关键作用,无论是适用约定还是适用"合理期间"或是法律规定的最长两年期间,都应结合买受人提出的瑕疵性质及标的物的数量、质量、交易性质、交易方式等合理因素,全面论证,相互印证。本案适用法律正确,充分运用法律对案件论证,环环相扣,从而得出六个月的"合理期间"。本案对司法实践中法官审理此类案件,在审判思路及法律适用等方面提供了指导,具有典型的现实意义。

编写人:北京市朝阳区人民法院　李增辉　杨月英

5

欺诈行为的认定

——姜楠诉北京市华德宝汽车销售服务有限公司买卖合同案

【案件基本信息】

1. 裁判书字号

北京市朝阳区人民法院（2015）朝民（商）初字50144号民事判决书

2. 案由：买卖合同纠纷

3. 当事人

原告：姜楠

被告：北京市华德宝汽车销售服务有限公司（以下简称华德宝公司）

第三人：李红杰、金莹

【基本案情】

2015年4月12日，姜楠从华德宝公司汽车销售4s店内，购买宝马X5xdrive35i（车架号WBAZV4106D0E71879）汽车一辆。同日，华德宝公司向姜楠开具了机动车销售统一发票，车辆类型为越野车，厂牌型号为宝马2979CC越野车X5Xdrive35i zv417v，金额为630000元。2015年4月15日，华德宝公司在贷款申请批复函上车况处内容写为"新车"。2015年4月22日，姜楠购买机动车保险共计花费22980元。2015年4月24日姜楠向北京朝阳区国家税务局交纳车辆购置税78200元，并于同日办理车辆购置税完税证明。2015年4月29日，姜楠为号牌号码为京NJ××××的宝马WBAZV410小型越野客车办理了机动车行驶证，登记的所有人为姜楠。诉讼中，双方认可车辆在销售前就"曲轴和轴瓦""传感器、曲轴""分解和组装发动机""拆卸和安装自动变速箱"进行过维修。

后姜楠以华德宝公司明知该车进行过重大维修，没有履行告知义务，构成销售欺诈为由，诉至法院。

【案件焦点】

1. 姜楠是否为适格原告；2. 华德宝公司在销售过程中是否构成欺诈。

【法院裁判要旨】

北京市朝阳区人民法院经审理认为：关于第一个争议焦点，本院认为，第一，华德宝公司认可涉案车辆的销售没有书面买卖合同，现华德宝公司开具的购车发票上记载的购买方为姜楠。关于华德宝公司主张的发票系应李红杰要求开具的抗辩理由，本院认为，华德宝公司作为出卖方，理应将发票开具给实际买受人，如其开具给买受人以外的其他人，应自行承担由此造成的相应法律后果；第二，现在涉案车辆在姜楠名下，在用户订单上，华德宝公司收取了验车上牌费用，故华德宝公司理应在李红杰订购车辆时即明知车辆牌照不上在李红杰名下，且华德宝公司在实际代理验车上牌时也知道姜楠是车辆的登记所有人；第三，对于姜楠以消费者的身份向华德宝公司主张权利，李红杰、金莹不持异议。且姜楠、李红杰、金莹均认可姜楠为车辆买受人和所有人，该三人对车辆权属不持争议；第四，通过金莹提交的电话录音，可以证明华德宝公司对于姜楠作为买受人的身份予以认可，华德宝公司联系金莹是希望通过金莹和姜楠进行调解，通过对话内容，可见金莹、李红杰在姜楠和华德宝公司的买卖关系中系牵线搭桥的身份。综上，本院认为姜楠系适格原告，对于华德宝公司关于姜楠主体不适格的主张本院不予采信。

关于第二个争议焦点，华德宝公司未提交证据证明在销售时就车辆维修项目向姜楠进行过告知。《中华人民共和国消费者权益保护法》第五十五条规定：经营者提供商品或者服务有欺诈行为的，应当按照消费者的要求增加赔偿其受到的损失，增加赔偿的金额为消费者购买商品的价款或者接受服务的费用的三倍；增加赔偿的金额不足五百元的，为五百元。法律另有规定的，依照其规定。消费者权益保护法规定消费者获得三倍赔偿的前提是经营者存在"欺诈行为"，并不要求经营者具备欺诈消费者的主观故意。主观上的故意欺诈是一种心理状态，消费者难以就经营者的主观心理状态作出判断。华德宝公司销售车辆时就车辆出售前的维修项目未对姜楠进行告知，对姜楠而言华德宝公司存在欺诈行为，已可构成《中华人民共和国消费者权益保护法》规定的经营者的"欺诈"，应当承担赔偿责任。姜楠要求华德宝公司退货退款并三倍赔偿的诉讼请求，于法有据，本院予以支持。

关于姜楠主张的车辆购置税、保险、贷款手续费、贷款利息费用，本院认为三倍赔偿已经足以弥补姜楠由此造成的损失，故对于姜楠的该项主张，本院不予支持。

北京市朝阳区人民法院依照《中华人民共和国消费者权益保护法》第五十五条第一款之规定，判决如下：

一、原告姜楠于本判决生效之日起七日内将购买的宝马2979CC越野车X5 Xdrive35i zv417v退还给被告北京市华德宝汽车销售服务有限公司，被告北京市华德宝汽车销售服务有限公司向原告姜楠返还车款六十三万元；

二、被告北京市华德宝汽车销售服务有限公司于本判决生效后七日内向原告姜楠赔偿损失一百八十九万元；

三、驳回原告姜楠的其他诉讼请求。

案件受理费一万零九百零五元，由北京市华德宝汽车销售服务有限公司负担。

【法官后语】

对于"欺诈行为"的认定，司法实践中存在不同的声音，一种观点认为虽然《中华人民共和国消费者权益保护法》对欺诈行为没有具体的规定，但在民法中则有定义。《最高人民法院关于贯彻执行〈中华人民共和国民法通则〉若干问题的意见（试行）》对欺诈定义为，一方当事人故意告知对方虚假情况，或者故意隐瞒真实情况，诱使对方当事人作出错误意思表示的，可以认定为欺诈行为。因此《中华人民共和国消费者权益保护法》中的欺诈行为也应当适用民法中对欺诈的定义，应当拥有以下四个构成要件：1. 欺诈人有欺诈的故意；2. 欺诈方实施了欺诈行为；3. 受欺诈人因为欺诈人的欺诈行为而对标的物产生错误认识；4. 受欺诈人因为错误认识作出了意思表示。

另一种观点则认为，《中华人民共和国消费者权益保护法》中的欺诈行为与民法中的欺诈行为有很大不同，不能完全套用民法中对欺诈行为的规定。法院亦同意此种观点。

首先，《中华人民共和国消费者权益保护法》中的欺诈行为具有特殊性。在《中华人民共和国消费者权益保护法》中认定欺诈行为，一般是为了适用惩罚性赔偿制度。惩罚性赔偿制度着力点在于惩罚，作为一种剥夺私人财产的严厉措施，一般只存在于公法领域。这也与我国现行民商事体系中常用的修理、重做、返还、恢复等填平式的调整方式完全不同。因此，欺诈行为作为认定惩罚性赔偿的前提，也应当有别于传统民法中的欺诈行为。

其次，单纯从语意理解，《中华人民共和国消费者权益保护法》第五十五条并没有要求经营者须存在主观上的欺诈故意，也没有规定消费者因经营者的欺诈而产生认识错误并因这种认识错误而作出意思表示，只要经营者有欺诈行为足矣。

最后，从目的解释来看，修改后的《中华人民共和国消费者权益保护法》增大了惩罚性赔偿力度，目的就是通过激励消费者适用惩罚性赔偿制度，严惩不法经营者，以维护良好的社会经济秩序。经营者主观上的故意欺诈是一种心理状态，消费者难以就经营者的主观心理状态作出判断，主张权利时也难以举证，从而达不到震慑、严惩不法经营者的立法目的。

综上，法院认为《中华人民共和国消费者权益保护法》中的欺诈行为仅指经营者或服务提供者存在虚假陈述、隐瞒事实或歪曲事实的行为，只要满足此点，即构成《中华人民共和国消费者权益保护法》上的欺诈行为。

本案中，交易标的物为宝马牌汽车，对于汽车这种交易商品来说，是否为新车、主要部件是否进行过更换对交易标的物的价值有非常大的影响，这也是影响消费者作出是否购买决定的重要参考因素。因此，作为汽车的销售商华德宝公司有如实向姜楠告知所售车辆真实情况的告知义务。而对于是否履行过告知义务，华德宝公司并不能提供相关证据予以证明，因此对于华德宝公司进行过告知的主张，法院没有采信。华德宝公司销售车辆时就车辆出售前的维修项目未对姜楠进行告知的行为属于隐瞒事实，构成《中华人民共和国消费者权益保护法》中的欺诈行为，法院据此支持姜楠要求华德宝汽车公司三倍赔偿的诉讼请求。

编写人：北京市朝阳区人民法院　李伊雯　丁晖

6

网络购物合同中平台经营者欺诈行为标准的认定

——龙正君诉乐视控股（北京）有限公司等网络购物合同案

【案件基本信息】

1. 裁判书字号

北京市朝阳区人民法院（2015）朝民（商）初字第63004号民事判决书

2. 案由：网络购物合同纠纷

3. 当事人

原告：龙正君

被告：乐视控股（北京）有限公司（以下简称乐视控股公司）、乐视网信息技术（北京）股份有限公司（以下简称乐视网公司）、乐视致新电子科技（天津）有限公司（以下简称乐视致新公司）

【基本案情】

2015年9月7日，LeMe乐迷社区登载官方公告，主题为"9·19主商品专场"全天开放购买直降500元活动，网页载明了购买超级电视、超级手机、智能硬件等商品细则，内容为：活动时间为9月19日的10时至24时；9·19乐迷节当天10时至24时，主商品超级手机和超级电视各型号均降价500元，再使用500元现金券购买超级电视X50Air艺术版和乐视超级手机1 Pro，两种优惠方式叠加立享1000元优惠；其中超级电视参与机型包括超级电视X50Air张艺谋《归来》艺术版：超级电视X50Air（2499元）+全屏影视会员24个月服务费（980元）+500元艺术级增配包，另外赠价值1年199元4K内容包，超级电视X50Air免费赠送：超级社交遥控器3+云弧底座+2副3D眼镜；活动结束在支付全款后的1周内发货。

2015年9月19日12时，龙正君参加上述"9·19主商品专场"，在乐视商城www.lemall.com下订单购买了乐视TV超级电视X50Air张艺谋《归来》艺术版，订单号为3994618887548，订单金额3979元，支付款项3479元，优惠券冲抵500元，乐视致新公司开具相应金额发票。龙正君提交订单当时，乐视商城自动生成《购买协议》，协议约定：甲方为乐视致新公司，客户对提交订单按钮的点击，代表已完全清楚并接受本协议的全部条款和内容，甲方将按照订单需求向客户提供相应产品或服务，在库存发生变更导致订单商品无法及时交付情况下，甲方对客户应尽通知义务，客户接到通知后可选择对订购商品型号作出相应调整或者申请退款。

2015年9月19日，乐视商城发布"9·19商城活动公告"，载明：由于瞬间访问量过大造成系统崩溃，部分用户可能暂时无法提交订单，请不用着急我们会尽快修复并延长提交订单时间至24小时；9·19活动全天开放购买，我们准备了充足货源，活动将持续到24点，现货和预售同享超级电视、超级手机直降500元优惠特权；截止到系统修复前，所有加入购物车（电视、手机）未成功支付的乐迷，完成支付后我们将赠送头戴式耳机一副；请大家不要着急，耐心等待，错峰购买。

2015年9月24日，乐视商城发布"9·19订单延期发货致歉公告"，载明：9月19日的10点至12点，乐视商城因瞬时并发流量过大，服务器拥堵，12点系统恢复正常，订单量激增，销量巨大，打破整个行业纪录，同时也带来了史无前例的瞬时发货压力，部分用户发货会有延迟，对此发出诚挚道歉；9月19日当天两款畅销机型S40Air全配版和X50Air张艺谋《归来》艺术版，支付率远超过我们的预期，为表达深深谢意，针对这两款机型已下订单的用户可选择免费升级为新品超级电视第三代，超3X40和超3X50；免费升级信息如下：1. X50Air张艺谋《归来》艺术版可选择免费升级为新品超3X50（包含2年全屏影视会员服务费），并赠送超3X50挂架或云底座（用户2选1）；2. S40Air全配版可选择免费升级为新品超3X40（包含2年全屏影视会员服务费）。此后，乐视商城客服人员曾与龙正君电话联系，沟通产品替换事宜，但龙正君称未能接受。

2015年10月15日，乐视商城将更换后的超级电视新品超3X50从库房发出，于2015年10月21日被龙正君拒收，订单款项3479元于2015年11月8日被退回。

2016年9月20日，龙正君与北京华讯律师事务所签订《委托代理协议》，约定了委托诉讼案件事宜。2016年9月24日，龙正君向北京华讯律师事务所支付代理费3000元，北京华讯律师事务所开具相应金额发票。

诉讼中，龙正君提交了超级电视X50Air张艺谋《归来》艺术版的鉴证书，载明的产品唯一认证编码为Letv 0A7R880，用以证明每台电视都有唯一编号，并有张艺谋签名的鉴证书，对于消费者具有特定意义，乐视商城不限量超售属于故意欺诈。同时，乐视致新公司出具性能对比表，对超3X50与X50Air张艺谋《归来》艺术版在屏幕、3D、可视角度、CPU、GPU、画质处理、4K解码、FCR、WIFI、麦克风、重量、厚度、功率、安卓版本方面进行对比，证明超3X50在性能上比X50Air张艺谋《归来》艺术版更为优越。

另查明，2015年9月10日，乐视控股公司取得乐视商城www.lemall.com网站信息ICP备案。诉讼中，乐视致新公司称网站域名虽然为乐视控股公司所有，但是技术平台的搭建方、运营方、销售方均为乐视致新公司，涉案产品属于其自营商品，乐视网公司仅提供会员服务。为此，乐视致新公司出具公证书，证明系由乐视致新公司与客户签订《购买协议》，并开具销售发票，与乐视控股公司、乐视网公司并无关联。

【案件焦点】

平台经营者在销售过程中是否存在欺诈行为，并据此适用《中华人民共和国消费者权益保护法》规定的惩罚性赔偿。

【法院裁判要旨】

北京市朝阳区人民法院经审理认为：乐视控股公司仅为乐视商城ICP备案牌照持有者，乐视网公司仅为会员服务提供者，而根据乐视致新公司提交的公证书、发票、送货单、网页信息等证据，可以印证其在乐视商城上销售自营商品，应为涉案网络购物合同的出卖方，龙正君为涉案网络购物合同的买受方。本案争议焦点在于乐视致新公司在销售涉案电视过程中是否存在欺诈行为并据此适用《中华人民共和国消费者权益保护法》规定的惩罚性赔偿。

《最高人民法院关于贯彻执行〈中华人民共和国民法通则〉若干问题的意见（试行）》中规定：一方当事人故意告知对方虚假情况，或者故意隐瞒真实情况，诱使对方当事人作出错误意思表示的，可以认定为欺诈。构成欺诈行为一般必须具备以下四个要件：（1）欺诈人有欺诈的故意；（2）欺诈人实施了欺诈行为；（3）被欺诈人因欺诈而陷入错误；（4）被欺诈人因错误而为意思表示。根据已查明案情，乐迷社区登载"9·19主商品专场"官方公告，促销内容涵盖购买超级电视、超级手机、智能硬件等多种产品以及多种款型，本案诉争的超级电视款型，即超级电视X50Air张艺谋《归来》艺术版仅为上述活动内容的其中之一，而龙正君作为消费者之一参加上述"9·19主商品专场"，在乐视商城下订单购买了上述型号超级电视。2015年9月19日活动当天，针对瞬间访问量过大造成系统崩溃的情况，乐视商城及时发布了公告，对部分用户无法提交订单、活动持续时间、活动优惠等作出确认和处理。2015年9月24日活动结束后，针对瞬时流量过大造成服务器拥堵，系统恢复正常后订单量激增的情况，乐视商城再次发布了致歉公告，对部分发货会有延迟进行道歉，同时通知消费者已下订单两款畅销机型S40Air全配版和X50Air张艺谋《归来》艺术版的支付率远超预期，用户可选择免费升级为新品超级电视第三代，此外还注明了免费升级具体信息以及赠送内容。从上述乐视商城多次发布的公告内容以及促销过程中的履约行为判断，此次促销活动针对不特定的众多消费者，促销内容包括多款产品的多种款型，仅有购买诉争超级电视两种款型的部分消费者由于备货量不足未能按照订单款型发货，且乐视商城已经通过公告予以通知，并且电话征询了消费者意见，因此无法推断出乐视商城存在刻意隐瞒涉诉机型备货量不足从而诱使消费者作出错误购买行为的故意，尚不足以认定乐视商城存在欺诈行为，不符合欺诈的构成要件，对龙正君基于欺诈要求乐视致新公司承担三倍惩罚性赔偿的诉讼请求，本院不予支持。但是，乐视致新公司未能向龙正君提供订单中所载明款型的超级电视，同时送货时间也晚于公告中承诺的时间，其行为已构成违约，由此导致龙正君选择拒收货物，乐视致新公司应承担龙正君因此导致的损失，包括资金占用的利息损失以及律师费，本院对此予以支持。

依照《中华人民共和国合同法》第六十条第一款、第一百零七条、第一百一十三条，《中华人民共和国消费者权益保护法》第五十五条之规定，判决如下：

一、被告乐视致新电子科技（天津）有限公司于本判决生效之日起十日内赔偿原告龙正君利息损失（以货款三千四百七十九元为基数，自二〇一五年九月十九日起至二〇一五年十一月八日止，按照中国人民银行同期同类贷款基准利率标准计算）；

二、被告乐视致新电子科技（天津）有限公司于本判决生效之日起十日内赔偿原告龙正君律师费三千元；

三、驳回原告龙正君的其他诉讼请求。

案件受理费一百三十六元，由被告乐视致新电子科技（天津）有限公司负担

(于本判决生效后七日内交纳)。

一审判决后,双方当事人均未提出上诉,案件现已生效。

【法官后语】

2014年新修正的《中华人民共和国消费者权益保护法》第五十五条规定:经营者提供商品或者服务有欺诈行为的,应当按照消费者的要求增加赔偿其受到的损失,增加赔偿的金额为消费者购买商品的价款或者接受服务的费用的三倍;增加赔偿的金额不足五百元的,为五百元。上述条款在原消法规定的惩罚性赔偿的基础上,将赔偿倍数大幅提升,意在进一步强化消费者合法权益的保护,鼓励受侵害的消费者起诉不法经营者,获得比实际损害高的赔偿,惩罚不法经营者,一旦实施欺诈行为,需要支付高额的惩罚性赔偿金。

上述条款的构成要件之一是经营者实施了欺诈行为,就是故意隐瞒真实情况或者故意告知对方虚假情况,欺骗对方,诱使对方作出错误意思表示而订立合同,欺诈行为既可以是积极行为,也可以是消极行为,因为新消法并未明确规定欺诈的构成要件以及具体情形,导致各地法院在认定经营者欺诈行为时尺度不一,出现了不同判例,因此欺诈行为的认定在消费者案件的审判实际中仍是一个难题。

1986年颁布并经若干次修正的《中华人民共和国民法通则》仅规定一方以欺诈、胁迫的手段或者乘人之危,使对方在违背真实意思的情况下所为民事行为无效,并未载明具体的欺诈构成要件。2017年3月15日最新颁布的《中华人民共和国民法总则》第一百四十八条规定:一方以欺诈手段,使对方在违背真实意思的情况下实施的民事法律行为,受欺诈方有权请求人民法院或者仲裁机构予以撤销。上述新法条文确认了违背真实意思的要素,但是也并未提及构成欺诈行为的要件。明确界定了欺诈要件的是1990年《最高人民法院关于贯彻执行〈民法通则〉若干问题的意见(修改稿)》第六十七条的规定:一方当事人故意告知对方虚假情况,或者故意隐瞒真实情况,诱使对方当事人作出错误意思表示的,可以认定为欺诈行为。根据上述意见,构成欺诈行为一般必须具备以下四个要件:(1)欺诈人有欺诈的故意;(2)欺诈人实施了欺诈行为;(3)被欺诈人因欺诈而陷入错误;(4)被欺诈人因错误而为意思表示。

上述最高法院的意见系针对民法通则所做的司法解释的观点,是否完全照搬到消法该特别法领域，在实践中也存有不同观点。实践中，有观点认为对欺诈的认定应适用《中华人民共和国民法通则》规定的标准，采用主观说，需要考量经营者主观欺诈的意图及目的，以及消费者对被欺诈事项的认知程度，也有观点认为消法对欺诈标准的认定有别于民法通则的标准，应倾向于保护消费者，采用客观说，不管经营者是否具有欺诈的意图以及消费者是否具有被欺诈的认知，只要标的物的材质、性能、用途等客观信息与宣传不符，即构成欺诈，还有的观点认为如果欺诈内容只涉及商品的部分或者配件，则只针对该部分适用惩罚性赔偿。特别是在涉及职业打假人起诉的衣服、电器类诉讼，以及涉及汽车、奢侈品等昂贵商品诉讼中，上述欺诈标准认定争议最大。

我们认为，在判断经营者是否存在欺诈的认定标准上，不宜完全采用客观说，应坚持主观说与客观说相结合的原则，以客观说为主，同时兼顾主观说，主要考量标的物的材质、性能、用途等客观信息是否与宣传相符，同时参考经营者主观欺诈的意图及目的，以及消费者对被欺诈事项的认知程度。这是因为，相较于民法通则、民法总则、合同法，消法是民法领域的特别法，主要是针对消费者与经营者之间基于买卖、承揽、服务等所产生的合同关系，消费者与经营者之间并不处于平等的交易主体地位，因此消法专章规定了消费者的权利与经营者的义务，但并未明确提及经营者的权利与消费者的义务，由此可见有保护消费者倾向。特别是在知情权问题上，消费者在选择商品或服务时，信息不对称是消费者受到损害的原因之一，特别是在科技迅猛发展的情况下，信息不对称矛盾愈发突出，因此知情权是一项基础性权利，涉及消费者安全权、选择权能否最终实现。消法第八条专门规定了消费者享有知悉其购买、使用的商品或者接受的服务的真实情况的权利，第二十条又专门规定经营者向消费者提供有关商品或服务的质量、性能、用途、有效期限等信息，应当真实、全面，不得做虚假或者引人误解的宣传。这就要求在购买商品过程中只要是与正确的判断、选择、使用等有直接关联的情况与信息，消费者都有权知悉，经营者都应当提供。

具体到本案中，法院即坚持主观说与客观说相结合的原则，考虑了乐迷社区登载的"9·19主商品专场"系针对多种电子产品以及款型所做的促销活动，消费者购买的诉争产品仅为促销款型之一，在活动当天乐视商城及时发布了公告，对部分用户无法提交订单、活动持续时间、活动优惠等作出确认和处理，并没有刻意隐瞒相应促销信息，在活动结束之后，乐视商城再次发布了致歉公告，专门通知两款畅销机型 S40Air 全配版和 X50Air 张艺谋《归来》艺术版支付率远超预期，用户可选择免费升级为新品超级电视第三代，电话征询了消费者意见，对两款机型备货不足解释了原因并提出了相对合理的解决方案，一定程度上保障了消费者的知情权及选择权。经营者虽然履约但确有瑕疵与不当，但是考虑到经营者主观过错程度不高，消费者针对履约瑕疵调货后实际损失亦不明显，故最终认定无法推断出乐视商城存在刻意隐瞒涉诉机型备货量不足从而诱使消费者作出错误购买行为的故意，尚不足以认定乐视商城存在欺诈行为，驳回了消费者主张惩罚性赔偿的诉讼请求。

上述案件中，将主客观要件相结合，根据具体案件的履约事实以及举证情况，对平台经营者是否存在欺诈行为作出认定，充分考虑了平台经营者对消费者知情权的保障方式与保障力度，对大量消费者维权案件中主张惩罚性赔偿适用的欺诈标准，提供了一定的裁判考量依据，具有一定典型意义。

编写人：北京市朝阳区人民法院　李增辉

7

特定物交易中欺诈行为的认定

——谢张福诉徐建国、黄柏林买卖合同案

【案件基本信息】

1. 裁判书字号

浙江省宁波市中级人民法院（2015）浙甬商终第1284号民事判决书

2. 案由：买卖合同纠纷

3. 当事人

原告（上诉人）：谢张福

被告（被上诉人）：徐建国、黄柏林

【基本案情】

原告与被告徐建国于2014年4月经人介绍相识，后原告及其妻子谢爱凤在被

告徐建国处察看了1件翘头案及2件雕龙装饰柜。2014年7月，原告与被告徐建国确定1件翘头案交易价为750万元，2件雕龙装饰柜交易价为320万元，合计1070万元，被告徐建国将上述物品送至原告处。2014年8月14日，原告通过其妻谢爱凤银行转账汇款给被告徐建国70万元。2015年4月27日，经原告委托，国家林业局林产品质量检验检测中心（杭州）出具检验报告两份，结论为翘头案所用木材为红酸枝（Dalbergia sp.），隶属蝶形花科（Fabaceae）、雕龙装饰柜所用木材为红酸枝（Dalbergia sp.），隶属蝶形花科（Fabaceae）。

【案件焦点】

在特定物交易过程中是否存在欺诈行为。

【法院裁判要旨】

浙江省慈溪市人民法院经审理认为：原、被告买卖的标的物为翘头案及雕龙装饰柜，系特殊商品，在无任何参考标准的情况下，实物察看往往是确定是否交易的根本途径，相应的交易风险就由双方自行承担。本案原告与被告徐建国在交易过程中，原告通过现场查验物品，双方确定价格，原告确认购买，被告徐建国上门交货，原告以物换物及补差价方式支付款项，双方虽未签订书面协议，但口头的买卖合同已成立、生效并履行完毕。从原告与被告徐建国磋商、缔结、履行合同的情况来看，均体现了双方的真实意思表示，由此产生的所谓交易风险理应由原告及被告徐建国自行承担。据此，依照《中华人民共和国民事诉讼法》第六十四条第一款，《最高人民法院关于适用〈中华人民共和国民事诉讼法〉的解释》第九十条、第一百零九条之规定，判决：

驳回原告谢张福的诉讼请求。

一审宣判后，原告谢张福不服提出上诉。宁波市中级人民法院查明的事实与一审法院一致，依照《中华人民共和国民事诉讼法》第一百七十条第一款第（一）项之规定，判决驳回上诉，维持原判。

【法官后语】

物的种类一般分为"种类物"和"特定物"。特定物是指自身具有独立的特征，或者被权利人指定而特定化，不能以其他物代替的物，包括在特定条件下独一无二的物和从一类物中根据民事主体的意志而特定化的物。特定物具有自身单独的特征，如一幅古画或一件古物等。本案中谢张福与徐建国买卖的标的物为翘头案及雕龙装饰柜，系特定物，该类商品主要是用于装饰、鉴赏，满足收藏者精神层面的某种需求，商品的产地、性能、质地、年代等在未经相关权威机关或专家的鉴定之前，均是不确定的，该类物品并无国家或行业指导价，其交易价格往往是由交易者个人对标的物的认可或喜好程度并同时参考市场认可度决定的。在无任何参考标准的情况下，实物察看往往是确定是否交易的根本途径，相应的交易风险就由双方自行承担。

当事人在交易过程中是否存在欺诈行为通过以下几点认定：

1. 合同标的物来源是否合法

综合原、被告、案外人在庭审中的陈述，及公安询问笔录中的陈述，能够互相印证合同标的物系被告徐建国从案外人潘某达处抵债所得，来源合法。

2. 原、被告是否对标的物的材质进行约定

原告与被告徐建国、黄柏林就买卖交易过程中被告是否告知原告合同标的物材质意见相左，结合案外人王某学陈述，无法认定在本案买卖交易过程中，原告与被告就标的物材质进行了约定。原告提供的检验报告虽证明了合同标的物的材质，但因无证据证明原、被告在买卖交易过程中就材质进行了约定，故原告提供的检验报告据以反映的事实不能直接证明原告诉称被告在买卖交易过程中存在欺诈行为。

3. 合同价款及支付方式如何确定

原、被告对合同标的物最后商定的交易价格共计1070万元均无异议。综合询问笔录，原、被告在庭审中的陈述，可以推定在本案交易过程中，原、被告采取以物换物及补差方式，即被告徐建国以合同标的物翘头案及2个雕龙柜子换取一幅价值1000万元的古画及70万元补差。该古画系案外人谢某秀通过案外人项某峰介绍向被告黄柏林购买，价值1000万元，后谢某秀将该画退还至黄柏林处，黄柏林未将1000万元退给谢某秀。合同标的物交付完成后，原告谢张福将1000万元支付给案外人谢某秀，70万元支付给被告徐建国。

4. 合同标的物如何验收及交付

综合原告与被告徐建国确认的2014年7月被告徐建国将合同标的物翘头案及2个雕龙柜子送至原告公司的事实，可见，合同标的物已经过原告谢张福夫妇验收并交付。

综上，本案标的物来源合法，原、被告交易时未对标的物材质进行约定，以1070万元交易价通过以物换物及补差价的方式进行验收交付。原告对被告徐建国在交易过程中具有欺诈行为的证明未能排除合理性怀疑，难以确信原告主张的被告徐建国在交易过程中存在欺诈事实，故对原告诉称被告存在的欺诈行为不予认定。

编写人：浙江省慈溪市人民法院　徐榕

8

宣传手册的宣传语与实际不符能否认定经营者欺诈
——王娴诉北京沃尔玛百货有限公司买卖合同案

【案件基本信息】

1. 裁判书字号

北京市第一中级人民法院（2016）京01民终5916号民事判决书

2. 案由：买卖合同纠纷

3. 当事人

原告（被上诉人）：王娴

被告（上诉人）：北京沃尔玛百货有限公司

【基本案情】

王娴于2015年8月15日在北京沃尔玛百货有限公司望京分店（以下简称沃尔玛望京店）购买了净含量为500g、规格为81~100只/500g的参功夫干海参两盒，总价15000元。沃尔玛望京店向王娴开具了发票。参功夫干海参的产品标签上注明每100克的能量、蛋白质、脂肪、碳水化合物分别为1205KJ、68.7克、4.1克和7.8克。该产品的委托单位为大连海滨海洋生物有限公司，生产商为大连珍成食品有限公司。王娴于售卖海参柜台领取了含海参发制说明的宣传手册，该手册上记载，"海参是世界上少有的高蛋白、低脂肪、低糖、无胆固醇的营养保健食品"。

《食品安全国家标准预包装食品营养标签通则》（GB28050-2011）第六条第四

款规定，食品中的能量的允许误差范围为≤120%标示值；第七条规定生鲜食品为豁免强制标示营养标签的预包装食品，如果在其包装上出现任何营养信息时，应按照本标准执行。《预包装食品营养标签通则（GB28050-2011）问答》（以下简称《问答》）第二条第（九）项规定，未添加其他配料的干制品，如干蘑菇、木耳、干水果、干蔬菜等，以及生鲜蛋类等属于生鲜食品。《问答》第二十三条规定，营养标签上标示的能量主要由计算法获得，即蛋白质、脂肪、碳水化合物等产能营养素的含量乘以各自相应的能量系数（蛋白质为17kJ/g，脂肪为37 kJ/g，碳水化合物为17 kJ/g）并进行加和，能量值以千焦（kJ）为单位标示。海洋出版社出版的《海参、海胆生物学研究与养殖》第109页记载："海参肉质酥脆，香软滑润，高蛋白质，低脂肪，不含胆固醇，营养丰富且味道鲜美。"沃尔玛望京店在一审庭审中确认其出售的参功夫干海参系普通食品。

【案件焦点】

本案争议的焦点是经营者销售其商品是否构成欺诈，以及是否应当承担惩罚性赔偿责任。

【法院裁判要旨】

北京市石景山区人民法院经审理认为：王娴在沃尔玛望京店购买参功夫干海参时一并取得了含海参发制说明的宣传手册，该宣传手册上"海参是世界上少有的高蛋白、低脂肪、低糖、无胆固醇的营养保健食品"的宣传语系大连海滨海洋生物有限公司对其销售的海参的概括性宣传，故适用于涉案商品。沃尔玛望京店在一审庭审中认可参功夫干海参系普通食品，故该宣传手册上宣称的"营养保健食品"与实际不符。沃尔玛望京店已经构成《中华人民共和国消费者权益保护法》中规定的欺诈情形，王娴有权要求沃尔玛望京店支付三倍货款赔偿。因沃尔玛望京店系北京沃尔玛百货有限公司的分公司，不具备企业法人资格，不能独立对外承担民事责任，故北京沃玛百货有限公司对沃尔玛望京店的债务亦应承担清偿责任。

北京市石景山区人民法院依照《中华人民共和国合同法》第一百五十五条、《中华人民共和国消费者权益保护法》第五十五条之规定，作出如下判决：

一、北京沃玛百货有限公司于判决生效后十日内退还王娴货款一万五千元；
二、王娴于判决生效后十日内退还北京沃尔玛百货有限公司参功夫干海参两盒；三、北京沃玛百货有限公司于判决生效后十日内给付王娴赔偿金四万五千元。

北京沃玛百货有限公司持原审起诉意见提起上诉。北京市第一中级人民法院经审理认为：消费者享有知悉其购买、使用的商品或者接受的服务的真实情况的权利，销售者应当向消费者提供有关商品或者服务的真实信息，而本案中涉案商品的宣传手册宣称的"营养保健食品"与实际不符，属于以虚假的商品说明、商品标准方式销售商品，从而影响消费者的交易行为，构成欺诈。《中华人民共和国消费者权益保护法》第五十五条第一款的规定确立了对经营者欺诈行为的惩罚性赔偿制度，惩罚性赔偿尽管是损害赔偿的一种形式，但其不同于传统民法理论上的补偿性赔偿的概念，而是经营者对自己实施的欺诈行为所承担的加重后果，因此，惩罚性赔偿不以损失的补偿为前提，更不以损失的实际发生为条件。只要经营者实施了欺诈行为，就应当向消费者承担三倍赔偿金的责任。由此，王娴要求北京沃尔玛百货有限公司办理退货、返还货款，并予以三倍赔偿的诉讼请求，合法有据，应予以支持。

北京市第一中级人民法院依照《中华人民共和国民事诉讼法》第一百七十条第一款第（一）项之规定，作出如下判决：

驳回上诉，维持原判。

【法官后语】

第一，认定商品欺诈应当从经营者的行为出发，坚持客观标准。

商品欺诈是指经营者在提供商品的过程中，采用故意告知虚假情况或故意隐瞒真实情况的手段欺骗、误导消费者，使消费者的合法权益受到损害的行为。在现代民法的发展中，对于故意的认定，已经从单纯地依靠主观心理状态转向更多地依靠客观的行为标准，即只要行为人从事了特定行为即可推定其具有某种故意，除非其能有相反证据证明其不具备该种故意。

第二，法院应通过合理运用惩罚性赔偿制度，最大限度维护消费者权益，并以此增进社会整体福利。

惩罚性赔偿制度可以更有效地补偿消费者的损失和维权成本；可以为消费者通过诉讼维权提供额外的激励；可以对经营者欺诈、误导消费者的行为进行惩罚和遏制。本案涉及的商品并非普通日用品，而是关系到消费者人身健康的食品，为了维护食品安全,对于在食品宣传上存在瑕疵的行为,应当对经营者科以更高的义务标准。

第三,惩罚性赔偿金额的计算应当以商品价款为基数。

《中华人民共和国消费者权益保护法》第五十五条规定了商品欺诈和服务欺诈的多倍赔偿——违约性的惩罚性赔偿责任以及恶意商品、服务致害的多倍赔偿——侵权性的惩罚性赔偿责任。消费者获得惩罚性赔偿不以受到固有财产的实际损害为前提;因商品欺诈而遭受的价款损失甚至合同预期利益损失,都可使其获得惩罚性赔偿。因此,本案计算惩罚性赔偿金额的基数应是消费者购买商品支付的价款,其有无损失、损失多少并不影响惩罚性赔偿责任的认定和责任金额的多少。

编写人:北京市第一中级人民法院 刘慧

9

《卫生证书》能否证明进口食品在流通环节符合我国食品安全标准

——张培磊诉北京湖南大厦酒店管理有限公司买卖合同案

【案件基本信息】

1. 裁判书字号

北京市第二中级人民法院(2017)京02民终2393号民事判决书

2. 案由:买卖合同纠纷

3. 当事人

原告(被上诉人):张培磊

被告(上诉人):北京湖南大厦酒店管理有限公司(以下简称湖南大厦)

【基本案情】

2016年6月1日,张培磊在湖南大厦购买CHATEAU DUHART – MILON 红葡萄酒，湖南大厦出具购物小票上名称为多哈米隆红酒08年（拉菲）24瓶，单价2880元，合计69120元。次日，张培磊再次在湖南大厦购买上述红酒24瓶，单价2880元，合计69120元，两次消费共计138240元。涉案商品为进口预包装食品，湖南大厦称原产国为法国。该商品在向张培磊销售时仅贴有外文标签，未粘贴中文标签。

【案件焦点】

《卫生证书》能否证明进口食品在流通环节符合我国食品安全标准。

【法院裁判要旨】

北京市东城区人民法院经审理认为：张培磊在湖南大厦购买涉案食品，双方之间已经形成买卖合同关系，该买卖合同系双方当事人的真实意思表示，且不违反国家法律、行政法规的强制性规定，合法有效。

《中华人民共和国食品安全法》第九十七条规定："进口的预包装食品、食品添加剂应当有中文标签；依法应当有说明书的，还应当有中文说明书。标签、说明书应当符合本法以及我国其他有关法律、行政法规的规定和食品安全国家标准的要求，并载明食品的原产地以及境内代理商的名称、地址、联系方式。预包装食品没有中文标签、中文说明书或者标签、说明书不符合本条规定的，不得进口。"以及中华人民共和国卫生部发布的《预包装食品标签通则》第4.1.6.3条规定："进口预包装食品应标示原产国国名或地区区名如香港、澳门、台湾，以及在中国依法登记注册的代理商、进口商或经销者的名称、地址和联系方式，可不标示生产者的名称、地址和联系方式。"本案中，湖南大厦将没有中文标签的涉案红酒进行销售，其行为违反了《中华人民共和国食品安全法》对于食品安全标准的要求，应认定销售明知不符合食品安全标准的食品。《中华人民共和国食品安全法》第一百四十八条第二款规定："生产不符合食品安全标准的食品或者经营明知是不符合食品安全标准的食品，消费者除要求赔偿损失外，还可以向生产者或者经营者要求支付价款十倍或者损失三倍的赔偿金；增加赔偿的金额不足一千元的，为一千元。但是，食品的标签、说明书存在不影响食品安全且不会对消费者造成误导的瑕疵的除外。"故本院对张培磊要求退款并给予十倍赔偿的诉讼请求予以支持。

湖南大厦认为张培磊在购买涉案食品前即已得知未粘贴中文标签，并未因此产生任何误解，且张培磊未提交证据证明其受到损害的事实，无事实和法律依据，本院对该项答辩意见不予采纳。湖南大厦抗辩涉案食品具备合法的《卫生证书》，符合我国食品安全标准，对此本院认为，检验检疫机构签发卫生证书的行为系行政许可行为，湖南大厦作为食品销售者须负担的法定义务并不因此而得以免除，故本院对于该项意见不予采信。

综上，依据《中华人民共和国食品安全法》第九十二条、第九十七条、第一百四十八条之规定，判决如下：

一、北京湖南大厦酒店管理有限公司于本判决生效之日起七日内退还张培磊货款十三万八千二百四十元，同时张培磊退还北京湖南大厦酒店管理有限公司进口 CHATEAU DUHART–MILON 红葡萄酒［销售小票商品名称为多哈米隆红酒 08 年（拉菲）］四十八瓶；

二、北京湖南大厦酒店管理有限公司于本判决生效之日起七日内支付张培磊赔偿金一百三十八万二千四百元。

北京湖南大厦酒店管理有限公司不服一审判决提起上诉。北京市第二中级人民法院经审理认为：张培磊在湖南大厦购买涉案食品，双方之间成立买卖合同关系，且双方的买卖合同关系不违反法律、行政法规的强制性规定，合法有效。本案的争议焦点有两个，一是涉案食品是否违反食品安全标准；二是湖南大厦是否应当承担十倍赔偿责任。

关于第一个争议焦点，《中华人民共和国食品安全法》第二十六条第（四）项规定："食品安全标准应当包括下列内容：（四）对与卫生、营养等食品安全要求有关的标签、标志、说明书的要求。"第九十七条规定："进口的预包装食品、食品添加剂应当有中文标签；依法应当有说明书的，还应当有中文说明书。标签、说明书应当符合本法以及我国其他有关法律、行政法规的规定和食品安全国家标准的要求，并载明食品的原产地以及境内代理商的名称、地址、联系方式。预包装食品没有中文标签、中文说明书或者标签、说明书不符合本条规定的，不得进口。"本案中，涉案食品系进口的预包装食品，但却未按上述规定粘贴中文标签，故应认定为不符合食品安全标准的食品。

关于第二个争议焦点，《中华人民共和国食品安全法》第一百四十八条第二款规定:"生产不符合食品安全标准的食品或者经营明知是不符合食品安全标准的食品,消费者除要求赔偿损失外,还可以向生产者或者经营者要求支付价款十倍或者损失三倍的赔偿金;增加赔偿的金额不足一千元的,为一千元。但是,食品的标签、说明书存在不影响食品安全且不会对消费者造成误导的瑕疵的除外。"本案中,湖南大厦主张涉案食品有卫生证书,其主观上不构成明知,且涉案食品有中文标签,只是在销售时未粘贴,并不影响食品安全,也未对他人造成误导,仅是销售瑕疵,故不应当承担十倍赔偿责任。对此,本院认为,湖南大厦未提供充分证据证明其对涉案食品尽到了必要的查验义务,且涉案食品未粘贴中文标签属于显而易见的事实,故涉案食品即使有卫生证书亦不能证明其主观上不构成明知。另外,涉案食品未粘贴中文标签不仅违反法律的相关规定,而且使消费者对涉案食品的相关信息难以充分了解,因此不属于标签瑕疵的范畴。综上,湖南大厦的上诉理由缺乏事实与法律依据,本院不予支持。一审法院认定湖南大厦构成销售明知是不符合食品安全标准的食品,并据此判决其承担十倍赔偿责任并无不当。关于湖南大厦上诉提出一审法院违反法定程序的问题,本院经审查认为,湖南大厦主张的情形不属于《中华人民共和国民事诉讼法》第一百七十条第一款第(四)项规定的"原判决遗漏当事人或者违法缺席判决等严重违反法定程序"的情形,故本院不予支持。北京市第二中级人民法院依照《中华人民共和国民事诉讼法》第一百七十条第一款第(一)项规定,判决:

驳回上诉,维持原判。

【法官后语】

本案涉及的是进口食品是否符合食品安全标准的问题,此类案件中销售者多以进口商品具有《卫生证书》,销售者并非明知食品不符合食品安全标准而销售为抗辩理由,因此本案的焦点问题在于行政机关签发的《卫生证书》能否证明进口食品在流通环节符合我国食品安全标准。司法实践中有两种观点:一种观点认为《卫生证书》由出入境检验检疫机构签发,《卫生证书》中载明进口商品符合我国食品卫生要求,标签经检验合格,据此该证书的签发足以证明进口商品符合我国食品安全标准。另一种观点认为《卫生证书》仅表明出入境检验检疫机构经检验准予食品进口,食品销售者仍应承担在流通环节的审查义务,因此,《卫生证书》的签发不足以证明进口食品在流通环节符合我国食品安全标准。

笔者认同第二种观点。理由如下:《关于"进口食品的卫生证书"有关咨询的回复》中明确"2015年7月28日起,对进口食品、化妆品经检验合格的,或检验检疫不合格但已进行有效处理合格的,签发'入境货物检验检疫证明',不再签发卫生证书"。"入境货物检验检疫证明"的效力仅为证明该批次食品从正常途径进口,依照我国法律法规规定经检验检疫。《质检总局关于进一步规范进口食品、化妆品检验检疫证单签发工作的公告(2015年第91号)》中规定,入境检验检疫证明栏中证书文字统一为上述货物业经检验检疫监督管理,准予进口。因此,《卫生证书》仅能证明进口食品符合法定条件准予进口,并不能证明食品在销售环节完全符合我国食品安全标准,销售者以此为抗辩理由并无法律依据。

编写人:北京市东城区人民法院 孟昆

10

进口食品无中文标识不属于不符合食品安全标准

——唐中华诉北京颐泉万家超市有限公司买卖合同案

【案件基本信息】

1. 裁判书字号

北京市第一中级人民法院(2016)京01民终2974号民事判决书

2. 案由:买卖合同纠纷

3. 当事人

原告(上诉人):唐中华

被告(被上诉人):北京颐泉万家超市有限公司(以下简称颐泉超市)

【基本案情】

2015年8月29日晚,原告唐中华在被告颐泉超市购买了三瓶"2012法国RED FOX"葡萄酒、一瓶"750ml法国葡萄酒"、二瓶"A.03进口干红共6瓶葡萄酒及部分其他物品。原告购买上述葡萄酒共花费908元。被告为原告出具了购物小票和发票。被告销售的上述葡萄酒没有中文标签，没有标注中文名称、配料表、原产地、进口商等信息。此后，原告对被告的销售行为进行了举报。北京市海淀区食品药品监督管理局于2015年10月19日对被告作出了行政处罚。被告为此交纳罚款2120元。被告未售出的进口葡萄酒被北京市海淀区食品药品监督管理局没收。涉案的6瓶葡萄酒现在原告处，仍为未开封状态。诉讼中，被告称超市的货品是从他人处转让而来的，不知道葡萄酒的来源。被告表示同意给原告退货。被告颐泉超市认可曾向唐中华销售三瓶"2012法国RED FOX"葡萄酒、一瓶"750ml法国葡萄酒"、二瓶"A.03进口干红，共6瓶葡萄酒；并且被告承认销售给原告6瓶葡萄酒均没有中文标识，其不认识6瓶葡萄酒标签上的文字，其不清楚销售给原告的6瓶葡萄酒的来源，不清楚该6瓶葡萄酒的生产日期及保质期。其中一瓶葡萄酒已经开启。

【案件焦点】

被告销售的没有中文标识的预包装食品是否属于不符合我国食品安全标准的食品以及消费者因此提出损害赔偿的认定。

【法院裁判要旨】

北京市海淀区人民法院经审理认为：原告唐中华持有购物小票、发票和商品实物，表明其与被告颐泉超市构成事实上的买卖合同关系，该买卖合同关系未违反国家法律和行政法规的强制性规定，应属有效。根据《中华人民共和国食品安全法》规定，进口的预包装食品应当有中文标签、中文说明书。标签、说明书应当符合我国法律规定和食品安全国家标准的要求，载明食品的原产地以及境内代理商的名称、地址、联系方式。被告出售的进口葡萄酒没有中文标签和说明书，违反了上述规定。原告要求被告退还购货款908元的诉讼请求，海淀区人民法院予以支持，但原告应将相应的葡萄酒退还给被告。依据《中华人民共和国食品安全法》第一百四十八条规定，原告据此提出了要求被告支付9080元赔偿金的诉讼请求。海淀区人民法院认为，被告出售的葡萄酒虽然没有中文标签，但该商品不影响食品安全，不会对原告造成误导，亦未对原告造成人身或财产损失，故原告要求被告支付相当于购物款十倍的赔偿金9080元的诉讼请求，海淀区人民法院不予支持。

北京市海淀区人民法院依照《中华人民共和国合同法》第八条,《中华人民共和国食品安全法》第一百四十八条之规定,作出如下判决:

一、原告唐中华于本判决生效之日起十日内向被告北京颐泉万家超市有限公司退还三瓶"2012 法国 RED FOX"葡萄酒、一瓶"750ml 法国葡萄酒"、二瓶"A.03 进口干红"(商品均应保持完好),被告北京颐泉万家超市有限公司收到退货后同时向原告唐中华退还货款九百零八元。

二、驳回原告唐中华的其他诉讼请求。

三、案件受理费二十五元,由被告负担。

唐中华对一审判决不符,提出上诉。北京市第一中级人民法院经审理认为:原告唐中华持有购物小票、发票和商品实物,表明其与被告颐泉超市构成事实上的买卖合同关系,该买卖合同关系未违反国家法律和行政法规的强制性规定,应属有效。并且依据原告向北京市第一中级人民法院提交的证据,法院认为被告向原告销售的商品应属于从国外进口的预包装食品。被告作为食品经营者,其向原告销售的食品应当符合《中华人民共和国食品安全法》第六十二条、第九十七条、第九十二条第一款、第六十七条第一款、第七十一条第三款的相关规定。被告作为经营者,对其销售给原告的葡萄酒的标签等应当标示的相关信息均不知情,法院认为在我国销售的葡萄酒没有中文标签足以影响食品安全,在此种情况下,北京市第一中级人民法院认为结合北京市海淀区食品药品监督管理局没收了被告未出售的葡萄酒,并对被告超市进行了罚款的事实足以认定被告超市销售给原告的 6 瓶葡萄酒为不符合食品安全标准的食品,而被告作为食品经营者对此应当明知。依据《中华人民共和国食品安全法》第一百八十四条第二款规定,被告应退还原告货款 908 元,并赔偿原告 9080 元。

北京市第一中级人民法院依据《中华人民共和国食品安全法》第六十七条第一款、第九十二条第一款、第九十七条,《中华人民共和国民事诉讼法》第一百七十条第一款第(三)项之规定,判决如下:

一、撤销北京市海淀区人民法院(2015)海民(商)初字第 35990 号民事判决;

二、唐中华于本判决生效之日起十日内退还北京颐泉万家超市有限公司三瓶"2012 法国 RED FOX"葡萄酒(购买价格每瓶 158 元)、一瓶"750ml 法国葡萄酒"

（购买价格 158 元）、二瓶"A.03 进口干红（购买价格每瓶 138 元），如有毁损，则按毁损的数量以购买时的价格从本判决第三项中扣减；

三、北京颐泉万家超市有限公司于判决生效之日起十日内退还唐中华货款 908 元；

四、北京颐泉万家超市有限公司于判决生效之日起十日内赔偿唐中华 9080 元。

一、二审受理费共计人民币 75 元，由被上诉人负担。

【法官后语】

本案经过一审、二审程序，归结起来，主要涉及以下两个问题：

1. 被告销售的没有中文标识的预包装食品是否属于不符合我国食品安全标准的食品

本案中原告唐中华在被告颐泉超市购买了 6 瓶进口葡萄酒，其属于从国外进口的预包装食品。但上述预包装食品均没有中文标签、中文说明书。这是否属于不符合我国食品安全国家标准的产品？对于这个问题有多种意见。笔者的意见如下：首先，判断一种食品是否符合国家安全标准应从形式要件和实质要件两方面进行考虑。这里的形式要件是指国家为保证食品安全而要求生产者强制披露有关食品本身的相关信息。就本案来看，预包装食品的形式要件包含在《中华人民共和国食品安全法》第六十七条第一款规定的内容中，主要是食品标签中应当标明的事项。因为消费者不可能完全知悉一件食品从加工、运输到销售等环节中的全部内容，《中华人民共和国食品安全法》规定食品应有标签等形式要件，就是对消费者进行关于其所消费食品必要相关内容的信息披露，这是国家强制性规定。而就我国居民的语言习惯的考虑，预包装食品没有中文标签可能导致大部分消费者不能了解食品的相关性能，从而对消费者造成误导。实质要件是指食品本身应符合《中华人民共和国食品安全法》相关食品安全国家标准。就本案来说被告颐泉超市出售的葡萄酒没有中文标签、中文说明书；亦不能提供产品的合法进货渠道和检测报告，从形式要件和实质要件上都无法证明涉案产品符合我国食品安全标准，所以应认定其属于不符合食品安全标准的食品。其次，预包装食品缺少形式要件并不必然导致其不符合食品安全标准。就本案来说，预包装食品必须有中文标签、说明书，其旨在确保向消费者履行食品相关信息的告知义务，使消费者对于产品有一定了解从而不产生误导，但要确保预包装食品符合我国食品安全标准还要有其他配套措施与之共同配合。所以预包装食品具备形式要件未必都符合食品安全标准；反之，预包装食品没有形式要件未必都不符合食品安全标准，所以不可以简单地以食品有无形式要件而判断其是否符合食品安全标准，二者是不同的范畴，并且在《中华人民共和国食品安全法》第九十七条规中定，"……预包装食品没有中文标签、中文说明书或者标签、说明书不符合本条规定的，不得进口。"这段规定没有说明预包装食品没有中文标签、中文说明书就不符合食品安全标准，只是规定不得进口，如果违反本规定则应由县级以上食品药品监督管理部门进行行政处罚。

2. 消费者因购买食品不符合食品安全标准从而向法院提出损害赔偿的认定

笔者认为其主要是对《中华人民共和国食品安全法》第一百四十八条第二款的解释。对于经营者来说，其是否要赔偿消费者损失及支付惩罚性赔偿，其主要涉及"不符合食品安全标准的食品""明知""经营"概念的解释。"不符合食品安全标准的食品"在上段已经说明，在此不赘述。关于"明知"的解释，按照《进口食品安全管理办法》第十六条第一款、《关于"进口食品的卫生证书"有关咨询的回复》都对"入境货物检验检疫证明"的性质和效力进行了认定，其仅表明进口食品的来源和正当途径，并不能保证进口食品符合食品安全标准，所以要求经营者对所进口食品进行严格审查，如果销售的食品存在通过形式和外观即可判断的安全隐患，则认为经营者对销售的食品不符合食品安全标准是"明知"的。就本案而言被告颐泉超市不能提供涉案产品的报关单、检测报告，也不清楚产品的来源等相关信息，从而不能排除其对产品不符合食品安全标准是不知情的，所以认定其为"明知"。关于"经营"行为应认定双方存在事实的买卖关系。本案中原告唐中华提供的购物小票、发票等证据可以认定双方存在合法有效的买卖关系。综合来看，被告颐泉超市应属于经营不符合食品安全标准的食品，原告可向法院主张损害赔偿及惩罚性赔偿。

编写人：北京市海淀区人民法院　张建文　张辉

11

玛咖片未标食用限量及不适宜人群是否违反食品安全标准
——杨照诉优禾生活实业（上海）有限公司北京大兴分公司买卖合同案

【案件基本信息】

1. 裁判书字号

北京市第二中级人民法院（2016）京02民终10706号民事判决书

2. 案由：买卖合同纠纷

3. 当事人

原告（被上诉人）：杨照

被告（上诉人）：优禾生活实业（上海）有限公司北京大兴分公司（以下简称优禾大兴公司）

【基本案情】

2016年1月18日，杨照在优禾大兴公司购买了玛咖片10瓶，每瓶179元，共1790元。玛咖片标签记载：执行标准Q/AJHY0003S；生产企业：安徽亳州菊花缘农业发展有限公司（以下简称菊花缘公司）；经销商：优禾生活实业（上海）有限公司。杨照食用了一瓶玛咖片。

2016年3月16日，北京市大兴区食品药品监督管理局因玛咖片标签未标注不适宜人群和食用限量向优禾大兴公司出具《行政处罚决定书》。

2011年5月18日，卫生部发布《关于批准玛咖粉作为新资源食品的公告》，载明：现批准玛咖粉作为新资源食品。新资源食品的生产经营应当符合有关法律、法规、标准规定。玛咖粉食用量≤25克/天，性状淡黄色粉末；婴幼儿、哺乳期妇女、孕妇不宜食用；食品的标签、说明书中应当标注不适宜人群和食用限量。

杨照的诉讼请求为：1. 优禾大兴公司返还杨照货款1790元，杨照退还剩余9瓶玛咖片；2. 优禾大兴公司十倍赔偿17900元。

优禾大兴公司称其生产的玛咖片是属于代用茶，是泡水的，而非直接食用的玛咖粉，而且生产工艺与玛咖粉完全不同，玛咖片不需要标识食用量，也不需要标注不适宜人群，并提交菊花缘公司的营业执照、生产许可证、企业标准《玛咖代用茶》《检验报告》证明玛咖片系合格产品。

菊花缘公司企业标准《玛咖代用茶》载明：干燥切片后的玛咖片与卫生部公告2011年第13号的规定具有实质等同性。玛咖（代用茶）：食用量≤25克/天；不适宜人群：（婴幼儿、哺乳期妇女、孕妇不宜食用）；不适宜人群和食用限量应符合卫生部公告2011年第13号的规定。

【案件焦点】

玛咖片未标食用限量及不适宜人群，是否违反食品安全标准，能否适用惩罚性赔偿。

【法院裁判要旨】

北京市大兴区人民法院经审理认为：第一，结合《食品安全标准预包装食品标签通则》第五条，《中华人民共和国食品安全法》第三十七条的规定，国家卫生计生委《新食品原料安全性审查管理办法》第四条、第十九条的规定，以及《关于批准玛咖粉作为新资源食品的公告》，可以确认玛咖粉是国家规定的需要经过特殊审批方可用于食品生产经营的新资源食品，其标签标识应当符合国家法律、法规、食品安全标准以及卫生部公告的要求。

第二，优禾大兴公司未提交充分证据证明玛咖粉与玛咖片有实质差异，企业标准《玛咖代用茶》也说明生产企业已经通过企业标准声明了玛咖片和玛咖粉具有实质等同性，并承诺玛咖片应当标示不适宜人群和食用限量。因此，生产企业制定的关于标示不适宜人群和食用限量的企业标准应当对其有约束力，玛咖片应当符合卫生部关于玛咖粉的上述规定。

第三，玛咖片的不适宜人群及食用限量等信息关乎消费者的生命健康安全，如不按规定标示，将置消费者于误食、过量服食的危险之中，存在重大安全隐患。不按规定标示不适宜人群及食用限量绝非标签瑕疵问题，而是严重危及食品安全的行为。

综上，涉案玛咖片未标示不适宜人群及食用限量违反了食品安全标准，优禾大兴公司明知食品不符合食品安全标准仍然销售，杨照有权主张退货、退款及十倍赔偿。由于杨照仅能退还9瓶剩余玛咖片，故优禾大兴公司需返还货款1611元。

北京市大兴区人民法院依照《中华人民共和国食品安全法》第二十五条、第三十七条、第一百四十八条之规定，判决如下：

一、优禾大兴公司于本判决生效之日起十日内返还杨照货款一千六百一十一元；

二、杨照于本判决生效之日起十日内退还优禾大兴公司九瓶玛咖片（生产企业菊花缘公司，单价一百七十九元）；

三、优禾大兴公司于本判决生效之日起十日内赔偿杨照一万七千九百元；

四、驳回杨照的其他诉讼请求。

优禾大兴公司持原审意见上诉。北京市第二中级人民法院经审理认为：玛咖粉是国家规定的需要经过特殊审批方可用于食品生产经营的新资源食品，其标签标识应当符合国家法律、法规、食品安全标准以及卫生部公告的要求。优禾大兴公司并未提供证据证明玛咖粉与玛咖片有实质差异。因此，优禾大兴公司关于涉案玛咖片符合食品安全标准，且优禾大兴公司不存在明知涉案玛咖片不符合食品安全标准情形的上诉主张，没有事实及法律依据，本院不予采信。

综上所述，优禾大兴公司的上诉请求不能成立，应予驳回；一审法院认定事实清楚，适用法律正确，应予维持。

北京市第二中级人民法院依照《中华人民共和国民事诉讼法》第一百七十条第一款第（一）项之规定，判决如下：

驳回上诉，维持原判。

【法官后语】

食品安全标准，是与食品安全要求相关的强制执行的标准，法律并没有把食品安全标准限定在强制性国家标准范围内，也没有排除行业标准、地方标准、企业标准等的适用，相反还鼓励企业制定严于国家标准、地方标准的企业标准。因此，在法律没有明确的食品安全标准外延的情况下，其他标准和规定不应绝对排除。

首先，玛咖片目前尚没有国家标准进行明确规定，本案判决结合相关法律法规确认，玛咖粉是国家规定的需要经过特殊审批方可用于食品生产经营的新资源食品，其标签标识应当符合国家法律、法规、食品安全标准以及卫生部公告的要求。然后，判决将玛咖粉和玛咖片进行对比，确定了涉案玛咖片和玛咖粉具有实质等同性，同样需要适用上述规定，上述规定属于食品安全标准。

第二，涉案食品企业标准明确载明了不适宜人群和食用限量的具体标准，这说明生产企业承诺玛咖片应当标示不适宜人群和食用限量。生产企业制定的关于标示不适宜人群和食用限量的企业标准应当对其有约束力，企业应当执行企业标准，本案玛咖片应当符合卫生部关于玛咖粉的上述规定。

第三，由于玛咖片的不适宜人群及食用限量等信息关乎消费者的生命健康安全，如不按规定标示，将置消费者于误食、过量服食的危险之中，存在重大安全隐患。不按规定标示不适用人群及食用限量绝非标签瑕疵问题，而是严重危及食品安全的行为，因此，本案不适用关于标签瑕疵的但书条款。

综上，优禾大兴公司明知食品不符合食品安全标准仍然销售，消费者有权向其要求支付价款十倍。

编写人：北京市大兴区人民法院　蒋怡琴

12

实践中"退一赔十"如何认定

——莫承福诉普安县宏鑫茶业开发有限公司买卖合同案

【案件基本信息】

1. 裁判书字号

广东省广州市中级人民法院（2016）粤01民终17753号民事判决书

2. 案由：买卖合同纠纷

3. 当事人

原告（上诉人）：莫承福

被告（被上诉人）：普安县宏鑫茶业开发有限公司（以下简称宏鑫公司）

【基本案情】

莫承福于2015年9月25日在宏鑫公司处购买"薰衣草红茶48g罐装"（以下简称涉案产品）160罐，单价21元，合计支付3360元，网络交易订单号1308917920062813，由宏鑫公司通过圆通快递物流发货给莫承福，运单编号200267853877。涉案产品的外包装上标示：产品名称为薰衣草红茶袋泡茶，配料为CTC红茶、薰衣草，产品执行标准GB/T13738.1-2008，生产许可证号QS522314010416，制造商为宏鑫公司，保质期24个月。为证明上述事实，莫承福出具网络订单、宏鑫公司出具的发票、产品图片予以印证。

另莫承福出具国家卫生计生委政务公开办《关于薰衣草、大豆异黄酮不宜作为普通食品原料问题的说明》、湖南省质量技术监督局关于"薰衣草、香兰、樱花是否可以作为普通食品原料"的回答、顺德区市场监督管理局处理举报线索告知书等确认薰衣草属于新食品原料，不宜作为普通食品的原料食用。生产许可证号QS522314010416属于茶叶许可证，而涉案产品属于代用茶，理应去办代用茶许可证，涉案产品属于无证生产。原告请求赔偿。

【案件焦点】

宏鑫公司应否按照莫承福支付的货款的十倍给予其赔偿。

【法院裁判要旨】

广州市天河区人民法院经审理认为：因涉案产品的原料中含有薰衣草，而目前薰衣草未认定为属于普通食品原料，在国家卫生计生委政务公开办《关于薰衣草、大豆异黄酮不宜作为普通食品原料问题的说明》中已明确如需开发薰衣草作为普通食品原料，应当按照《新食品原料安全性审查管理办法》规定的程序进行申报等，现宏鑫公司未提供有效证据证明其已完成相关申报等，应承担举证不能的民事责任，故此可以认定案涉产品为不符合我国食品安全标准的食品。宏鑫公司作为案涉产品生产者及销售者，销售及生产不符合食品安全标准的食品，依法应承担相应的责任。现莫承福请求宏鑫公司退还其货款3360元并无不当，本院予以支持。

关于宏鑫公司是否应按照莫承福支付的货款的十倍给予赔偿的问题。审查莫承福和宏鑫公司提供的证据及陈述，本案中宏鑫公司因销售不符合我国食品安全标准的食品，依法应按照相关规定予以处罚。莫承福购买了涉案产品160罐，共支付3360元，并且主张按照《中华人民共和国食品安全法》第一百四十八条的规定应给予其支付价款的十倍赔偿33600元，但鉴于莫承福作为一般的消费者不可能一次性购买大量的茶叶（有保质期）存放或食用，根据其所受的损失及公平正义的原则，在宏鑫公司返还莫承福支付货款的基础上，本院酌情按照其购买的涉案产品支付的10罐价格给予宏鑫公司法律规定的惩罚性赔偿即可。这一方面足以弥补莫承福所受损失并且已达到其惩罚涉案产品销售者及生产者的预期，否则会以此增加莫承福所获的利益甚至牟利；另一方面根据法律的维护市场经济秩序、保护民事主体合法权益的立法宗旨以及公平正义的原则，对于莫承福所请求的赔偿数额予以适当调整既能够给予宏鑫公司一定的惩罚，符合我国《中华人民共和国食品安全法》的规定，也能够维护各民事主体的合法权益，维护市场交易秩序。据此，本院对莫承福主张的十倍赔偿的数额予以调整，即按照其购买涉案产品支付的10罐价格的十倍2100元（21元×10罐×10）进行赔偿。

广州市天河区人民法院依照《中华人民共和国食品安全法》第二十八条、第一百四十八条，《中华人民共和国合同法》第一百一十四条，《中华人民共和国民法通则》第四条，《中华人民共和国民事诉讼法》第六十四条第一款的规定，判决如下：

一、被告普安县宏鑫茶业开发有限公司于本判决发生法律效力之日起10日内，退还原告莫承福货款3360元；原告莫承福在收到上述货款后退还在被告普安县宏鑫茶业开发有限公司处购买的"薰衣草红茶48g罐装"160罐；

二、被告普安县宏鑫茶业开发有限公司于本判决发生法律效力之日起10日内赔偿原告莫承福货款2100元；

三、驳回原告莫承福的其他诉讼请求。

莫承福提出上诉。广州市中级人民法院经审理认为：原审法院虽认定了案涉产品为不符合安全标准的食品，但莫承福作为一般消费者一次性购买大量的茶叶不符合常理，原审法院据此以一般消费者的购买量为10罐的标准认定莫承福的购买数量，从而酌情以支付10罐价款的十倍的标准给予莫承福赔偿并无不妥，本院予以维持。广州市中级人民法院依照《中华人民共和国民事诉讼法》第一百七十条第一款第（一）项的规定，判决：

驳回上诉，维持原判。

一、标的物质量 | 47

【法官后语】

本案涉及的主要法律问题是应否按照莫承福支付的货款的十倍给予赔偿的问题。

1. 原告的购买行为是否符合一般消费习惯

本案中，莫承福作为一个普通的消费个体，在具体的某次购买中其购买行为必须符合一般的消费习惯，其一次性购买了160罐茶叶，并且这类茶叶保质期较短，在其未能给出合理解释的情况下，从其职业打假的身份推知开来，其此次购买行为是完全不符合一般消费习惯的。

2. 被告的经营行为应否受到法律的惩罚

作为上层建筑的法律，在维护经济基础的发展时，在必要的时候必须倾向于保护某个特殊法益。在食品安全问题频发的时代，新的《中华人民共和国食品安全法》《中华人民共和国消费者权益保护法》应运而生，新法加大了对违法经营者的惩罚力度，"假一赔十"或者"假一赔三"的规定在一定程度上起到了规范经营者行为、维护食品安全的作用。本案中，在没有相关标准明文规定"薰衣草"可以作为食品原料使用的情况下，薰衣草的使用必须经过相关部门的审查与备案，但被告并未提供相关证据证明其经过备案，因此被告销售的涉案产品是不符合我国法律的相关规定的，被告的经营行为应受到法律的相应惩罚。

3. 应否按照原告支付的全部货款的十倍给予赔偿

（1）从立法规定角度出发探讨赔偿数额的问题

根据《中华人民共和国食品安全法》第一百十四八条的规定，从通常意义上讲，消费者可以向生产者要求十倍赔偿。但是，推究立法本意，我们可以得知：首先，经营者主观上必须是明知；其次，客观上从事了销售或者生产行为；最后，立法规定赔偿为选择性词语"可以"而非必然性词语"应或者必须"。因此，在具体的案件中对赔偿问题的界定必须结合上述三要点进行慎重分析。本案中，基于原、被告双方的举证及陈述，可以初步认定被告销售了不符合食品安全标准的食品，并且出于保护食品安全的实际出发，可以给予被告适当的惩罚，加大违法成本。

（2）从保护法益角度出发探讨赔偿数额的问题

食品安全和消费者权益是我国目前重点保护的法益，对于危害食品安全或者是损害消费者权益的行为，立法重点打击。但是，根据法律保护平等民事主体之间的合法权益的宗旨出发，在保护主要法益的同时，维护市场经济秩序与保护经营者的权益也义不容辞。本案中,对于不符合相关规定的被告的销售行为进行惩罚的同时,也要考虑到保护的消费者的法益是以非一般消费行为为前提的。因此,在确定具体的赔偿数额时,不能完全忽略经营者的权益,不能"一刀切"式地保护非一般消费行为消费者的权益,对此赔偿数额可以在法律规定基础上作适当的"打折"更符合法益的保护规则。

编写人:广东省广州市天河区人民法院　孙毓萍

13

《食品安全法》第一百四十八条但书部分的适用

——叶春玲诉北京家乐福商业有限公司买卖合同案

【案件基本信息】

1. 裁判书字号

北京市第二中级人民法院（2016）京02民终7426号民事判决书

2. 案由：买卖合同纠纷

3. 当事人

原告（上诉人）：叶春玲

被告（被上诉人）：北京家乐福商业有限公司（以下简称家乐福公司）

【基本案情】

2015年11月21日，叶春玲到家乐福定慧桥店购买了商品编号为6941004900429的"红旭农场庄小米黄小米"11袋，单价为每袋58.6元，商品编号为6941004900344的"红旭农场庄小米黄小米"22袋，单价为每袋20.6元，商品编号为6941004900467的"红旭农场庄小米黄小米"25袋，每袋单价62.2元，共计支付价款2652.8元。上述三种产品的外包装上均有外挂宣传册，宣传册中标有"可以治疗和预防一些慢性胃病，从而降低肠道疾病的几率"的宣传字样。

2016年3月22日，北京市工商行政管理局朝阳分局对辽宁红旭现代农业股份有限公司北京营销分公司作出京工商朝处字[2016]第244号行政处罚决定书，主要载明：经查，2016年1月22日，我所收到北京市朝阳区食品药品监督管理局举报事项移转函，发现当事人在其销售的红旭农场庄小米黄小米产品外挂宣传册第十七页有"治疗和预防一些慢性胃病，从而减低肠道疾病的几率"等字样作引人误解的虚假宣传；当事人的上述行为违反了《中华人民共和国反不正当竞争法》，责令当事人立即停止虚假宣传的违法行为，对当事人罚款人民币10000元。

叶春玲请求退款并主张十倍赔偿。

【案件焦点】

涉案商品外挂宣传册上使用的"可以治疗和预防一些慢性胃病，从而降低肠道疾病的几率"的宣传字样是否适用《中华人民共和国食品安全法》第一百四十八条第二款但书部分。

【法院裁判要旨】

北京市丰台区人民法院经审理认为：涉案产品在外挂宣传册上使用涉及疾病预防及治疗功能的宣传语违反了《中华人民共和国食品安全法》第七十一条第一款强制性规定，叶春玲据此要求家乐福公司退还货款的诉讼请求，予以支持。本案的争议焦点在于叶春玲是否能够因此向家乐福公司主张十倍赔偿。本案涉案产品是小米，小米作为一种极为普遍的食品被广泛认知，尤其因为小米含有丰富的营养价值，食用小米对身体有益已经成为众所周知的常识，普通消费者在购买小米时，通常是基于其本身对于小米这种食品常识性的认知。本案涉案产品宣传册所标识的宣传字样虽然违反了《中华人民共和国食品安全法》关于食品标签、说明书的要求，并受到行政处罚，但该描述与普通消费者对于小米这种食品的认知并不相悖，不能诱使消费者做出超出常理的错误判断，故而不能认定为误导消费者。故涉案产品宣传册属于"存在不影响食品安全且不会对消费者造成误导的瑕疵"的情形，叶春玲据此主张十倍赔偿的诉讼请求，不予支持。

北京市丰台区人民法院依照《中华人民共和国合同法》第八条、第一百一十一条，《中华人民共和国食品安全法》第七十一条第一款、第一百四十八条之规定，作出如下判决：

一、被告北京家乐福商业有限公司于本判决生效之日起十日内退还原告叶春玲货款二千六百五十二元八角，原告叶春玲在领取上述款项时将商品编号为

6941004900429的"红旭农场庄小米黄小米"十一袋、商品编号为6941004900344的"红旭农场庄小米黄小米"二十二袋、商品编号为6941004900467的"红旭农场庄小米黄小米"二十五袋返还给被告北京家乐福商业有限公司;

二、驳回原告叶春玲的其他诉讼请求。

叶春玲持原审起诉意见提起上诉。北京市第二中级人民法院经审理认为:家乐福公司经营的涉案食品在外包装上外挂了标示"可以治疗和预防一些慢性胃病,从而降低肠道疾病的几率"的宣传册,上述内容未标示在涉案食品外包装上,亦非标示在"标签、标志、说明书"中,且不属于"与卫生、营养等食品安全要求有关的标签、标志、说明书",因此涉案食品宣传册的内容与《中华人民共和国食品安全法》规定的食品安全标准不存在法律上的关联,家乐福公司的行为亦不构成经营明知是不符合食品安全标准的食品,叶春玲请求家乐福公司依照《中华人民共和国食品安全法》第一百四十八条第二款之规定承担惩罚性赔偿责任,缺乏事实依据,一审法院予以驳回于法有据。北京市朝阳区食品药品监督管理局的行政处罚决定仅认定涉案食品外挂宣传册标示"可以治疗和预防一些慢性胃病,从而降低肠道疾病的几率"的行为属于"引人误解的虚假宣传",处罚依据亦为《中华人民共和国反不正当竞争法》。叶春玲上诉主张涉案食品不符合食品安全国家标准,依据不足,本院不予采信。

北京市第二中级人民法院依照《中华人民共和国民事诉讼法》第一百七十条第一款第(一)项规定,作出如下判决:

驳回上诉,维持原判。

【法官后语】

本案一审、二审法院的裁判结果虽然趋同,但裁判理由不同。一审法院认为涉案产品的宣传册上所使用的宣传语违反了《中华人民共和国食品安全法》第七十一条第一款的规定,但符合该法第一百四十八条第二款但书部分的情形,故而驳回叶春玲的十倍赔偿的诉讼请求。二审法院经过充分论述,认为该宣传册并不属于"标签、标志、说明书",故而该内容与《中华人民共和国食品安全法》规定的食品安全标书不存在法律上的关联,据此驳回了叶春玲的上诉请求。

第一,关于涉案产品是否属于"不符合食品安全标准的食品"一节。根据

《中华人民共和国食品安全法》第二十六条的规定，食品安全标准包括"对与卫生、营养等食品安全要求有关的标签、标志、说明书的要求"，本案涉案产品外包装所挂宣传册并非"与卫生、营养等食品安全要求有关的标签、标志、说明书"，其内容与《中华人民共和国食品安全法》规定的食品安全标准不存在法律上的关联，故该涉案产品所使用的宣传语并未导致涉案产品不符合食品安全标准的要求，并不属于"不符合食品安全标准的食品"。

第二，关于涉案产品所挂宣传册是否适用"食品的标签、说明书存在不影响食品安全且不会对消费者造成误导的瑕疵"一节。首先，该宣传册使用"可以治疗和预防一些慢性胃病，从而降低肠道疾病的几率"的宣传语并未直接影响涉案产品本身的质量。其次，具体到本案的涉案产品，小米是一个种类的食材，在不同品牌、不同包装、不同质量的前提下，产品本身均是小米，区别仅仅在于加工程度、产品质量等方面存在差异。众所周知，小米含有丰富的营养价值，食用小米对身体有益是一个普遍的认识，本案涉案产品所使用的"可以治疗和预防一些慢性胃病，从而降低肠道疾病的几率"宣传用语是针对小米这一种类的食材，并非针对本案涉及的产品品牌。消费者在选购小米时，并不会因此品牌使用了该宣传用语，从而产生此种品牌的小米比其他品牌的小米具有"治疗和预防一些慢性胃病，从而降低肠道疾病的几率"的特别功能的错误认识，即不会对消费者造成误导。故此，涉案产品所挂宣传册应当符合《中华人民共和国食品安全法》第一百四十八条第二款中但书部分"食品的标签、说明书存在不影响食品安全且不会对消费者造成误导的瑕疵"的情形。

另外需要特别说明的是，虽然北京市工商行政管理局朝阳分局对涉案产品依法做出行政处罚决定，将涉案产品所使用的"治疗和预防一些慢性胃病，从而降低肠道疾病的几率"宣传用语定性为引人误解的虚假宣传，但该行政处罚决定的做出主体、适用法律、调整的法律关系、维护的目标价值均与《中华人民共和国食品安全法》所调整的法律关系及维护的目标价值有所不同。故上述行政处罚决定所认定的"虚假宣传"，并不必然等同于本案涉案产品所使用的宣传语会对消费者造成误导。

综上，对于《中华人民共和国食品安全法》第一百四十八条第二款所规定的"惩罚性赔偿"与但书部分的除外规定，要做正确理解和适用，准确把握立法精神，积极推动食品安全的进步。

编写人：北京市丰台区人民法院　刘亚男

14

非生活消费目的购买行为能否适用消法惩罚性赔偿制度

——苏振磊诉天津市小猫线缆有限公司北京第三分公司、
天津市小猫线缆股份有限公司买卖合同案

【案件基本信息】

1. 裁判书字号

北京市朝阳区人民法院2015朝民（商）初字第58698号民事判决书

2. 案由：买卖合同纠纷

3. 当事人

原告：苏振磊

被告：天津市小猫线缆有限公司北京第三分公司（以下简称小猫北京三分公司）、天津市小猫线缆股份有限公司（以下简称小猪公司）

【基本案情】

2015年1月31日，苏振磊从小猫北京三分公司购买单价为每盘99.5元的ZR-BV2.5 mm² 电线共720盘，其中红色、蓝色各200盘，黄色、绿色、白色各70盘，双色110盘，价款合计71640元。后使用时发现每盘长度只有91米。经查询《定量包装商品计量监督管理办法》，长度大于5米的定量包装商品允许短缺量应小于2%。苏振磊向小猫北京三分公司提出，该公司所销售的电线严重短缺，故意以每盘91米的电线充当100米的销售，是故意欺骗行为，要求退货和赔偿，但双方未能协商一致。苏振磊认为，根据《北京市实施〈中华人民共和国消费者权益保护法〉办法》的规定，采取短尺少秤等手段，变相提高商品价格的属欺诈行为，销售者应先行向消费者赔偿，小猫公司作为总公司应对分公司的行为承担责任，故起诉。

【案件焦点】

本案的主要争议焦点在于惩罚性赔偿制度的适用,即涉案商品是否应当适用《中华人民共和国消费者权益保护法》第五十五条关于经营欺诈三倍赔偿的规定。

【法院裁判要旨】

北京市朝阳区人民法院经审理认为:涉案商品实际长度不足,超过了规定的短缺量。应认定小猫北京三分公司履行合同义务不符合约定。小猫北京三分公司应退还苏振磊尚未使用的阻燃聚氯乙烯绝缘无护套电缆电线的价款,苏振磊应退还相应货物,如不能退货则折价扣减退款。苏振磊已经使用的货物不存在退款问题,本院对苏振磊的相应诉讼请求金额不予保护。此外,经营者提供商品或者服务有欺诈行为的,应当按照消费者的要求增加赔偿其受到的损失,增加赔偿的金额为消费者购买商品的价款或者接受服务的费用的三倍。本案中,苏振磊购买的涉案商品数量较多,实际使用数量不足3%,其有关因价格便宜而多购买的解释不符合家庭装修消费的常理,现没有其他证据佐证其实际购买量在合理的生活消费用量范围内,加之涉案商品兼具生活资料与生产资料的双重特性,故本院认为苏振磊购买涉案商品并非单一的消费用途,已使用的数量尚可算作在合理生活消费范围内,而其他未使用的不足以证明为生活消费之用。故苏振磊主张以全部价款的三倍赔偿,本院不予支持。

根据《中华人民共和国公司法》的规定,公司可以设立分公司。分公司不具有法人资格,其民事责任由公司承担。本案中小猫公司设立小猫北京三分公司,小猫北京三分公司不具有法人资格,现苏振磊要求小猫北京三分公司承担责任,小猫公司承担补充清偿责任,不违反法律规定,本院予以支持。小猫北京三分公司、小猫公司经本院合法传唤无正当理由拒不到庭,视为放弃答辩和质证的权利,不影响本院根据查明的事实依法作出判决。

综上,依照《中华人民共和国合同法》第一百零七条、第一百一十三条,《中华人民共和国消费者权益保护法》第二条、第四十八条第一款第(六)项、第五十二条、第五十五条,《中华人民共和国公司法》第十四条,《中华人民共和国民事诉讼法》第一百四十四条之规定,判决如下:

一、被告天津市小猫线缆有限公司北京第三分公司于本判决生效之日起十日内退还原告苏振磊货款69650元;原告苏振磊于本判决生效之日起十日内将涉案的阻燃聚氯乙烯绝缘无护套电缆电线红色190盘、蓝色195盘、双色105盘、黄色70盘、绿色70盘、白色70盘退还给被告天津市小猫线缆有限公司北京第三分公司，如不能退还，则按每盘99.5元扣减被告天津市小猫线缆有限公司北京第三分公司应退还的价款；

二、被告天津市小猫线缆有限公司北京第三分公司于本判决生效之日起十日内赔偿原告苏振磊5970元；

三、被告天津市小猫线缆股份有限公司对上述被告天津市小猫线缆有限公司北京第三分公司应付货款承担补充清偿责任；

四、驳回原告苏振磊的其他诉讼请求。

【法官后语】

1. 欺诈行为的认定

根据民法一般原理，认定经营欺诈应当符合欺诈的四要素：第一，须有欺诈行为；第二，欺诈人必须有欺诈的故意；第三，表意人需因相对人的欺诈行为陷入认识错误；第四，需对方因陷入认识错误而为意思表示。结合本案，原告苏振磊与被告小猫北京三分公司基于真实意思表示发生买卖合同关系，双方依据买卖合同各自承担相应义务，即苏振磊足额给付货款，小猫北京三分公司保质保量供应货物。经苏振磊陈述，其已拆开使用的电线短缺量明显超出国家关于定量包装商品管理办法中允许的短缺量，且经本案裁判者在案件审理过程中随机抽取两盘涉案电线进行测量，其短缺量也明显超标，故涉案商品短缺量全部超标具备高度盖然性；且被告小猫北京三分公司未举证证明剩余未使用、未抽检测量的电线符合法定标准，应当承担举证不能的后果，其销售不符合国家规定的商品的行为属于欺诈。

2. 消法的适用范围

消法相关条款作为《中华人民共和国合同法》第一百一十三条的特别规定，其适用应具备《中华人民共和国消费者权益保护法》第二条规定的前置条件，即受到消法保护的消费行为应当满足消费者系为生活消费目的需要购买、使用商品或者接受服务。结合本案，首先，经屡次询问，苏振磊始终称购买涉案电线是为老家（河南）盖房使用，但依照建筑工程相关学科基础知识及生活常识，如仅用于家庭构筑房屋使用，购买720盘电线的数量过多，苏振磊的陈述存在明显不合理性；其次，本案涉案商品为电线，具备生产资料和生活资料的双重特性，除作为生活消费品自用外，还可用作经营性使用，如建筑工程使用、二次销售使用等，故其购买后用作何处尚存疑，苏振磊对此未能举证证明上述购买行为仅具备生活消费用途的单一属性，无法断定其系为生活消费目的购买商品。

3. 利益平衡的考量

在涉案商品依据购买目的进行区分的阶段，裁判者进行了此次购买行为中原、被告双方利益平衡的对比和考量：（1）将涉案电线全部定性为为生活消费目的予以三倍货款的惩罚性赔偿而购买缺乏事实依据，而已实际使用的20盘电线做生活消费目的购买尚有一定的合理性，故本案裁判结果中将已使用部分区分为生活消费目的，支持适用消法予以三倍货款的惩罚性赔偿，且因无法退货，不存在退款问题，而三倍赔偿的诉讼请求已经覆盖原告因此遭受的损失，故退款诉讼请求中针对实际使用商品部分本案裁判中未予支持；（2）对涉案电线尚未使用部分支持原告苏振磊退款退货的诉请，一方面退款给原告可弥补原告遭受欺诈的损失，另一方面将商品退还被告不影响被告修正缺损量后二次销售，最大程度上减小纠纷对原、被告双方的不利影响。本案裁判结果对商家的欺诈行为予以惩戒，同时杜绝对不合理诉讼原告利益过分保护的情况发生，保证裁判结果符合公平的基本原则。

编写人：北京市朝阳区人民法院　李有光　杨成成

15

消法"退一罚三"条款在网络购物中的应用

——王涛诉北京蓝田衣莎商贸有限公司买卖合同案

【案件基本信息】

1. 裁判书字号

山东省聊城市茌平县人民法院（2015）茌商初字第889号民事判决书

2. 案由：买卖合同纠纷

3. 当事人

原告：王涛

被告：北京蓝田衣莎商贸有限公司（以下简称蓝田公司）

【基本案情】

2015年9月22日，原告王涛通过天猫购物网站在被告蓝田公司所注册的杰杰丝蓝田衣莎专卖店购买杰杰丝牌羊毛衫，被告蓝田公司对该款羊毛衫的宣传网页上显示：1. 本店全部实物拍摄，正品保证，假一罚十，支持七天无理由退换货物；2. 材质成分为70%羊毛+30%其他；3. 羊毛衫价格为每件398元。双方协商后，原告王涛以实际每件118.56元的价格购买该款羊毛衫45件，共计货款5335元，原告王涛在天猫网站上下单后，同过支付宝将货款全部支付给被告蓝田公司。被告蓝田公司于2015年9月24日通过快递公司向原告王涛在订单中写明的地址邮寄了该批货物。2015年9月27日，原告王涛收到该批羊毛衫后，发现其质量有问题，随即将羊毛衫委托至浙江省检验检疫科学技术研究院湖州分院进行商品原料和含量的检测。2015年10月12日，该研究院出具检测报告显示，上述羊毛衫的实际成分为：49.6%的粘纤、33.5%的聚酯纤维、16.9%的锦纶，不含有任何羊毛或羊绒成分。此后，原告王涛以被告蓝田公司销售假的羊毛衫为由，要求被告蓝田公司赔偿损失未果，于2015年11月2日诉至法院。

【案件焦点】

1. 原告王涛要求退货退款并要求被告蓝田公司履行假一罚十的承诺赔偿损失53350元是否应当予以支持；2. 原告王涛依照《中华人民共和国消费者权益保护法》要求被告蓝田公司赔偿三倍损失16005元是否有事实及法律上的依据。

【法院裁判要旨】

山东省聊城市茌平县人民法院经审理认为：关于争议焦点一，本案中，原告王涛浏览被告蓝田公司所注册的杰杰丝蓝田衣莎天猫专卖店的网页，在与被告协商后，下单购买了杰杰丝牌的羊毛衫45件，并通过支付宝向被告支付了货款。原告王涛与被告蓝田公司之间的买卖合同关系明确。且原告王涛已经依照交易管理向被告支付了全额货款，履行了买受人的义务。被告蓝田公司理应依照双方的约定及时向原告王涛如实发送货物。2015年9月27日,王涛收到该批羊毛衫后,经湖州出入境检验检疫局综合技术服务中心出具鉴定报告认定,该羊毛衫中并不含羊毛或羊绒成分(实际成分为:49.6%的粘纤、33.5%的聚酯纤维、16.9%的锦纶),这与被告网页上宣传的情况(羊毛衫含羊毛70%)完全不符。因此,被告蓝田公司虚假销售劣质羊毛衫的行为显然违反了《中华人民共和国合同法》第六条、第一百三十五条、第一百五十三条之规定,构成违约。被告蓝田公司在其天猫网店的网页上明确承诺"本店全部实物拍摄,假一罚十",该承诺系被告蓝田公司向买家做出的保证,且不违反国家法律、行政法规的相关规定,其依法理应严格遵守。

关于争议焦点二,《中华人民共和国消费者权益保护法》第二条规定:"消费者为生活消费需要购买、使用商品或者接受服务,其权益受本法保护;本法未作规定的,受其他有关法律、法规保护。"因此,消费权益保护法所保护的对象是以生活消费为目的的消费者,而不是生产者或经营者,其消费的目的是满足个人和家庭需要。本案中,原告王涛在被告蓝田公司一次性购买相同款式、型号的羊毛衫45件,其购买目的显然不是因为个人生活需要,并且原告王涛也未提供相关证据对其购买该批羊毛衫的目的予以说明,其依法应当承担举证不能的法律后果。因此,在本案中,原告王涛不属于《中华人民共和国消费者权益保护法》所保护的对象,其依照该法第五十五条之规定,要求被告蓝田公司赔偿三倍损失缺乏法律依据,本院不予支持。

关于鉴定费用200元,该部分费用系原告王涛为确定涉案物品质量所支出的必要费用,依法应当认定为原告王涛的直接损失,该损失系由被告蓝田公司销售假货造成,应当由被告蓝田公司负担。

综上,山东省聊城市茌平县人民法院依据《中华人民共和国合同法》第六条、第一百三十五条、第一百五十三条,《中华人民共和国消费者权益保护法》第二条、第五十五条,《中华人民共和国民事诉讼法》第一百三十四条、第一百四十四条之规定,判决如下:

一、被告北京蓝田衣莎商贸有限公司于判决生效后十日内向原告王涛归还货款5350元;同时,被告王涛将涉案羊毛衫44件退还被告北京蓝田衣莎商贸有限公司。

二、被告北京蓝田衣莎商贸有限公司于判决生效后十日内向原告王涛赔偿损失

53550元；

三、驳回原告王涛的其他诉讼请求。

【法官后语】

《中华人民共和国消费者权益保护法》（以下简称《消法》）第五十五条规定，经营者提供商品或者服务有欺诈行为的，应当按照消费者的要求增加赔偿其受到的损失，增加赔偿的金额为消费者购买商品的价款或者接受服务的费用的三倍；增加赔偿的金额不足五百元的，为五百元。要准确应用此条，一个重要的问题就是如何理解并定位消费者及消费行为。《消法》第二条明确规定："消费者为生活消费需要购买、使用商品或者接受服务，其权益受本法保护；本法未作规定的，受其他有关法律、法规保护。"该条虽然没有为消费者做出明确的法律定义，但其给出了足以区分他类的关键定语"为生活消费需要"。生活消费，即是为满足正常的生产活动家庭存续等所进行的消费，首先，它的目的是满足正常生活需要，虽然生活水平在个人之间存在着较大的差别，但本质是一样的。其次，它不同于经营买卖，生活消费的目的不是为了获得差价或者额外的利益。最后，消费者与经营者之间有社会关系的属性，而买卖关系则是纯粹的双方间的私人关系，这在《消法》第六条中也做了有倾向性的表述："保护消费者的合法权益是全社会的共同责任。国家鼓励、支持一切组织和个人对损害消费者合法权益的行为进行社会监督。"

虽然消费者这一概念比较简单且足以为一般人所认知理解。但是，在个案中仍会遇到难以直接认定的情况。正如本案中所遇到的问题，原告自称为生活消费在淘宝网店上一次性购买了45件相同型号颜色和款式的羊毛衫，然后以商家销售的并不是羊毛衫存在欺诈为由，要求三倍赔偿。且不说商家是否存在欺诈行为及原告方的行为是否存在"打假"的故意，单说原告所自认的消费者的身份就存在很多的可疑之处。基于上述论证，生活消费不同于经营买卖，而《消法》所保护的对象为消费者，因此，原告的上述行为显然与一般常理相悖，其也没有提供相关证据或对其所述的事实提供充分有力的论证，其以《消法》第五十五条的规定要求"退一罚三"显然缺乏事实及法律依据，不应当予以支持。

编写人：山东省聊城市茌平县人民法院　甄伟

16

消费者连续多次购买同一种商品应视为同一购买行为仅能获得一次惩罚性赔偿

——简晓华诉天津华润万家生活超市有限公司、天津华润万家生活超市有限公司紫金山路分公司买卖合同案

【案件基本信息】

1. 裁判书字号

天津市第二中级人民法院（2016）津02民终2956号民事判决书

2. 案由：买卖合同纠纷

3. 当事人

原告（上诉人）：简晓华

被告：天津华润万家生活超市有限公司

被告（上诉人）：天津华润万家生活超市有限公司、紫金山路分公司（以下简称华润分公司）

【基本案情】

2015年12月10日上午9点10分至9点16分，原告连续在被告华润分公司处购买双汇非尝美梨（雪梨风味香肠）5袋，单价14.5元，生产日期是2015年8月11日，保质期为120天。原告发现所购商品已经过期，与被告协商未果，故原告针对其购买的5袋商品分别向法院起诉，要求被告分别赔偿1000元，并退回商品。

【案件焦点】

在一段时间内，消费者连续多次购买同一种商品能否视为同一购买行为。若商品存在质量问题，消费者能否凭多张付款小票多次要求获得惩罚性赔偿。

【法院裁判要旨】

天津市河西区人民法院经审理认为：简晓华提供购物小票和商品实物证明双方买卖合同关系成立，已经尽到了举证责任。华润分公司并未否认简晓华购物的事实，仅抗辩称涉诉商品并非由其所售出并提供了证据，但是该证据为华润分公司的内部记载以及由与华润分公司有关联关系的第三方提供，不足以证明其抗辩主张，应由华润分公司承担举证不能的法律后果。简晓华在华润分公司处购买的食品已经超过保质期，应当属于不符合食品安全标准的食品，简晓华要求退货符合相关法律规定，应予以支持。关于简晓华主张的惩罚性赔偿，食品安全法的惩罚性赔偿制度旨在补偿受害者的损失，同时遏制违法行为，防止危害公民生命健康的不安全食品流入市场。简晓华在较短的时间间隔内连续五次购买涉诉商品并分开结账，存在通过惩罚性赔偿制度获利的嫌疑，上述连续购买行为应认定为双方订立了一个买卖合同，因此，简晓华应以其购买的五件商品价款的总和作为基数主张赔偿金，而不宜逐个重复主张。简晓华针对其在2015年12月10日上午9点10分购买的过期商品已经在（2016）津0103民初667号案件中主张价款十倍的赔偿金，本案不应再重复主张，故对简晓华关于赔偿金1000元的诉讼请求不予支持。另外，华润分公司系天津华润万家生活超市有限公司的分支机构，不具有法人资格，其民事责任应由天津华润万家生活超市有限公司承担。

天津市河西区法院依照《中华人民共和国食品安全法》第五十四条、第一百四十八条，《最高人民法院关于适用〈中华人民共和国民事诉讼法〉的解释》第九十条之规定，作出如下判决：

一、被告天津华润万家生活超市有限公司紫金山路分公司于本判决生效之日起十日内退还原告简晓华价款14.5元，同时原告简晓华将所购商品退还给被告天津华润万家生活超市有限公司紫金山路分公司。

二、被告天津华润万家生活超市有限公司对被告天津华润万家生活超市有限公司紫金山路分公司的上述义务承担连带清偿责任。

三、驳回原告简晓华的其他诉讼请求。

简晓华和华润分公司均提起上诉。天津市第二中级人民法院经审理认为：华润分公司对于简晓华提供的购货凭证予以认可，简晓华亦提供了相应的商品，华润分公司否认商品与购货凭证间的对应关系，对此华润分公司负有举证责任，现华润分公司未能提供证据否认简晓华提供的商品并非系本次购买,且简晓华提供的商品与购货凭证完全相符,故应当认定简晓华所提供的商品系本次购买。因涉诉商品在简晓华购买时已超过保质期,对此华润分公司应当承担返还货款的法律责任。鉴于简晓华同日购买的相同商品在(2016)津0103民初667号案件已获得了惩罚性赔偿,原审法院根据案件的实际情况酌情认定本案中不予支持简晓华赔偿损失的诉讼请求并无不妥。

天津市第二中级人民法院根据《中华人民共和国民事诉讼法》第一百七十条第一款第(一)项的规定,作出如下判决:

驳回上诉,维持原判。

【法官后语】

《中华人民共和国食品安全法》第一百四十八条第二款规定:"生产不符合食品安全标准的食品或者经营明知是不符合食品安全标准的食品,消费者除要求赔偿损失外,还可以向生产者或者经营者要求支付价款十倍或者损失三倍的赔偿金;增加赔偿的金额不足一千元的,为一千元。但是,食品的标签、说明书存在不影响食品安全且不会对消费者造成误导的瑕疵的除外。"本案简晓华在6分钟内连续购买了5袋案涉商品,每件14.5元,按照十倍计算的结果是145元,不足1000元。该消费者分五次起诉,试图获得5个1000元的赔偿。该消费者在最先付款案件中已获得1000元赔偿,如果从消费者获利动机角度驳回其在剩余四个案件中的诉讼请求,则会违反《最高人民法院关于审理食品药品纠纷案件适用法律若干问题的规定》第三条"因食品、药品质量问题发生纠纷,购买者向生产者、销售者主张权利,生产者、销售者以购买者明知食品、药品存在质量问题而仍然购买为由进行抗辩的,人民法院不予支持"的规定。但如果机械适用上述法律和司法解释,则与诚实信用原则相悖,对商家也很不公平。

本案从连续购买的特点和性质入手,找到了很好的裁判思路:如果消费者连续购买同一商品,且交易对象固定,交易时间集中,交易商品品种一致,那么连续购买行为应视为同一购买行为,既然只有一次购买行为,则只能获得一次惩罚性赔偿。法治化的市场经济,既要保护消费者的正当权益,又要维护市场经济秩序。商家必须依法、诚信、规范、秩序经营,消费者维权打假也必须正当、理性、合理、合法。

编写人:天津市高级人民法院　林世开

17

以营利为目的的多次重复购买不应支持多次惩罚性赔偿

——张亚新诉北京京客隆商业集团股份有限公司、
北京京客隆商业集团股份有限公司买卖合同案

【案件基本信息】

1. 裁判书字号

北京市朝阳区人民法院（2015）朝民（商）初字第61695号民事判决书

2. 案由：买卖合同纠纷

3. 当事人

原告：张亚新

被告：北京京客隆商业集团股份有限公司、北京京客隆商业集团股份有限公司定福庄店（以下简称定福庄店）

【基本案情】

张亚新持10张购物小票提起包括本案在内的共计10起诉讼，显示购物时间为2015年11月20日15时39分至16时21分，内容均为龙嫂123g老坛酸菜牛肉米线，单价2.5元，数量2袋，金额5元。该商品外包装显示"非油炸、低脂、健康之选"，营养成分表处注明：脂肪每100克11.1克，营养素参考值为19%。

另，根据卫生部于2008年1月11日颁布的《食品营养标签管理规范》以及《食品营养成分标示准则》，低脂肪为≤3g/100g固体；≤1.5g/100ml液体。

【案件焦点】

以营利为目的的多次重复购买是否应支持多次惩罚性赔偿。

【法院裁判要旨】

北京市朝阳区人民法院经审理认为：张亚新在近40分钟时间内，先后10次从定福庄店购买同一品种商品，均单独打印购物小票，且其对多次重复购买行为未作出合理解释，应视为连续的一次购买行为，构成一笔买卖合同关系，因本院已在（2015）朝民（商）初字第61693号中对其退款以及惩罚性赔偿的诉讼请求予以支持，故对本案的诉讼请求，本院仅支持退款诉求。

北京市朝阳区人民法院依照《中华人民共和国食品安全法》第一百四十八条之规定，判决如下：

一、被告北京京客隆商业集团股份有限公司、北京京客隆商业集团股份有限公司定福庄店于本判决生效之日起十日内退还原告张亚新货款五元；

二、驳回原告张亚新的其他诉讼请求。

一审判决后，双方均未提出上诉，案件现已生效。

【法官后语】

2014年3月15日新实施的消费者权益保护法规定消费者针对经营者的欺诈行为可以主张惩罚性赔偿，2015年10月1日新实施的食品安全法规定消费者针对违反食品安全标准的食品可以主张惩罚性赔偿，之后，大量消费者维权案件涌入法院，其中出现了消费者小额多次重复购买等现象。

近期，国家工商总局公布了《消费者权益保护法实施条例（征求意见稿）》，江苏省高级人民法院亦出台会议纪要，对消费者以"营利为目的"主张惩罚性赔偿的，不再支持其主张。例如，江苏省高级人民法院审判委员会形成【2016】10号会议纪要，其中认为对于食品、药品消费领域，购买者明知商品存在质量问题仍然购买的，其主张惩罚性赔偿的，人民法院予以支持，但自然人、法人或其他组织以牟利为目的购买的除外。依据《中华人民共和国食品安全法》（以下简称食安法）第一百四十八条之规定，消费者针对违反食品安全标准的食品可以主张惩罚性赔偿。目前，新食安法惩罚性赔偿的规定在实践中的适用标准存在争议，特别是在实践中出现了部分以营利为目的的短时多次购买小额商品，持多张购物小票单独主张数次惩罚性赔偿的情形。

本案中的打假人在超市半小时之内分10次购买价值仅为2.5元的某品牌牛肉

米线，每次都单独结账打印购物小票，按购物小票起诉10起案件，每起案件均主张1000元赔偿，购货总额仅为50元，但索赔金额达到1万元。关于消费者维权领域，"职业打假人"这一名词经常见诸报端，但法院认为，该类案件的审理不应当唯身份论，应当从购买者的主观意图出发，审查其是否"以营利为目的"。即使是以"打假"为业的人也存在生活的必需，需要购买食品、日用品等，且其"打假"行为也能够在一定程度上起到规范市场的作用，但若其以"营利为目的"则与法律法规规定的"消费者"身份不符，也就是说，若其以"营利为目的"，则并非日常生活所需的购买行为，不应当适用消法或食安法主张惩罚性赔偿。在审判实践中，"以营利为目的"是购买者的主观意图，除非当事人自认，通常很难有直接证据能够证明其主观上的购买目的。除了直接能够证明购买者主观意图的证据外，法院在审查购买者是否"以营利为目的"时，须结合客观证据进行审查。本案中，涉案产品为日常实用品，金额较低，一般消费者仅购买少量即可满足消费需求，即使需求量大，也可以一次购买。本案原告短时小额重复购买行为与普通消费者不同，其利用新食安法第一百四十八条主观牟利的意图十分明显。综上，"以营利为目的"的司法认定应当结合购买者的购买方式、购买数量、购买种类、购买用途等客观证据进行综合审查，需要在个案中结合特定的情况进行判定。

本案的典型意义在于对于能够认定食品购买者以"营利为目的"主张惩罚性赔偿的，法院不再支持其诉求，这对于保护各方当事人的合法权益，规范目前消费者维权案件领域的乱象，依法维护健康有序的消费市场环境有重要意义。

编写人：北京市朝阳区人民法院　李增辉　张琦

二、买卖合同的订立

18

买卖合同关系成立的认定
——王明诉北京家乐福商业有限公司、北京家乐福商业有限公司天通苑店买卖合同案

【案件基本信息】

1. 裁判书字号

北京市昌平区人民法院（2017）京0114民初13895号民事判决书

2. 案由：买卖合同纠纷

3. 当事人

原告：王明

被告：北京家乐福商业有限公司（以下简称家乐福公司）、北京家乐福商业有限公司天通苑店（以下简称家乐福天通苑店）

【基本案情】

2016年7月21日，王明在家乐福天通苑店购买了绿树苹果脆片一桶，单价为15.2元/桶，家乐福天通苑店向王明提供了购物小票，该商品外包装上标明：生产日期为2015年3月20日，保质期为16个月。原告认为被告的行为违反了《中华人民共和国食品安全法》第三十四条的规定，故诉至法院，请求判令原、被告双方解除买卖合同关系，退货退款，并由被告赔偿原告经济损失1000元。二被告认为，作为依法经营的销售者，其在经营过程中已经尽到了查证义务，属合法经营，原告

诉称的产品不是被告商店出售的,被告所有的商品有统一的商品码,这个商品码是全国统一的,根据这个商品码在全国任何一个超市都是可以扫码,不能根据这个码区分货是属于哪一个商店出售的,即使原告提供了购物小票,也不能证明涉案商品出自被告超市。且王明购买该商品后向北京市食品药品监督管理局进行了举报,北京市食品药品监督管理局经现场调查认为举报不属实。

【案件焦点】

本案争议的焦点为王明与家乐福天通苑店之间是否成立买卖合同关系。

【法院裁判要旨】

北京市昌平区人民法院经审理认为:本案争议的焦点为王明与家乐福天通苑店之间是否成立买卖合同关系。王明持有涉案商品实物以及家乐福天通苑店的销售小票,二被告认可该销售小票是家乐福天通苑店出具,但否认涉案绿树苹果脆片系从家乐福天通苑店购买,辩称2016年7月21日家乐福天通苑店并没有这个批次的产品出售,北京市食品药品监督管理局的现场调查笔录和照片可以证明这一事实,本院认为,北京市食品药品监督管理局于2016年7月28日对家乐福天通苑店进行现场检查,该份证据并不能证明2016年7月21日家乐福天通苑店没有涉案商品销售,二被告亦未能提交其他证据证明自己的主张,故本院对二被告的辩解意见不予采信。根据王明提交的证据可以认定双方构成买卖合同关系,该买卖合同关系双方当事人的意思表示真实,内容不违反法律、行政法规的强制性规定,应属合法有效,王明履行交付货款的义务后,家乐福天通苑店应交付符合法律规定的产品。王明购买的涉案商品在购买日已超过保质期。我国食品安全法禁止销售超过保质期的食品,任何食品生产经营者均应当严格遵守。家乐福天通苑店违反该法定义务,王明要求解除合同,退货退款,合法有据,本院予以支持。家乐福天通苑店对于王明退还的过期商品不得再次投入流通,应当予以销毁。根据法律规定"生产不符合食品安全标准的食品或者经营明知是不符合食品安全标准的食品,消费者除要求赔偿损失外,还可以向生产者或者经营者要求支付价款十倍或损失三倍的赔偿金,增加赔偿的金额不足一千元的,为一千元",故,王明要求家乐福天通苑店给付赔偿金1000元的诉讼请求,于法有据,本院予以支持。家乐福天通苑店系家乐福公司的分公司,不具备独立法人资格,故家乐福公司应对家乐福天通苑店的债务在其不能清偿范围内承担补充清偿责任。

北京市昌平区人民法院依照《中华人民共和国食品安全法》第三十四条、第一百四十八条第二款，作出如下判决：

一、解除王明与北京家乐福商业有限公司天通苑店的买卖合同关系；

二、北京家乐福商业有限公司天通苑店于本判决生效后十日内退还王明货款十五元二角，同时王明将从北京家乐福商业有限公司天通苑店购买的绿树苹果脆片一桶退还北京家乐福商业有限公司天通苑店；

三、北京家乐福商业有限公司天通苑店于本判决生效后十日内给付王明赔偿金一千元；

四、北京家乐福商业有限公司对北京家乐福商业有限公司天通苑店的上述债务在其不能清偿范围内承担补充清偿责任；

五、驳回王明的其他诉讼请求。

【法官后语】

本案争议的焦点为王明与家乐福天通苑店之间是否成立买卖合同关系。二被告否认涉案绿树苹果脆片系从家乐福天通苑店购买，辩称2016年7月21日家乐福天通苑店并没有这个批次的产品出售，法院认为王明持有涉案商品实物以及家乐福天通苑店的销售小票，二被告认可该销售小票是家乐福天通苑店出具，王明已经初步完成了自己的举证义务，二被告辩称王明向北京市食品药品监督管理局进行了举报，但北京市食品药品监督管理局以举报不属实为由未予立案，故涉案商品并非从被告处购买的商品。案件审理过程中，承办法官调取了北京市食品药品监督管理局的现场笔录和调查取证材料，通过这些资料可看出，北京市食品药品监督管理局2016年7月28日对家乐福天通苑店进行现场检查未发现该店有涉案商品销售，并不能证明2016年7月21日家乐福天通苑店没有涉案商品销售，该份证据并不足以证明被告的主张，且二被告亦未能提交其他证据证明自己的主张，故法院对二被告的辩解意见不予采信。根据王明提交的证据可以认定双方构成买卖合同关系，该买卖合同关系双方当事人的意思表示真实，内容不违反法律、行政法规的强制性规定，应属合法有效，王明履行交付货款的义务后，家乐福天通苑店应交付符合法律规定的产品。王明购买的涉案商品在购买日已超过保质期。我国食品安全法禁止销售超过保质期的食品，任何食品生产经营者均应当严格遵守。家乐福天通苑店违反该法定义务，王明要求解除合同，退货退款，合法有据，法院予以支持。家乐福天通苑店对于王明退还的过期商品不得再次投入流通，应当予以销毁。根据法律规定"生产不符合食品安全标准的食品或者经营明知是不符合食品安全标准的食品，消费者除要求赔偿损失外，还可以向生产者或者经营者要求支付价款十倍或损失三倍的赔偿金，增加赔偿的金额不足一千元的，为一千元"。故，王明要求家乐福天通苑店给付赔偿金1000元的诉讼请求，于法有据，本院予以支持。

编写人：北京市昌平区人民法院　安玉霞

19

买卖合同关系成立的认定

——康冰诉阜康市小红沟华建节能环保砖厂、马建军买卖合同案

【案件基本信息】

1. 裁判书字号

新疆维吾尔自治区昌吉回族自治州中级人民法院（2017）新23民终44号民事判决书

2. 案由：买卖合同纠纷

3. 当事人

原告（上诉人）：康冰

被告（被上诉人）：阜康市小红沟华建节能环保砖厂（以下简称小红沟砖厂）、马建军

【基本案情】

被告马建军是被告小红沟砖厂的法定代表人。原告康冰将其从五宫煤矿抵账获得的焦煤存放至五宫煤矿附近的青石头村，2012年4月，将该煤由青石头村运至小红沟砖厂，运费是小红沟砖厂结算，现原告康冰以被告小红沟砖厂、马建军欠其煤款191886.2元未付为由诉至法院。

【案件焦点】

康冰与小红沟砖厂、马建军之间的买卖合同关系是否成立。

【法院裁判要旨】

新疆维吾尔自治区昌吉回族自治州阜康市人民法院经审理认为：根据法律规定，当事人对自己提出的主张，有责任提供证据；当事人对自己提出的诉讼请求所依据的事实或者反驳对方诉讼请求所依据的事实有责任提供证据加以证明，没有证据或者证据不足以证明当事人的事实主张的，由负有举证责任的当事人承担不利后果。原告康冰主张被告小红沟砖厂、马建军欠其煤款191886.2元未付，提供了过磅单、租地协议、检验报告、证人马林、张洪奇的证言，上述证据虽能间接证实原告自五宫煤矿顶账的焦煤运至被告小红沟砖厂，但就该焦煤与被告小红沟砖厂、马建军之间是否成立买卖合同法律关系，及是被告马建军所欠还是被告小红沟砖厂所欠、运煤数量、总煤款、已付煤款、下欠煤款191886.2元的事实主张原告康冰均无直接有效的证据予以证实，被告小红沟砖厂、马建军不认可原告康冰主张的事实，经法院依职权调查也未能查实，本案原告未能提供相应证据证明其事实主张和诉讼请求，应承担举证不能的不利后果，故对原告康冰主张的事实不予确认，对其诉讼请求不予支持。

阜康市人民法院依照《中华人民共和国民事诉讼法》第六十四条第一款，《最高人民法院关于民事诉讼证据的若干规定》第二条之规定，作出如下判决：

驳回原告康冰的诉讼请求。

康冰持原审起诉意见提起上诉。新疆维吾尔自治区昌吉回族自治州中级人民法院经审理认为：根据《最高人民法院关于民事诉讼证据的若干规定》第五条规定，在合同纠纷案件中，主张合同关系成立并生效的一方当事人对合同订立和生效的事实承担举证责任；主张合同关系变更、解除、终止、撤销的一方当事人对引起合同关系变动的事实承担举证责任。对合同是否履行发生争议的，由负有履行义务的当事人承担举证责任。本案中，上诉人康冰认为二被上诉人欠其煤款191886.2元未付，其应向本院提供证据证实其与被上诉人小红沟砖厂、被上诉人马建军之间买卖合同关系成立并生效。上诉人康冰向一、二审提供的证据及本院依职权调取的证据并不能直接证明买卖合同关系的成立，故上诉人康冰应承担举证不能的法律后果。综上所述，上诉人康冰的上诉请求不能成立，应予驳回；一审判决认定事实清楚，适用法律正确，应予维持。

新疆维吾尔自治区昌吉回族自治州中级人民法院依照《中华人民共和国民事诉讼法》第一百七十条第一款第（一）项之规定，作出如下判决：

驳回上诉，维持原判。

【法官后语】

在当前市场经济条件下，买卖交易频繁，买卖合同形式多样。在大量的买卖交易实践中，有的有书面合同，有的没有书面合同。有书面合同的，如果当事人直接向法院提交了有双方当事人签章的书面合同原件，则认定买卖合同关系成立与否并非难事；但是在没有书面合同的情况下，如何认定买卖合同关系的成立？第一，当事人基于买卖合同提起诉讼的，首先应举证证明买卖合同的成立，即要证明买卖合同成立的法律要件已经具备且买卖合同已经履行。在没有书面合同的情况下，当事人可以提供的证明双方存在买卖合同关系的证据比较有限，主要可以提交一方已经履行交付标的物或者给付价款义务且为对方所接受的证据，从而证明买卖合同关系的成立。第二，在没有书面合同的情况下，根据《最高人民法院关于审理买卖合同纠纷案件适用法律问题的解释》第一条规定，当事人可以提交一方已经履行交付标的物或者给付价款义务且为对方所接受的证据主要有以下几类：一是交货凭证，如收货单、送货单；二是结算凭证，如结算单、发票；三是债权凭证，如对账确认函、债权确认书等函件、凭证。第三，关于买卖合同关系是否成立的举证责任分配问题，《最高人民法院关于民事诉讼证据的若干规定》第五条规定，在合同纠纷案件中，主张合同关系成立并生效的一方当事人对合同订立和生效的事实承担举证责任；主张合同关系变更、解除、终止、撤销的一方当事人对引起合同关系变动的事实承担举证责任。对合同是否履行发生争议的，由负有履行义务的当事人承担举证责任。本案中，上诉人康冰认为二被上诉人欠其煤款191886.2元未付，结合上诉人康冰提供的过磅单、租地协议、检验报告、证人证言、收条及法院依职权调取的交易明细等证据，并不能直接证明买卖合同关系的成立，故上诉人康冰应承担举证不能的法律后果，原审判决驳回上诉人康冰的诉讼请求并无不当。

编写人：新疆维吾尔自治区昌吉回族自治州中级人民法院　赵瑞

20

当事人是否存在买卖合同法律关系的认定

——封开县盈晖材料贸易有限公司诉广州铁路集团
广州铁路经济技术开发总公司买卖合同案

【案件基本信息】

1. 裁判书字号

广州铁路运输第一法院（2016）粤7101民初113号民事判决书

2. 案由：买卖合同纠纷

3. 当事人

原告：封开县盈晖材料贸易有限公司（以下简称盈晖公司）

被告：广州铁路集团广州铁路经济技术开发总公司（以下简称经开公司）

【基本案情】

原告盈晖公司是从事水泥、建筑材料、煤炭、钢材、塑料化工产品、矿产品销售、代理进出口业务的其他有限责任公司，工商资料登记载明的股东是周春南、曾庆建。被告经开公司是从事土木工程建筑业的全民所有制公司。2012年至2014年，盈晖公司（甲方）与经开公司（乙方）签订了十份《煤炭购销合同》，约定甲方向乙方供应煤炭，合计280500吨，合同价款总计为215409776.41元；交货方式为由乙方到甲方指定地点自行提货；结算和付款办法、期限；编号为FSXH20120312、FKYH20120619、销20120913的合同载明，乙方每批次提货前必须向甲方预付该批煤炭的全额货款，甲方开提货单（证明函）交乙方，提货后，乙方向甲方提供收货确认书，甲方向乙方开具增值税发票，货款多退少补；编号为销YH20131004A、销YH20131004B、销YH20131015A、销YH20131015B的合同载明，以电汇或者银行承兑汇票背书方式支付；编号YH销20140509的合同约定乙方收到甲方的增值税发票后在150天内付清货款；编号销YH20130111-1、销YH20130318的合同未载明付款方式。

2015年4月30日，原告向被告发出对账单，载明：经开公司，为了确保公司资产的安全完整和真实准确，特询证本公司与贵公司的往来账等事项，下列数据均录自本公司账簿，如与贵公司记录相符，请在本函下端"数据证明无误"处签章确认；如有不符，列明不符金额。……如贵司对往来账确认无误，我司应收账款余额为59202624.47元。经开公司在下方"数据不符，请注明不符原因及金额"处书写"截至2015年4月30日，我公司余额为31978160.37元"，并加盖财务专用章。原告据此提起本案诉讼，主张被告未支付上述货款，要求被告支付合同价款59202624.47元。

被告在诉讼中亦提供了上述与原告签订的合同及与上述合同相对应的其将上述合同载明购买的煤炭分别销售给下游企业的合同以及林立礼向其出具的告知函、其向原告付款的电汇凭证、大额资金使用联签表，抗辩涉案所有合同的签订都不是为了真实的煤炭买卖交易，仅仅是各方出于不同目的进行资金走账。各方都不存在真实的贸易关系，不存在实际货物流转、交易。涉案所有合同的签订均系由原告实际股东林立礼负责经手、操作，涉资金亦由林立礼提供，所有资金按照上、下游合同走向进行流转，最后再回到林立礼或其控制的账户。被告提供的铁路资金结算所出具的涉案大额资金联签表，载明：原、被告双方已完成资金流转的涉案合同共六份，被告共向原告支付资金156207151.94元，上述资金款项均来源于与被告签订和涉案合同相对应的煤炭购销合同的下游企业。被告确认与原告尚未完成资金流转走账的合同系四份，总额共计59202624.47元。被告陈述未能与原告完成上述合同资金走账系因未收到相关下游企业的资金。

本院又查，涉案相关公司包括尚宝公司、洋州公司、腾邦公司、爱凯尔公司、南桂钢公司、煤建公司、医药公司等的相关人员均向公安机关陈述，他们与经开公司签订的向经开公司购买煤炭的合同，均是为了做大公司业务量，没有实物贸易，只是走账的合同。与经开公司合同的签订均是由林立礼介绍经办，在合同签订过程中与经开公司没有见面没有联系。其中爱凯尔公司、洋州公司、尚宝公司、栩浩公司向公安机关陈述，他们与经开公司签订的合同因未收到上家给付的资金，遂尚未按照合同约定向经开公司完成资金走账。

另查实被告就与原告签订的尚未完成资金流转走账的四份涉案合同（合同编号分别为销20120913、销YH20131015A、销YH20131004B、YH销20140509），于

2015 年 9 月 15 日向本院提起诉讼［案号分别为（2015）广铁法民初字第 412～415 号］，请求本院解除原、被告签订的上述合同，确认上述合同不存在真实贸易，经开公司就上述合同项下的义务不承担责任。

【案件焦点】

双方当事人之间是否具有煤炭买卖合同的法律关系。

【法院裁判要旨】

广州铁路运输第一法院经审理认为：本案系买卖合同纠纷，双方争议的主要焦点在于双方当事人之间是否具有煤炭买卖合同的法律关系。

首先，根据原告盈晖公司与被告经开公司签订的十份煤炭购销合同及与上述合同相对应的经开公司作为供方将上述合同载明购买的煤炭分别销售给相关下游企业的煤炭购销合同、经开公司向盈晖公司付款的电汇凭证以及大额资金使用联签表载明的付款过程，均可证实经开公司向盈晖公司支付的上述合同款项来源于下游企业给付的资金，经开公司无任何截留款项。

其次，从经开公司与盈晖公司签订的煤炭购销合同及经开公司与下游企业签订的与之相对应的合同内容来看，经开公司将其从盈晖公司购买的煤炭，大多数以相同或更低的价格销售给下游企业，明显有违企业追求盈利的商业常理。

再次，根据公安机关的调查情况来看，原告法定代表人曾庆建及实际控制人陈永昌均承认，在与被告签订涉案合同过程中，双方均未见过对方，未去仓储地进行实地察看，合同签订、操作都是由实际股东金塘海公司的林立礼操办；实际股东林立礼承认，其经办的原、被告间的十份煤炭合同都无实际货物存在，只是为了完成资金走账的合同；与被告签订《煤炭购销合同》的相关下游企业负责人或经办人一致表示，参与涉案煤炭循环贸易，签订《煤炭购销合同》，都不存在实物贸易，只是为了做大公司的业务量，完成资金流转走账的合同。

最后，无论原告主张其向被告履行涉案合同是以交付煤炭的方式还是货权转让的方式，都应有合同项下货物的真实存在，但本案原告未能提供证据证明涉案《煤炭购销合同》项下的煤炭真实存在，未能提供证据证明其与经开公司之间存在实际交易关系。

综上，法院认为，原、被告所签的十份形式上的《煤炭购销合同》均非出于真实的买卖本意，不存在真实的交易基础，只是无实际供货内容进行资金流转走账的虚假合同。由于原、被告缔约双方意思表示不真实，双方无实际履行合同的合意，双方并未实际建立买卖合同法律关系。原告据此要求被告支付煤炭货款的诉请，缺乏事实根据和法律依据，本院不予支持。此外，原告在本案庭审中提出向广州铁路公安处刑警支队调取全部案卷材料的申请，因本院在庭审前已依据被告申请，向公安机关调取相关案卷材料并作为证据当庭出示、进行质证，故原告上述申请，本院不予同意。依照《中华人民共和国合同法》第六条，《最高人民法院关于适用中华人民共和国民事诉讼法的解释》第九十条，判决：

驳回原告封开县盈晖材料贸易有限公司的诉讼请求。

【法官后语】

1. 关于双方当事人是否具有买卖合同的法律关系之认定

买卖合同是一方转移标的物的所有权于另一方，另一方支付价款的合同。转移所有权的一方为出卖人或卖方，支付价款而取得所有权的一方为买受人或买方。笔者认为，买卖合同的双方当事人是否具有相应的法律关系，与其在缔约合同时是否具有真实的交易基础，是否具有真实的买卖合意相关联。

本案中原告盈晖公司作为卖方，与被告经开公司所签的十份《煤炭购销合同》均为形式上的合同，非出于真实的买卖本意，不存在真实的交易基础，只是无实际供货内容进行资金流转走账的虚假合同。即原、被告缔约双方意思表示是不真实的，双方并无实际履行合同的合意，并未实际建立买卖合同法律关系。

2. 关于诚实信用原则

诚实信用原则作为一种民事立法的价值追求，本身不直接涉及民事主体的权利义务，但在民事审判中，仍然是当事人应遵守的根本性规则。

在该案件中，双方签订以资金流转走账为目的的虚假合同，即原、被告缔约双方意思表示不真实，双方无实际履行合同的合意。结合《中华人民共和国合同法》第六条："当事人行使权利、履行义务应当遵循诚实信用原则"的规定，应驳回原告要求被告交付货款的诉求。

编写人：广州铁路运输第一法院 陈洁敏

21

买卖合同关系与承揽合同关系如何认定
——北屯市一八三团宏宇陶瓷诉王江平买卖合同案

【案件基本信息】

1. 裁判书字号

新疆生产建设兵团北屯垦区人民法院（2016）兵 1001 民初 127 号民事判决书

2. 案由：买卖合同纠纷

3. 当事人

原告（反诉被告）：北屯市一八三团宏宇陶瓷（以下简称宏宇陶瓷）

被告（反诉原告）：王江平

【基本案情】

2013 年 10 月，王江平因其位于北屯市一八三团锦绣园 2 号楼 2 单元 × 室房屋装修需要，与宏宇陶瓷业主刘秀芹口头协商，在宏宇陶瓷处购买装修材料。2013 年 10 月至 2013 年 12 月，宏宇陶瓷向王江平提供装修材料累计价款 28735 元，其中包括"SHILESI"家用吸油烟机（灶）一套价值 3000 元、"SHILESI"储水式电热水器一台价值 1200 元。其间，王江平陆续支付材料款 13000 元。后经双方核算，王江平在欠条上签字确认尚欠装修材料款 15600 元，约定于 2014 年 5 月 1 日前付 5600 元，余款 10000 元于 2014 年 12 月 1 日付清。王江平在宏宇陶瓷购买的"SHILESI"家用吸油烟机在使用中出现质量问题，宏宇陶瓷将该吸油烟机退回厂家维修，另行向王江平提供"鑫奇"牌吸油烟机使用，宏宇陶瓷至今未将维修的"SHILESI"家用吸油烟机返还王江平。2016 年 4 月，刘秀芹因王江平拖欠装修材料款，将王江平家水表卸除，王江平另行花费 350 元购买水表并安装。

刘秀芹依据王江平签字确认的欠条主张与王江平系买卖关系，要求王江平支付拖欠装修款及利息损失。而王江平则认为系宏宇陶瓷雇用人工并提供装修材料，双方系承揽关系，因宏宇陶瓷装修及装修材料存在质量问题造成损失，王江平有理由拒付部分费用，并反诉要求宏宇陶瓷赔偿损失。

【案件焦点】

宏宇陶瓷与王江平之间是买卖合同关系还是承揽关系。

【法院裁判要旨】

新疆生产建设兵团北屯垦区人民法院经审理认为：买卖合同是出卖人转移标的物的所有权于买受人，买受人支付价款的合同。而承揽合同是承揽人按照定作人的要求完成工作，交付工作成果，定作人给付报酬的合同。本案中，王江平对在宏宇陶瓷店内购买材料，尚欠材料款15600元的事实没有异议。庭审中，王江平的妻子陶川萍自认装修人员由其自行选择确定、自行与装修人员协商价格并进行结算；证人张德生证实系王江平与其协商粉刷墙面、确定价格，陶川萍的自认与证人张德生的证言可以相互印证。宏宇陶瓷仅提供装修材料，与王江平就房屋装修及装修费用未进行过协商，双方形成买卖合同关系，而非承揽关系。王江平主张本案系承揽合同纠纷，但未提供证据证实，本院不予采信。宏宇陶瓷向王江平提供装修材料，王江平应当支付相应货款。故对宏宇陶瓷要求王江平支付拖欠的装修材料款15600元的诉讼请求，本院予以支持。双方对宏宇陶瓷提供的装修材料质量有争议，且刘秀芹自认王江平购买的"SHILESI"家用吸油烟机在使用中确有质量问题被退回厂家维修，王江平可以行使对宏宇陶瓷要求付款的抗辩权，故对宏宇陶瓷要求王江平支付利息损失的主张，本院不予支持。

王江平反诉主张宏宇陶瓷提供的地砖、"SHILESI"燃气灶、"SHILESI"储水式电热水器质量存在问题，但未提供证据予以证实，庭审中向王江平释明是否申请鉴定，王江平明确表示不鉴定，故对王江平主张宏宇陶瓷赔偿地砖、"SHILESI"燃气灶、"SHILESI"储水式电热水器质量问题而造成损失的反诉请求，本院不予支持。宏宇陶瓷与王江平之间不具有承揽关系，对王江平要求宏宇陶瓷赔偿地砖铺设质量问题造成损失的反诉请求，本院不予支持。"SHILESI"家用吸油烟机在使用中因质量问题被宏宇陶瓷退回厂家维修，且宏宇陶瓷至今未将维修的吸油烟机返还王江平，王江平主张宏宇陶瓷赔偿因吸油烟机质量问题造成的损失，应当予以支持。王江平购买的"SHILESI"家用吸油烟机（灶）一套价值3000元，而王江平已使用至今，故本院酌情确定宏宇陶瓷赔偿王江平吸油烟机损失 2400 元，王江平应将宏宇陶瓷维修时提供使用的"鑫奇"牌吸油烟机予以退还。王江平反诉要求宏宇陶瓷赔偿水表费用 350 元，宏宇陶瓷无异议，本院对王江平这一反诉请求予以支持。

新疆生产建设兵团北屯垦区人民法院依照《中华人民共和国合同法》第一百一十一条、第一百五十九条，《最高人民法院关于民事诉讼证据的若干规定》第二条的规定，作出如下判决：

一、被告（反诉原告）王江平支付原告（反诉被告）北屯市一八三团宏宇陶瓷材料款 15600 元。

二、原告（反诉被告）北屯市一八三团宏宇陶瓷赔偿被告（反诉原告）王江平"SHILESI"家用吸油烟机损失 2400 元、水表费用 350 元，合计 2750 元。

上述一、二项款项折抵后，被告（反诉原告）王江平于本判决生效后十日内支付原告（反诉被告）北屯市一八三团宏宇陶瓷 12850 元。

三、被告（反诉原告）王江平于本判决生效后十日内将"鑫奇"牌吸油烟机退还原告（反诉被告）北屯市一八三团宏宇陶瓷。

四、驳回原告（反诉被告）北屯市一八三团宏宇陶瓷的其他诉讼请求。

五、驳回被告（反诉原告）王江平的其他反诉请求。

王江平不服一审判决提出上诉，因未交纳二审案件受理费，新疆生产建设兵团第十师中级人民法院作出（2016）兵 10 民终 110 号民事裁定，按上诉人王江平自动撤回上诉处理。一审判决已发生法律效力。

【法官后语】

本案的争议焦点在于法律关系如何确定。买卖合同是出卖人转移标的物的所有权于买受人，买受人支付价款的合同。而承揽合同是承揽人按照定作人的要求完成工作，交付工作成果，定作人给付报酬的合同。买卖合同与承揽合同都要将标的物交给支付对价的一方，买卖合同中，出卖人须将出卖的标的物交付给买受人，而承揽合同中承揽人必须将完成的定作物交付给定作人。在这一点上，二者很相似，审判实践中，仍然存在对买卖合同与承揽合同二者的混淆，如果法律关系把握不准确，则影响法律后果的承担。

本案中，宏宇陶瓷虽向王江平介绍推荐装修人员，但装修人员由王江平自行选择确定，且王江平与装修人员自行协商价格并进行结算，宏宇陶瓷仅起了介绍、推荐作用，未对装修质量、装修价格等与王江平进行协商，故王江平与宏宇陶瓷之间应为买卖合同关系而非承揽合同关系。宏宇陶瓷已向王江平提供了装修材料，王江平应当支付相应价款。对于王江平反诉主张宏宇陶瓷承担因装修材料质量问题而造成的损失，合理有据的，应当予以支持，并从其应支付的装修材料款中予以扣减。而王江平反诉主张宏宇陶瓷承担因铺设地砖存在质量问题造成的损失，系另一法律关系，王江平应另案诉讼解决。

编写人：新疆生产建设兵团北屯垦区人民法院　李昌芳

22

网络购物中"现货代购"性质的认定及食品无中文标签的罚则

——崔志伟诉蓝连秀买卖合同案

【案件基本信息】

1. 裁判书字号

北京市西城区人民法院（2015）西民（商）初字第15338号民事判决书

2. 案由：买卖合同纠纷

3. 当事人

原告（上诉人）：崔志伟

被告（被上诉人）：蓝连秀

【基本案情】

崔志伟的淘宝网用户名称是五星红旗866。崔志伟使用该用户名于2015年4月9日在淘宝网上蓝连秀经营的店铺（用户名为oelinghausen）购买了2盒德国生产的爱他美1+幼儿配方奶粉,每盒244元,快递费22元,优惠后合计510元。2015年4月15日,崔志伟又在淘宝网上蓝连秀经营的店铺(用户名为oelinghausen)购买了6盒德国生产的爱他美1+幼儿配方奶粉,每盒243.70元,及4盒德国生产的爱他美2+幼儿配方奶粉,每盒209.20元;快递费共计64元,优惠后合计2363元。货物由顺丰快递寄送到崔志伟的收货地点,即北京市西城区新街口北大街1号,崔志伟分别于2015年4月11日、2015年4月19日在验货后签收了两批货物。崔志伟收到奶粉后发现,所购奶粉均是纸盒包装,没有中文标签,因看不懂食用方法以及过敏源信息提示,向食品药品监督管理机关咨询后得知,进口的预包装食品必须有中文标签,否则不得进口销售。后崔志伟通过阿里旺旺聊天工具进行了投诉,蓝连秀告知他们出售的奶粉是德国原装进口的,不需要贴中文标签,据此拒绝赔偿。依据《中华人民共和国食品安全法》(以下简称《食品安全法》)第六十六条规定,进口预包装食品必须张贴中文标签,否则不得进口销售。蓝连秀作为在网上销售进口奶粉的店铺,明知出售的进口奶粉均没有张贴中文标签,也没有直接印刷中文说明,却依然进行宣传和销售,其行为已经违反了《食品安全法》第六十六条的规定,应当依照该法第九十六条第二款的规定退货和赔偿。原告崔志伟向本院提出诉讼请求:1. 崔志伟返还所购爱他美1+幼儿配方奶粉8盒、爱他美2+幼儿配方奶粉4盒,同时要求蓝连秀退还货款2787元;2. 蓝连秀退还快递费86元;3. 蓝连秀赔偿27870元;4. 蓝连秀支付公证费1000元;5. 蓝连秀承担诉讼费用。

【案件焦点】

1. 崔志伟与蓝连秀之间是否构成买卖合同关系;2. 蓝连秀是否应当退回货款及赔偿额如何确定。

【法院裁判要旨】

北京市西城区人民法院经审理认为:

关于崔志伟与蓝连秀之间是否构成买卖合同关系的问题:本案涉及海外代购商品,"海外代购"即指通过网络,为别人购买商品寄回或带回给国内消费者并从中收取报酬的行为。海外代购分为现货代购和非现货代购。所谓的"现货代购",指卖家已提前购得了特定的商品,并将商品信息在自己的网站店铺或平台上发布,明确该商品的价格,只需购买者选择合适的型号、数量,即可点击购买。所以对于卖家在网站上陈列出的所有标有"代购"的现货奶粉,价格和规格等已经明示,属于"明码标价",买家只需要选择并且付款,即完成一笔交易,买卖双方就成立买卖合同。本案中,崔志伟称其购买的是爱他美奶粉现货,蓝连秀未出庭予以抗辩,且崔志伟提供的订单信息上显示所购产品均为现货,而非从德国直邮的产品,故崔志伟与蓝连秀之间形成了买卖合同关系。

关于蓝连秀是否应当退回货款及赔偿额如何确定的问题:由于崔志伟购买奶粉的时间是2015年4月10日,该时间系在《食品安全法(2015年)》实施之前,所以本案裁判应当适用《食品安全法(2009年)》。该法第六十六条规定,进口的预包装食品应当有中文标签、中文说明书。标签、说明书应当符合本法以及我国其他有关法律、行政法规的规定和食品安全国家标准的要求,载明食品的原产地以及境内代理商的名称、地址、联系方式。预包装食品没有中文标签、中文说明书或者标签、说明书不符合本条规定的,不得进口。该法第九十六条第二款规定,生产不符合食品安全标准的食品或者销售明知是不符合食品安全标准的食品,消费者除要求赔偿损失外,还可以向生产者或者销售者要求支付价款十倍的赔偿金。《关于加强婴幼儿配方乳粉管理的公告》规定,从2014年4月1日起,进口婴幼儿配方乳粉的中文标签,必须在入境前就直接印制在最小销售包装上,不得在境内加贴。若产品包装上没有中文标签或中文标签不符合我国相关规定的,一律按不合格产品退货,不得入境。本案中,崔志伟购买的爱他美奶粉的包装上,没有中文标签,不得入境销售。综上,本院对崔志伟要求销售者蓝连秀退货并退还其购物款,同时支付购物款十倍的赔偿金的主张,予以支持。但本案中,崔志伟购买的产品金额共计2787元,快递费共计86元,快递费不属于货款,故本院仅支持崔志伟要求蓝连秀退还货款2787元的主张,对于退还快递费部分不予支持。以2787元货款为基数,计算出购物款十倍赔偿金应为27870元,故崔志伟有权要求蓝连秀支付赔偿金为27870元。公证费系崔志伟为准备诉讼证据进行的合理支出,该损失其有权要求蓝连秀予以支付,故本院对崔志伟要求蓝连秀支付公证费1000元的主张,予以支持。

北京市西城区人民法院依照《中华人民共和国合同法》第八条,《中华人民共和国食品安全法(2009年)》第六十六条、第九十六条第二款,《中华人民共和国民事诉讼法》第六十四条第一款、第一百四十四条之规定,判决如下:

一、原告崔志伟于本判决生效后十日内向被告蓝连秀退还爱他美1+奶粉八盒、爱他美 2+ 奶粉四盒，同时被告蓝连秀向原告崔志伟退还货款 2787 元；

二、被告蓝连秀于本判决生效之日起十日内向原告崔志伟支付赔偿款 27870 元；

三、被告蓝连秀于本判决生效之日起十日内向原告崔志伟支付公证费 1000 元；

四、驳回原告崔志伟的其他诉讼请求。

【法官后语】

本案例即涉及跨境网络购物中"现货代购"性质的认定问题。"海外代购"是指通过网络或个人，为别人购买商品寄回或带回给国内消费者并从中收取报酬的行为。海外代购分为根据卖家提供的现有的商品代购（即现货代购）和买家指定的商品代购（即非现货代购）。所谓的"现货代购"，指卖家已提前购得了特定的商品，并将商品信息在自己的网站店铺或平台上发布，只需购买者选择合适的型号、数量，即可点击购买。这种基于卖家在网站上陈列出的所有标有"代购"字样的现货奶粉，并非基于购买者的指示而进行采购，而是大批量由卖家从国外采购，仓储于国内，而后将奶粉的名称、数量、质量、价格、外观等，在网站上统一明示、明码标价，符合要约的相关要件：由要约人做出、向特定的人做出、内容明确、主观上有订立合同的意思，因此在"现货代购"中的卖家建立卖货链接的行为即是要约；于买家而言，只需要选择货物并且付款，即完成一笔交易，亦即构成承诺；故卖家和购买者之间形成的系买卖合同关系。

既然卖家和购买者之间形成的系买卖合同关系，因此应认定涉案奶粉由卖家购买入境后，从国内仓储地再行卖出的行为为境内销售奶粉的行为。故由卖家从国外进口的在境内销售的现货奶粉，属于进口的预包装食品，应当具备中文标签，本案中崔志伟购买的爱他美 1+ 奶粉的包装上，没有中文标签，不得入境销售。综上，法院对崔志伟要求销售者蓝连秀退货并退还其购物款，同时支付购物款十倍的赔偿金的主张，予以支持。

编写人：北京市西城区人民法院　张彤

23

买卖合同"走单不走货"交易模式的认定及处理

——广州市煤建有限公司诉深圳市中油通达石油有限公司买卖合同案

【案件基本信息】

1. 裁判书字号

广东省广州市越秀区人民法院（2015）穗越法民二初字第867号民事判决书

2. 案由：买卖合同纠纷

3. 当事人

原告：广州市煤建有限公司

被告：深圳市中油通达石油有限公司

第三人：东莞市晔联道路改性沥青有限公司（以下简称东莞晔联公司）、广州市燩泰燃料化工有限公司（以下简称燩泰公司）

【基本案情】

东莞晔联公司与原告于2014年9月签订《油品购销合同》，约定，原告向东莞晔联公司购买沥青1500吨，交货地点为东莞晔联油库，货物由乙方自提，数量按乙方收货过磅验收的数量为准，双方确认交货。此后，东莞晔联公司与原告签订的《货物收据》，记载，买卖双方所签订的购销合同项下沥青提货已完成，沥青数量1572.40吨、单价4600元、结算金额7233040元。2014年9月17日原告向东莞晔联公司支付7233040元。同月，原告与被告签订《油品购销合同》，约定，被告向原告购买沥青1500吨；交货地点为东莞晔联油库；货物由被告自提；数量按乙方收货过磅验收的数量为准；随货应有油样检验报告，双方对每批次货物抽样封存，由被告进行验收，若质量不符合要求，被告应于收货后五天内以书面形式通知原告。同月，原告与被告签订《货物确认单》，记载，被告确认收到双方签订的《油品购销合同》项下沥青提货已完成，沥青数量1572.40吨、单价4677元、结算金额 7354114.80 元。因原、被告就上述款项的支付多次函件沟通未果,原告向法院提起诉讼,诉请要求被告支付货款及利息。被告则抗辩原、被告不具有真实的买卖合同关系,而是与原告上游东莞晔联公司及被告下游买方燧泰公司共四方之间存在循环虚假贸易关系,即原告向被告出卖沥青的同时,第三人燧泰公司签订格式、内容、数量完全一致的《油品购销合同》与《货物确认单》,只是在货款上每吨加价作为过账油品贸易业务的报酬,在形式上卖出了同等数量的沥青,待燧泰公司付款给被告后,被告再付款给原告,从而完成一次不具有真实货物往来的书面闭合循环贸易。

庭审中,原告称其与东莞晔联公司交货方式是货权的转移,不是实物的交付;原告与东莞晔联公司之间合同的交货地点是东莞晔联公司的油库,原告取得沥青后货物仍存放在东莞晔联公司的油库中;原、被告双方的购销合同是通过指示交付的方式交付货物的提货权,原告通过口头方式告知原告的上游东莞晔联公司由下游的被告进行提货,由东莞晔联公司直接向被告交货,待被告提货并且盖章出具货物收据后,原告再向上游的东莞晔联公司支付货款,提货权转移后,被告获得油品的提货权;《油品购销合同》中货物的检验报告是随货交付的,已经转移到被告;对于指示东莞晔联公司交付货物以及向被告交付检验报告的说法原告没有证据证明。被告称本案不存在真实的买卖及交付行为,所以不存在货物检验报告,原告也没有向被告交付过货物检验报告;被告没有从原告处获得向东莞晔联公司取货的指示,双方只是签订了相关购销合同以及货物确认单,并未实际履行;因为被告没有取得货权和货物,所以被告也没有将货物转卖给下游公司,也没有向下游公司交付货权,被告也没有取得下游的货款;本案各方的合同货物数量一致,时间相同,综合证据显示原告对循环贸易关系是明知的。第三人东莞晔联公司称其与原告的购销合同不是真实的合同,双方实际上不存在真实油品买卖,双方签订合同的实际目的是东莞晔联公司向原告进行借款;因为原告考虑到其为国有企业,而且企业之间不能进行借贷业务,否则就构成非法经营,所以以本案的买卖掩盖真实的借款关系,名为买卖,实际上是双方的借贷;东莞晔联公司实际上没有向原告交付沥青,也没有收到原告要求其向被告交付货物的指示,东莞晔联公司没有向被告交付过货物,也从来没有签发过提货单、仓单等提货材料。

【案件焦点】

买卖合同"走单不走货"交易模式的认定及处理。

【法院裁判要旨】

广东省广州市越秀区人民法院经审理认为：本案为买卖合同纠纷，原告提交其与被告签订的《油品购销合同》，主张其向被告供应货物后被告拖欠货款，原告对其主张的货物已交付的事实负有举证责任，否则要承担举证不能的后果。首先，原告与被告虽然签署了《货物确认单》，但根据原告陈述的交易流程，原告所供应给被告的货物来源于第三人东莞晔联公司，是由东莞晔联公司直接向被告交货，而第三人东莞晔联公司对原告陈述的该事实予以否认，既否认向被告交付货物实物，也否认向被告签发过提货凭证。在原告提交了其与东莞晔联公司签订的《油品购销合同》、付款凭证的情况下，第三人东莞晔联公司作为原告认可的上游供应商，其否认向被告交货的陈述对其自身不利，该陈述的可信度、证明力较高。其次，买卖合同交易过程中，既有实物的交付也有"走单不走货"的货权转移，但即便是"走单不走货"的货权转移交易模式，也应具备指示交付的通知、货权转移的证明、提货所应具备的提单或是仓单等基本单据。而本案中，原告既无证据证明其通知了第三人东莞晔联公司向被告交付货物，也无证据证明其向被告转移货权，且《油品购销合同》约定的抽样封存、检验报告，原告也无法提交。最后，从本案证据显示，东莞晔联公司、原告、被告存在长期往来。而本案交易中，被告并未直接向东莞晔联公司购买货物，而是通过原告向东莞晔联公司采购，再由原告转售给被告，采用此种方式增加交易成本，明显不符合常理。根据《最高人民法院关于适用〈中华人民共和国民事诉讼法〉的解释》第一百零八条的规定："对负有举证证明责任的当事人提供的证据，人民法院经审查并结合相关事实，确信待证事实的存在具有高度可能性的，应当认定该事实存在。对一方当事人为反驳负有举证证明责任的当事人所主张事实而提供的证据，人民法院经审查并结合相关事实，认为待证事实真伪不明的，应当认定该事实不存在。法律对于待证事实所应达到的证明标准另有规定的，从其规定。"由于对原告是否交付货物这一事实现有证据存在矛盾，待证事实真伪不明，故本院对原告主张其已向被告交付货物的说法不予采信，对原告要求被告支付货款的诉讼请求，本院不予支持。

广东省广州市越秀区人民法院依照《最高人民法院关于适用〈中华人民共和国民事诉讼法〉的解释》第九十条、第一百零八条的规定，判决：

驳回原告广州市煤建有限公司的全部诉讼请求。一审判决后，各方均未提起上诉。

【法官后语】

买卖合同"拟制交付"是指在动产买卖关系中，出让人将标的物的权利凭证，如仓单、提单交给受让人，以代替物的现实交付。其交易流程简要包括出让方将从仓储方、上游出让方出具的仓单、提单交付受让方，同时指示仓储方、上游出让方向受让方转移货权，由受让方持单据向仓储方、上游出让方进行提货。凭证交付的交易模式减少了实物交付中的烦琐与不便，简化了交易流程。但是在近年的案件纠纷中，出现新类型的"走单不走货"交易模式，即交易过程只有形式上的购销合同及结算协议，不存在货权转移或实物交付，甚至没有实物存在，有观点将其称之为资金空转型的融资性买卖。对该类交易的甄别、合同性质及效力的认定一直是审判实务的难点。

关于"走单不走货"交易模式的甄别，笔者认为可以从资金空转型的融资性买卖的特点进行区分。该类交易模式存在以下特点：首先，交易主体形成闭合性循环买卖。其基本模式是出让方向上游企业购买货物转售给受让方，受让方再转让给出让方的上游企业。为增加隐蔽性受让方与出让方的上游企业之间可能存在多个交易环节，但整个交易链条始终是闭合的。其次，交易各方没有买卖的真实意图，即当事人以买卖外衣掩盖其他目的，且各方对此知晓。当事人的真实目的主要包括：1. 虚增经营业绩；2. 以买卖之名行借贷之实，即出借资金的出让方与上游企业之间签订买卖合同，将资金以货款的形式支付出去，再通过出让方与受让方之间的买卖合同回笼资金，交易的差价实际就是利息的收取；3. 合法"外衣"下转移资金，即虽然出让方与受让方也签订了买卖合同，但并不具有收回资金的意图，真是目的在于通过上游企业转移资产。最后，不存在货物的所有权转移。由于当事人并不具有买卖的目的，因此在整个交易过程中并不存在实物的交付或是货权的转移。本案中，虽然被告及第三人提出了名为买卖实为借贷的抗辩，但由于法院查明客观事实的手段有限，案件证据无法反映出闭合的循环贸易链条，故在处理上仍以买卖合同为基础进行处理。

对于该类案件的处理，有观点认为应遵循商法的外观主义原则，以当事人外在的意思表示行为为准，即依据双方签订的买卖合同及结算协议进行责任认定。笔者对此并不赞同，理由如下：首先，民法学上，意思表示只是行为人把进行某一民事法律行为的内心效果意思，以一定的方式表达于外部的行为，其构成要素包括指明民事法律行为具体内容的目的意思、行为人表示内容引起法律效果的效果意思、将内心意思外化的表示行为。意思与表示不一致是指表意人内心意思与外在表示不一致,其中包括表意人与相对人通谋,不表示内心真意的意思表示,即伪装表示或假装行为。资金空转型的融资性买卖即构成了民法上的伪装表示。理论通说认为,表意人与相对人通谋所为的意思表示原则上无效,即不能以出让方与受让方之间的买卖合同关系进行处理。其次,由于当事人签订购销合同并没有买卖的真实目的,如上所述,双方的真实目的在于虚增业绩、借贷甚至转移资产等,如当事人存在以合法形式掩盖非法目的的情况,而法院机械地以商事外观主义做处理,则法院有可能成为当事人不法目的的帮凶,容易出现虚假诉讼。因此,在处理该类案件时,应探寻当事人的真意。如果当事人的实际目的是借贷,则应依据《最高人民法院关于审理民间借贷案件适用法律若干问题的规定》的有关规定及精神,对合同的效力进行认定;如果当事人的实际目的是转移资产,则应查清是否存在恶意串通,损害国家、集体、第三人利益的无效情形。而当事人以买卖合同纠纷提起诉讼时,是以买卖合同有效为前提,当法院审查认为合同的性质及效力与当事人主张不一致时,应行使释明权要求当事人变更诉讼请求,如果当事人拒不变更诉讼请求,由于法律关系一旦改变,管辖法院、归责原则、责任形式、责任范围等都可能会发生变化,此时法院应当依法驳回原告的诉讼请求。

编写人:广东省广州市越秀区人民法院 陈伟清

24

多方参与的循环贸易中"名为买卖实为借贷"的判断标准

——中铁物贸(北京)商贸有限公司诉天津滨海投资集团商贸有限公司买卖合同案

【案件基本信息】

1. 裁判书字号

最高人民法院(2016)最高法民终539号民事判决书

2. 案由:买卖合同纠纷

3. 当事人

原告（被上诉人）：中铁物贸（北京）商贸有限公司（以下简称中铁北京公司）

被告（上诉人）：天津滨海投资集团商贸有限公司（以下简称滨海商贸公司）

第三人：中铁物贸有限责任公司（以下简称中铁公司）、俊安（天津）实业有限公司（以下简称俊安公司）、天津市房信建材科技有限公司（以下简称房信公司）

【基本案情】

2013年12月22日，原告与被告签订合同编号为ZTWM－BJSM－C－2014－001的《焦炭采购合同》，合同约定，原告向被告采购印尼焦炭63500吨，单价1580元/吨，总价10033万元，原告一次性支付全额货款，被告根据原告支付的款项交付相应数量货物，被告交货时间截至2014年2月20日，被告收到原告支付的全额货款后，无法按照合同约定时间交货的，每延迟一日，被告应按合同总金额的5‰/日向原告支付违约金，直至货物全部交付完毕为止，被告逾期交货达到10天以上或者无法履行货权转移义务影响原告提货的，被告须返还原告全部货款并向原告支付合同总金额的15%的违约金，并约定了其他条款。合同签订后，原告按采购合同约定，于2014年1月21日将全部货款10033万元，分四笔以兴业银行银行承兑汇票方式一次性支付给被告，被告于2014年4月9日向原告开具了相应的增值税发票，但被告至今未履行合同约定的交货义务，也未向原告返还全部货款。

【案件焦点】

原、被告之间成立的法律关系是买卖关系还是借贷关系，被告是否应对原告承担逾期交货的违约责任。

【法院裁判要旨】

天津市高级人民法院经审理认为：本案的主要争议焦点如下，关于本案法律关系性质，原、被告签订的《焦炭采购合同》，从双方签订合同的名称、合同内容、收款用途、增值税发票上看，均符合买卖合同的法律特征，故本案的法律关系应认定为买卖关系。退一步讲，即使被告主张的"名为买卖、实为借款"的观点成立，但各方为实现借款的目的，选择通过买卖合同的方式进行操作，对于此种交易方式可能承担的法律责任，被告应当能够预见，故对被告免责的抗辩理由，不予支持，被告应当按照合同约定承担相应的法律责任。关于本案债权人和债务人主体问题，基于上述法律关系性质的认定，以及原告依约将全部货款给付被告的事实，足以证明原告系本案债权人，被告系本案债务人，被告及俊安公司主张俊安公司为本案真实债务人的抗辩理由，不予支持。关于原告与中铁公司是否构成人格混同的问题，虽然原告与中铁公司属于上下级公司，但均是独立法人，被告主张二公司之间人格混同，证据不足，不予支持。综上分析，关于被告及第三人等与中铁公司之间的资金往来，不能构成被告对原告的债务清偿，可另行解决。关于原告主张被告返还货款、支付违约金和利息的问题，被告收到原告货款后，并未履行交货义务，故应当承担货款返还责任，同时应按合同约定承担违约责任，并应支付逾期付款的利息损失。

天津市高级人民法院依照《中华人民共和国合同法》第四十四条、第六十条第一款、第九十四条第（二）项、第一百零七条，《中华人民共和国民法通则》第一百零八条的规定，作出如下判决：

一、解除原告中铁物贸（北京）商贸有限公司与被告天津滨海投资集团商贸有限公司于2013年12月22日签订的《焦炭采购合同》。

二、被告天津滨海投资集团商贸有限公司于本判决生效后十日内，返还所欠原告中铁物贸（北京）商贸有限公司货款10033万元。

三、被告天津滨海投资集团商贸有限公司于本判决生效后十日内，向原告中铁物贸（北京）商贸有限公司支付违约金1504.95万元。

四、被告天津滨海投资集团商贸有限公司于本判决生效后十日内，向原告中铁物贸（北京）商贸有限公司支付利息损失（以11537.95万元为基数，自2015年1月1日起至判决确定给付之日止，按中国人民银行公布的商业银行同期贷款利率计算）。

天津滨海投资集团商贸有限公司持原审起诉意见提起上诉。最高人民法院经审理认为：一、关于是否应追加案外人俊安煤焦公司为本案第三人的问题。一审庭审笔录载明，在一审法官询问滨海商贸公司其认为是否有必要追加案外人俊安煤焦公司作为本案第三人时，该公司回答没有必要追加。滨海商贸公司在二审时申请追加案外人俊安煤焦公司为第三人，有违"禁反言"原则。而且，滨海商贸公司、俊安公司主张案外人俊安煤焦公司系为俊安公司收取借款，俊安公司主张其与案外人俊安煤焦公司之间为合作关系，也提交了案外人俊安煤焦公司所写的《转款说明》，故即使案外人俊安煤焦公司不参加本案诉讼，相关事实也可通过由滨海商贸公司和俊安公司举证的方式进行查明，因此，不必追加案外人俊安煤焦公司为第三人。

二、关于中铁北京公司与滨海商贸公司之间成立的法律关系是买卖还是借贷法律关系的问题。理由为：（一）尽管从不同主体签订的合同内容上看，三份合同的标的物均为焦炭，货物交货地点一致，但从这三份合同的合同主体、款项给付、货物交付关系进行分析，并不能得出上述交易关系为闭合贸易的结论。1. 中铁北京公司与中铁公司是不同的主体，尽管存在中铁公司支付或者收取中铁北京公司作为合同主体的相关合同款项的情形，但实质为其代中铁北京公司支付或者收取款项。2016年2月28日，在北京市房山区人民法院审理中铁北京公司与案外人买卖合同纠纷一案中，中铁公司的财务监察杨书梅出庭作证即陈述，中铁公司经常给下属单位代收款；如果中铁北京公司作为下属单位委托中铁公司收款，客户就打到中铁北京公司在中铁公司的资金结算中心（内部银行）的账户上。其陈述的事实证明中铁公司系代中铁北京公司收款，并不能证明滨海商贸公司主张的两者人格、财务混同的事实。2. 与滨海商贸公司签订《焦炭采购合同》的主体为中铁北京公司，而与房信公司签订《焦炭采购合同》的主体为中铁公司，两主体并不相同，且如前所述，两者不存在人格、财务混同事实。而且，案外人俊安煤焦公司与房信公司之间并无交易关系，案涉不同主体之间签订的《焦炭采购合同》并不能形成闭合的循环关系，不足以证明滨海商贸公司、俊安公司、房信公司与中铁公司之间的资金往来与本案相关，房信公司也不认可其给付中铁公司款项实为滨海商贸公司主张的案涉借款。（二）尽管滨海商贸公司主张自2013年3月起，案涉各方当事人曾以本案相同的方式五次签订了相关《焦炭采购合同》，但如前所述，上述交易主体之前形成的焦炭买卖关系并非闭合贸易关系，不能够认定各方是以签订买卖合同的方式进行借款，故对于滨海商贸公司调取证据的申请，不予支持。（三）基于合同的相对性，合同一方当事人请求对方当事人承担不履行合同义务责任的，违约方应依法承担违约责任。滨海商贸公司与中铁北京公司之间自愿签订《焦炭采购合同》，中铁北京公司履行了给付货款的义务。在中铁北京公司未能依约交货的情形下，中铁北京公司依约起诉，基于合同的相对性，滨海商贸公司为本案适格被告。

三、关于俊安公司是否已向中铁北京公司支付部分案涉款项问题。如前所述，滨海商贸公司及俊安公司并不能证明案涉交易关系实为借款法律关系，房信公司也并不认可其向中铁公司支付款项是偿还本案所涉款项，因此，滨海商贸公司及俊安公司称通过俊安公司下属企业及房信公司向中铁北京公司/中铁公司归还了、抵偿了款项，系归还其认为的俊安公司向中铁北京公司的借款的事实没有充分证据支持，其关于应将已归还的款项扣除的理由不能成立。

四、关于滨海商贸公司是否应承担逾期交货违约责任的问题。如前所述，滨海商贸公司与中铁北京公司之间成立的是买卖合同法律关系，因此，其未履行合同项下的交货义务构成违约。经中铁北京公司催告，其在合理期间内仍未履行交货的主要义务，符合《中华人民共和国合同法》第九十四条规定的根本违约情形。滨海商贸公司应按照合同约定向中铁北京公司给付违约金以及赔偿利息损失。

最高人民法院依照《中华人民共和国民事诉讼法》第一百七十条第（一）项之规定，作出如下判决：

驳回上诉，维持原判。

【法官后语】

近年来，全国范围内出现大量循环贸易纠纷案件，原告一般主张买卖合同关系，但被告往往抗辩称案涉法律关系是"名为买卖实为借贷"。循环贸易纠纷涉及多份合同、多个主体，审理难度很大，在相关指导意见出台之前，最高人民法院审理此类案件体现的裁判思路是非常有借鉴价值的。

如果循环贸易中出现同一主体先以较低价格出售标的物，后又以较高价格买回的异常情形，则不是正常的买卖合同关系了，而是融资性贸易。当循环贸易关系处于完全闭合时，就往往会出现这种异常情形。因此，认定循环贸易各方当事人是买卖合同关系还是民间借贷关系的判断标准取决于循环贸易关系是否完全闭合。确认循环贸易关系是否构成闭合模式，应重点审查合同主体、资金走向、货物流转三个方面。

如果循环贸易关系构成闭合模式，宜认定当事人之间为民间借贷关系，主张成立借贷关系的当事人应当对合同、资金均存在互相关联的闭合循环进行举证，还应当对谁是实际用款人承担举证责任。如果出现了货物流转，还应举证证明货物流转的关联性。上述闭合循环中，资金出借方与最终的卖方系同一主体。

如果循环贸易关系不构成闭合模式，应基于合同相对性原则，认定当事人之间为买卖合同关系，除非双方当事人均认可成立民间借贷关系。本案中，滨海商贸公司认为案涉合同是整个借贷法律关系的一环，实际的借贷通过"中铁北京公司→滨海商贸公司→俊安公司→房信公司→中铁公司"这个大循环来实现。从合同循环上来看，滨海商贸公司与俊安公司之间没签订合同，俊安公司与房信公司之间没签订合同，这说明合同方面不存在闭合循环。从资金循环上看，俊安公司打给房信公司的款项、房信公司打给中铁公司的款项与本案无关。从货物循环上看，本案没有任何货物流转的迹象。综合各方证据，可以认定滨海商贸公司所称的循环关系未构成闭合。

编写人：天津市高级人民法院　林世开

25

买卖合同相对人的认定

——孟凡岭诉宁玉峰等买卖合同案

【案件基本信息】

1. 裁判书字号

山东省聊城市中级人民法院（2016）鲁15民终37号民事判决书

2. 案由：买卖合同纠纷

3. 当事人

原告（被上诉人）：孟凡岭

被告（上诉人）：宁玉峰、朱海燕、宁建立、刘新果

【基本案情】

原告因业务需要自2011~2013年与被告宁玉峰、宁建立多次发生树皮买卖，平时主要是两被告通过电话与原告联系，到现场后两被告根据树皮的质量与原告就

价格协商一致后达成买卖协议，两被告根据运走的数量及价格向原告支付货款。2014年1月17日，原、被告经过结算，由两被告向原告出示欠条一张，两被告并在欠条上签上了名字。后原告向被告催要欠款时两被告称买方实际上是宁世平，原告应向宁世平索要货款，原告对此予以否认。原告诉来法院要求被告支付货款17670元及利息。

【案件焦点】

四被告是否应该偿还原告货款17670元。

【法院裁判要旨】

山东省聊城市茌平县人民法院经审理认为：原告与被告宁玉峰、宁建立发生过多次交易，交易的习惯一般是被告宁玉峰、宁建立通过电话联系达成初步意向，后对原告的树皮质量每次予以现场校验后再与原告就价格问题直接协商，然后根据运输的数量通过被告宁玉峰、宁建立直接向原告结算货款，很显然让原告认为两被告即是买卖合同的当事人。且通过结算两被告以欠条的形式向原告出具了欠条并载明了货款数额，在此过程中两被告也未有提供证据证明其行为经过了宁世平的许可，完全是其个人行为，应视为原告与被告宁玉峰、宁建立之间的买卖合同成立，原告依合同向两被告交付了货物，被告应按照约定支付货款。被告宁玉峰、宁建立作为具有完全民事行为能力人应当知道以个人名义出具欠条的法律后果，两被告应对自己出具欠条的行为承担相应的后果。两被告共同在欠条上签上了自己的名字，可视为两人的共同债务对原告的货款应共同偿还。对两被告称欠条上注明经手人为司机，两人只是宁世平的雇佣司机的主张，与事实不符，也不符合交易习惯，本院不予支持。原告要求宁玉峰、宁建立偿还货款的主张符合法律规定，本院予以支持。该买卖行为发生在宁玉峰、宁建立各自的夫妻关系存续期间，被告亦未有提供充足证据证实该债务属被告宁玉峰、宁建立的个人债务，原告请求被告朱海燕、刘新果共同偿还的请求符合法律规定，本院予以支持。原、被告未对逾期付款进行约定，其请求被告支付4000元利息的请求于法无据，法院不予支持。

综上所述，依照《中华人民共和国合同法》第十条、第十四条、第六十条、第一百三十条、第一百五十九条，《最高人民法院关于适用〈中华人民共和国婚姻法〉若干问题的解释（二）》第二十四条，《中华人民共和国民事诉讼法》第一百四十四条之规定，判决如下：

一、被告宁玉峰、宁建立、朱海燕、刘新果于本判决生效后十日内共同给付原告孟凡岭货款17670元；

二、被告驳回原告孟凡岭的其他诉讼请求。

被告四人持原审起诉意见提出上诉。聊城市中级人民法院经审理认为原审判决认定事实清楚，适用法律正确，依法应予维持。

山东省聊城市中级人民法院依照《中华人民共和国民事诉讼法》第一百六十九条、第一百七十条第一款第（一）项、第一百七十五条的规定，作出如下判决：

驳回上诉，维持原判。

【法官后语】

本案处理的重点是对合同相对人的认定问题。

合同具有相对性，合同的一方当事人只能向另一方当事人基于合同提出请求或提起诉讼。本案中，双方当事人并没有签订书面合同，仅有一张"今欠孟凡岭皮子款17670元，经手人司机宁玉峰、宁建立2014年1月17日"的欠据，但根据双方陈述，自2011年~2013年已多次发生树皮交易业务，显然已形成事实上的买卖合同法律关系，双方在合同履行过程中也已经形成相对固定的交易模式、交易习惯等交易惯例。在此期间，宁玉峰、宁建立未向孟凡岭披露过实际买受人为宁世平，也未提供证据证明其与宁世平为雇佣关系，显然，孟凡岭有充分理由认为两被告即是买卖合同的相对性人。

在实践中，大多数交易活动都是通过合同行为来完成。但是，在没有合同或合同约定不明时，需要根据当事人之间的交易习惯探究当事人的真实意思表示，解释当事人之间存在的关系。交易习惯反映了当事人对他们以往的交易惯例行为的一种认可，双方在进行同类交易时已经对该习惯形成了一种心理上的确信。对于当事人的真实意思及由此产生的信赖利益，应当予以尊重和保护。

编写人：山东省聊城市茌平县人民法院　彭艺

26

个人行为和职务行为的区分

——林建萍诉重庆鑫龙建筑劳务有限公司买卖合同案

【案件基本信息】

1. 裁判书字号

北京市第三中级人民法院（2016）京03民终9747号民事判决书

2. 案由：买卖合同纠纷

3. 当事人

原告（被上诉人）：林建萍

被告（上诉人）：重庆鑫龙建筑劳务有限公司（以下简称鑫龙公司）

【基本案情】

林建萍持有欠条1张，载明：今欠木材款102007元，落款人彭勇，时间为2014年8月3日。

彭勇系鑫龙公司法定代表人，且为自然人股东，出资195万元，鑫龙公司共3名股东，另两人为彭应林出资2.5万元、彭毅出资2.5万元，三股东为亲兄弟。

【案件焦点】

本案的争议焦点在于彭勇购买木材的行为如何界定的问题，是个人行为，还是公司行为。

【法院裁判要旨】

北京市朝阳区人民法院经审理认为：本案的争议焦点在于彭勇向林建萍购买木材的行为系代表个人还是代表鑫龙公司。首先，彭勇系鑫龙公司法定代表人，双方业务混同；其次，彭勇曾代表鑫龙公司向林建萍购买过木材，彭勇之后再次购买木材时并未单独强调是代表个人购买木材；最后，送货人蔺磊出庭作证称送货至鑫龙公司经营地址，且送货单上载明了收货人为鑫龙公司。上述证据足以让林建萍相信彭勇购买木材以及出具欠条的行为是代表鑫龙公司。故林建萍关于要求鑫龙公司给付欠款的诉讼请求，于法有据，本院予以支持。鑫龙公司逾期还款给林建萍造成的利息损失，应予赔偿，林建萍主张的利息计算标准有误，本院依法予以调整。

北京市朝阳区人民法院依照《中华人民共和国合同法》第一百五十九条、第一百六十一条之规定，做出如下判决：

一、被告重庆鑫龙建筑劳务有限公司于本判决生效之日起十日内给付原告林建萍货款八万七千元及利息（自二〇一四年八月四日起计算至实际给付之日止，按照中国人民银行同期贷款利率标准计算）；

二、驳回原告林建萍的其他诉讼请求。

一审宣判后，鑫龙公司提起上诉。

北京市第三中级人民法院经审理认为：本案争议的焦点在于彭勇购买木材的行为如何界定的问题。企业法人对它的法定代表人和其他工作人员的经营活动，承担民事责任。本案中，彭勇向林建萍出具欠条的行为，在彭勇的身份系鑫龙公司的法定代表人的情况下，林建萍有理由相信彭勇可以代表鑫龙公司从事日常业务。虽然鑫龙公司表示不认可，但彭勇的行为已经构成表见代理，其与林建萍进行交易的行为可以视为职务行为，鑫龙公司在有义务对其行为进行约束的同时，亦应承担对林建萍所欠货款的法定义务。因此林建萍要求鑫龙公司承担付款义务并无不当，应予支持。一审法院根据本案查明的事实所作判决并无不妥，应予维持。上诉人鑫龙公司坚持原诉辩解意见，因其未能提供相关事实依据，本院不予采纳。

北京市第三中级人民法院依照《中华人民共和国民事诉讼法》第一百七十条第一款第（一）项之规定，判决如下：

驳回上诉，维持原判。

【法官后语】

本案处理重点主要在于判断如何区分个人行为和公司行为的问题。公司作为法律上拟制的主体，其行为需要通过有代表权的个人来实施。在这种情况下，就存在判断有权代表公司表达意志的个人其所做的意思表示是代表公司的职务行为还是代表其自己的个人行为。法定代表人是代表公司行使职权的主要负责人,法定代表人应在国家法律、法规以及企业章程规定的职权范围内行使职权、履行义务,代表企业法人参加民事活动,对企业的生产经营和管理全面负责,并接受企业全体成员和有关机关的监督。法定代表人在企业法人权利能力范围内的行为后果,直接由法人承担。本案中存在的问题是,原、被告双方未签订书面合同,被告的法定代表人出具欠条确认欠货款事实,欠条上未加盖公司的印章,被告法定代表人的爱人在庭审中出庭作证称法定代表人出具欠条的行为系个人行为,与公司无关。这时候就需要法官判断法定代表人出具欠条的行为到底是代表鑫龙公司还是代表其个人。法官在判断时需要兼顾交易安全和交易公平。从交易相对人的角度考虑,原告据以判断交易对象的线索包括交易对方的身份、送货地点、交易习惯等因素,本案中,综合考虑以上因素,原告有理由相信被告法定代表人购买木材以及出具欠条系代表被告公司的职务行为,因此认定原、被告成立买卖合同关系、由被告偿还货款并无不妥。

编写人:北京市朝阳区人民法院 孙国荣

27

电子证据的采信

——江西坚强百货连锁有限公司诉厦门市好月圆贸易有限公司买卖合同案

【案件基本信息】

1. 裁判书字号

福建省厦门市同安区人民法院(2015)同民初字第3412号民事判决书

2. 案由:买卖合同纠纷

3. 当事人

原告:江西坚强百货连锁有限公司(以下简称坚强公司)

被告:厦门市好月圆贸易有限公司(以下简称好月圆公司)

【基本案情】

2013年底，原告坚强公司作为甲方（需方），被告好月圆公司作为乙方（供方），签订编号201311006D《商品购销协议书》一份，约定：1. 供应商类型代理商，经营期限自2013年11月26日至2014年12月25日；2. 经营品牌绿帝；3. 付款方式转账，账期付款月结30天；4. 本协议有效期一年，到期后双方合作立即终止，协议不延期，甲乙双方必须重新订协议。2015年2月9日9时30分，坚强公司通过网银向好月圆公司转账358435.20元。2015年8月17日，坚强公司向法院提起诉讼。

被告好月圆公司系自然人独资的法人商事主体，经营范围包含：果品批发、蔬菜批发、其他预包装食品批发、五金产品批发、其他机械设备及电子产品批发、建材批发、五金零售、其他日用品零售、果品零售、蔬菜零售。好月圆公司监事名为谢江山。

【案件焦点】

原告坚强公司与被告好月圆公司之间是否成立徐福记采购协议。

【法院裁判要旨】

福建省厦门市同安区人民法院经审理认为：1. 关于马晓珍、谢江山的身份问题。江西省赣州市赣南公证处对原告坚强公司申请提取员工马晓珍手机QQ内相关聊天记录、微信内相关聊天记录的行为及内容进行公证，并作出（2015）赣虔市证内字第2480号、第2482号《公证书》，该两份《公证书》经过法定公证程序，具有法律效力。据此，可以确认如下事实：（1）马晓珍系坚强公司员工，其使用的手机号码为15807977355、微信昵称马晓珍、QQ账号为18224117；（2）马晓珍于2015年2月6日14:08使用手机QQ添加账号1139087999为好友，之后马晓珍与该账号持有人通过QQ进行对话、发送文件；（3）马晓珍于2015年2月6日下午17:40使用手机微信添加"江山"，并命名为"厦门徐福记谢总"存入微信通讯录，之后，马晓珍与"厦门徐福记谢总"进行微信对话。另，厦门市商事主体登记及信用信息公示平台显示好月圆公司主要人员谢江山，职务为监事。由此可确认与马晓珍进行微信聊天的"厦门徐福记谢总"与好月圆公司监事谢江山系同一人。

2. 关于马晓珍与谢江山的手机QQ及微信聊天记录问题。从坚强公司马晓珍与好月圆公司谢江山的手机QQ及微信聊天记录看，马晓珍首先询问"徐福记1250

新年桶"是否有货,并要求谢江山发送好月圆公司的营业执照等资料以建立供应商档案。之后,马晓珍向谢江山发送"徐福记订单1500207(发好月圆).xls",并明确该笔预付款只针对徐福记系列,若好月圆公司备货数量金额不足坚强公司预付款金额,好月圆公司应将差额款打入坚强公司账户,谢江山还向马晓珍表示每年都有冲货的,坚强公司今年冲货时间较晚。从坚强公司向好月圆公司转账看,转账时间为2015年2月9日9时30分,与马晓珍通知谢江山"谢总,款已转,请查收"的时间吻合,转账金额358435.20元与马晓珍向谢江山QQ传送的表格中"订货金额358435.20元"一致。从马晓珍与谢江山的手机通话来看,通话时间为2015年2月16日13时40分,通话中谢江山并不否认该笔款项系徐福记采购预付款,不发货、不退款原因是负责人不同意,与微信中马晓珍向谢总发送的"谢总,请今天务必安排贵公司财务将款转回我公司对公账户,否则我无法向公司交代"相吻合。

综上,原告坚强公司举证的手机QQ及微信聊天记录,内容完整,逻辑连贯,衔接紧密,能够与其举证的其他证据所反映的事实相互印证,形成证据链,清晰还原出马晓珍与谢江山订立徐福记采购协议的全过程。谢江山作为好月圆公司的监事,其行为产生的法律后果应由好月圆公司承担。好月圆公司未按照约定时间向坚强公司履行徐福记糖果交货义务,导致坚强公司订立徐福记糖果采购协议的目的落空。至此,坚强公司有权要求解除徐福记糖果采购协议并主张好月圆公司返还预付款358435.2元及利息。坚强公司主张自起诉之日起至实际还款之日止,按照中国人民银行同期贷款利率计算预付款利息,未违反法律规定,予以确认。好月圆公司辩称坚强公司支付的货款358435.2元系偿还尚欠货款,坚强公司提供的电子数据无法证明双方存在徐福记糖果采购协议,缺乏依据,法院不予采纳。

福建省厦门市同安区人民法院根据《中华人民共和国合同法》第一百三十八条、第九十四条、第九十七条、第一百零七条以及《中华人民共和国民事诉讼法》第六十四条之规定,判决如下:

一、解除原告江西坚强百货连锁有限公司与被告厦门市好月圆贸易有限公司之间的徐福记糖果采购协议;

二、被告厦门市好月圆贸易有限公司于本判决生效之日起十五日内返还原告江西坚强百货连锁有限公司预付款人民币358435.2元并支付利息(利息自2015年8月17日起计算至法院判决确定的给付之日止,按照中国人民银行贷款基准利率计算）。

判决作出后，原、被告双方均未提出上诉。

【法官后语】

本案的争议焦点是原告坚强公司与被告好月圆公司在编号201311006D的《商品购销协议书》之外是否存在徐福记采购协议。《最高人民法院关于民事诉讼证据的若干规定》第五条规定，在合同纠纷案件中，主张合同关系成立并生效的一方当事人对合同订立和生效的事实承担举证责任，坚强公司主张在编号201311006D的《商品购销协议书》之外与好月圆公司存在徐福记采购协议，毫无疑问，坚强公司对此应当承担证明责任。本案特殊之处在于坚强公司举示的用以证明合同订立和生效事实的主要证据为手机QQ及微信两种网络社交平台上的聊天记录，如何采信成为法院审理工作的突破口。笔者认为，遵循诉讼活动中证明案件事实的客观规律，应当对网络社交平台上的聊天记录的真实性、合法性、关联性进行审查。

证据的合法性是指证据符合法定形式、形式要件且来源合法。《中华人民共和国民事诉讼法》第六十三条规定的证据法定形式包括：（一）当事人的陈述；（二）书证；（三）物证；（四）视听资料；（五）电子数据；（六）证人证言；（七）鉴定意见；（八）勘验笔录。所谓电子证据，一般是指以电子形式存在的、用作证据使用的一切电子数据信息载体及其派生物，手机QQ及微信社交平台上的聊天记录恰恰属于电子证据的范畴。涉案的手机QQ及微信社交平台持有和使用者系完全民事行为能力人，取证过程并未违反法律规定，故该社交平台上的聊天记录具备作为证据出示的形式要件。

证据的真实性是指证据的形成过程客观真实，排除出具证据一方的伪造，证据内容客观反映待证事实。由于电子证据的无形性，且无法脱离介质而存在，真实性的审查便涉及电子证据的出示方式。电子证据的出示又称"电子证据的举出"，包括直接出示、转化出示、保全出示。直接出示即向对方和法庭直接出示数据信息载体或派生物，转化出示是将电子数据信息从原始载体转化到其他载体再行出示的方式，而保全出示是借助鉴定机构鉴定或公证机构的力量，对电子证据进行"原始性"公证后，以书面材料形式向对方和法庭进行出示。直接出示因具备"原始性"的优点而成为首选的出示方式，但由于数据信息本身的难以识别性和对载体的依赖性，在硬件设施不足以支撑直接出示电子证据时，转化出示成为多数人之选。但转化出示为当事人提供极大便利、经济的同时，又存在数据信息准确性难以保障的问题，信息传递环节越多，其衰减、失真的可能性越大，反之越小。权衡了前两种出示方式的利弊后，保全出示成为当事人的无奈之选，既能还原直接感知信息，又不至于受出示硬件的限制。

证据的关联性是指证据与待证事实之间必须具有一定的联系，即证据必须具备证明力。证明力又称证明价值，是指证据资料对待证事实具有的积极价值，即证据事实，对于待证事实真伪、成否的力量和程度。坚强公司举证的手机QQ及微信聊天记录，内容完整，逻辑连贯，衔接紧密，能够与其举证的其他证据所反映的事实相互印证，形成证据链，清晰还原出马晓珍与谢江山订立徐福记采购协议的全过程。谢江山作为好月圆公司的监事，其行为产生的法律后果应由好月圆公司承担。好月圆公司未按照约定时间向坚强公司履行徐福记糖果交货义务，导致坚强公司订立徐福记糖果采购协议的目的落空。至此，坚强公司有权要求解除徐福记糖果采购协议并主张好月圆公司返还预付款358435.2元及利息。坚强公司主张自起诉之日至实际还款之日止，按照中国人民银行同期贷款利率计算预付款利息，未违反法律规定，予以确认。好月圆公司辩称坚强公司支付的货款358435.2元系偿还尚欠货款，坚强公司提供的电子数据无法证明双方存在徐福记糖果采购协议，缺乏依据，法院不予采纳。

编写人：福建省厦门市同安区人民法院　洪佩兰

28

在审判实践中如何处理民刑交叉的问题

——安费诺科技（珠海）有限公司诉三门峡恒生科技研发有限公司买卖合同案

【案件基本信息】

1. 裁判书字号

广东省珠海市中级人民法院（2017）粤04民终1633号民事裁定书

2. 案由：买卖合同纠纷

3. 当事人

原告（上诉人）：安费诺科技（珠海）有限公司（以下简称安费诺公司）

被告（被上诉人）：三门峡恒生科技研发有限公司（以下简称恒生公司）

【基本案情】

自2012年3月起，原告与被告建立买卖合同关系。原告向被告采购一水合柠檬酸一钾二（丙二腈合金，俗称"丙尔金"），被告送货至原告在珠海的指定地点。被告称该产品是无害的，不属于危险化学品，并向原告提供了两份检验报告。但履行过程中，江门市公安局江海分局，以原告向被告采购的产品是有毒、危险品为由，前往原告工厂扣押了原告140瓶共计14公斤"丙尔金"。原告请求判令：1. 解除原、被告之间的采购合同；2. 被告向原告返还货款人民币2469933.33元及利息（按照中国人民银行同期贷款利率，自2013年3月28日起，计算至实际清偿之日止）；3. 被告承担原告为本案支出的律师费人民币125000元。

经查明，2013年4月15日、17日，江门市公安局江海分局在办理张翠冰等人涉嫌非法买卖、运输、储存危险物质罪案件中，以原告安费诺公司向被告恒生公司采购的产品是有毒、危险品为由，前往原告工厂扣押了140瓶共计14公斤"丙尔金"产品，并冻结了涉案货款人民币2469933.33元。原告向法院提起本案民事诉讼前，张翠冰等人涉嫌非法买卖、运输、储存危险物质罪案件已由广东省江门市公安局江海分局立案侦查，目前该刑事案件正在处理过程中。

【案件焦点】

民刑交叉的问题应如何处理。

【法院裁判要旨】

广东省珠海市金湾区人民法院经审理认为：本案原告提起的民事诉讼的法律事实与公安机关已经立案的法律事实是同一法律关系，本案标的物涉及刑事案件，涉案货物被公安机关扣押，涉案货款被公安机关冻结。《最高人民法院关于在审理经济纠纷案件中涉及经济犯罪嫌疑若干问题的规定》第十一条"人民法院作为经济纠纷受理的案件，经审理，认为不属于经济纠纷案件而有经济犯罪嫌疑的，应当裁定驳回起诉,将有关材料移送公安机关或者检察机关"的规定,应当驳回原告起诉。

珠海市金湾区人民法院依照《中华人民共和国民事诉讼法》第一百五十四条第一款第(三)项规定,作出如下裁定:

驳回原告安费诺公司的起诉。

安费诺公司提起上诉。广东省珠海市中级人民法院经审理认为:安费诺公司诉请解除与恒生公司之间的采购合同,并要求返还货款、支付利息,本案为买卖合同纠纷。由于张翠冰等人涉嫌非法买卖、运输、储存危险物质罪案件,本案涉案货物、货款被公安机关扣押及冻结,原审法院在诉讼中以案件的审理需以侦查结果为依据为由裁定中止诉讼,该做法并无不当。现有证据不能说明本案有经济犯罪嫌疑,因此,上诉人安费诺公司提起的本次诉讼,原审法院应予审理,上诉人的上诉请求成立,本院予以支持。原审裁定驳回起诉不当,本院予以纠正。依照《中华人民共和国民事诉讼法》第一百七十条第一款第(二)项、第一百七十一条,《最高人民法院关于适用〈中华人民共和国民事诉讼法〉的解释》第三百三十二条的规定,裁定如下:

一、撤销珠海市金湾区人民法院(2015)珠金法三民初字第120号民事裁定;

二、本案指令珠海市金湾区人民法院审理。

【法官后语】

本案处理重点主要在于在审判实践中如何处理刑民交叉的问题。在审理民刑交叉案件时,长期以来,存在着先刑后民的认知和做法。早在1985年8月19日,《最高人民法院、最高人民检察院、公安部关于及时查处在经济纠纷案件中发现的经济犯罪的通知》就对先刑后民原则有了比较粗略的规定。1987年3月11日,最高人民法院、最高人民检察院、公安部在《关于在审理经济纠纷案件中发现经济犯罪必须及时移送的通知》中,又对这一原则作了进一步规范。最高人民法院于1998年4月9日颁布的《关于在审理经济纠纷案件中涉及经济犯罪嫌疑若干问题的规定》(以下简称规定)中又确立了民、刑案件可以分别受理、审理的原则。但在长期形成的先刑后民的观点下,同时又鉴于慎用"驳回起诉"的要求,对涉刑事犯罪的民事案件,多不分情况以"中止审理"等待刑事案件的处理,形成长期未结案件，法官纠结于刑事案件的久拖不决，而没有厘清法律关系。如本案承办法官"中止"审理长达近二年，因清理长期未结案件的压力下才以驳回起诉而结案。其实所谓的"先刑后民"的观念是个伪命题，审判实践中往往主观上陷入先刑后民的误区，民事审判中动辄"中止"审理，无谓地等待刑事案件的处理结果，形成不必要的长期不能结的积案。具体分析如下：

第一种情形是不同的法律事实，在《规定》的第一条"同一公民、法人或其他经济组织因不同的法律事实，分别涉及经济纠纷和经济犯罪嫌疑的，经济纠纷案件和经济犯罪嫌疑案件应当分开审理"出现了"同一法律事实"的概念。如在审理有担保关系的民间借贷案件过程中，涉及非法犯罪的借贷关系应当移送按刑事程序办理，而担保未涉嫌犯罪的应当继续按民事案件审理。这里存在着非法集资和担保两个不同的法律事实，这种情形下不存在所谓"先刑后民"之争，刑、民各自进行。

第二种情形是不同的法律关系。《规定》第十条"人民法院在审理经济纠纷案件中，发现与本案有牵连，但与本案不是同一法律关系的经济犯罪嫌疑线索、材料，应将犯罪嫌疑线索、材料移送有关公安机关或检察机关查处，经济纠纷案件继续审理"中出现了"不同的法律关系"的概念。如在宾馆、商场、娱乐场所等公共场所发生的人身伤害案件，受害人对未尽到安全保障义务的公共场所的管理者提起的民事赔偿案件可以和伤害罪案件的刑事案件分开审理，各自进行。

第三种情形是同一法律关系。《规定》第十一条"人民法院作为经济纠纷受理的案件，经审理认为不属于经济纠纷而有经济犯罪嫌疑的，应当裁定驳回起诉，将有关材料移送公安机关或检察机关"体现了"同一法律关系"。如假冒熟人电话诈骗借款，一方面受害人已报诈骗案件公安机关已经立案，因犯罪嫌疑人还在逃，被害人就以不当得利提起民事诉讼。事实上本案只存在一个法律关系，要么是民商事法律关系，要么是刑事犯罪法律关系，只可取之一，不存在两者并行，也就不存在先刑后民之说了。定性为诈骗犯罪，就不存在不当得利的民事法律关系，被害人的损失通过在刑事判决的追缴返还给受害上而得到救济。不存在先刑后民。对受害人提起的不当得利之诉应当裁定驳回起诉。

本案案例也是属于这种情形。本案原告是以买卖合同的标的物涉嫌非法买卖、运输、储存危险物质，认为被告违约，以此诉求解除合同，返还货款。但民事案件受理后无法进行审理，因为涉案标的是否属危险物质，需待生效的刑事案件认定，在生效刑事案件确认前，被告是否构成违约，属于尚未确定状态，如果刑事案件处理结果认定不涉嫌非法买卖、运输、储存危险物质，那么被告也将不存在以此为由的民事诉讼。因此，对于未发生之事，尚不具有可诉性，法院不应受理，受理了应当裁定驳回起诉。否则根本无法解决当事人的问题，反而徒生积案。

通过上述情形分析，实际上民商事案件和刑事案件的情形、归责原则、责任构成要求等均不同。不同的法律事实当然亦系不同法律关系，所c第一、第二种情形应分别审理，同时进行，只有依据《中华人民共和国民事诉讼法》第一百五十条第一款第（五）项关于"本案必须以另一案的审理结果为依据，而另一案尚未审结"的规定情形下，才会出现有条件有限制的中止审理。第三种情形只存在一种法律关系，属民事的，按民事程序审理，属刑事案件的，对受害人损失的救济途径，根据《中华人民共和国刑法》第六十四条的规定，犯罪分子违法所得的一切财务，应当予以追缴或者责令退赔；对被害人的合法财产，应当及时返还……；或根据《中华人民共和国刑事诉讼法》中的规定，被害人由于被告人的犯罪行为而遭受物质损失的，在刑事诉讼过程中，有权提起附带民事诉讼；抑或民事关系确定后，另行提起民事诉讼。我们厘清思路后，不必陷入所谓的"先刑后民"的误读中，导致民事案件的"中止"的长期未结案件的形成。

编写人：广东省珠海市金湾区人民法院　陈德玉

三、买卖合同的效力

29

转让禁止转让标的合同效力如何认定

——马建设诉闫胜利买卖合同案

【案件基本信息】

1. 裁判书字号

福建省厦门市中级人民法院（2016）闽02民终1543号民事判决书

2. 案由：买卖合同纠纷

3. 当事人

原告：马建设

被告：闫胜利

【基本案情】

原告马建设、被告闫胜利均系案外人集源出租车公司司机。2015年7月20日被告向案外人集源出租车公司支付购车款70000元以取得预购车辆的承包经营权。之后，集源出租车公司购买闽DTH028号现代汽车一辆，所有权、经营权均登记于某某出租车公司名下。2015年9月7日集源出租车公司与被告闫胜利签订《出租车承包经营合同》一份，依约将闽DTH028牌号汽车的承包经营权转让于被告闫胜利，承包经营期限为五年自2015年9月7日起至2020年9月6日止，并约定被告承包的该车辆不得转包他人，否则，集源出租车公司有权解除合同并收回车辆及牌证。被告于2015年10月2日与原告签订《车辆转让合同》一份，合同约定，被告闫胜利（甲方）将拥有的集源出租车公司车牌号闽 DTH028 的一部车辆以 360000 元转让给原告（乙方）；原告先支付给被告 10000 元定金，原告负担车辆保险费、被告负责 9 月的规费，10 月 11 日上午原告将车辆收回，10 月之后的规费由原告负责；10 月 11 日上午原告将剩余款项一次性支付给被告，10 月 11 日上午之前车辆的违章由被告负责，10 月 11 日之后的违章由原告负责。合同签订当日，原告依约以现金方式向被告支付定金 10000 元。另查明，原、被告间《车辆转让合同》没有约定先后履行顺序，2015 年 10 月 26 日，原告以闽 DTH028 号车辆系集源出租车公司所有、被告对该诉争车辆无处分权、根本无法履行过户转让义务为由主张被告违约，要求适用定金罚则，双倍返还定金。

【案件焦点】

原、被告签订的《车辆转让合同》效力问题。

【法院裁判要旨】

福建省厦门市思明区人民法院经审理认为：据审理查明事实表明原告马建设与被告闫胜利均系集源出租车公司开出租轿车的司机，双方对诉争出租轿车的所有权系集源公司所有且被告闫胜利无权出卖诉争车辆应系明知。根据行业惯例，经原单位许可，原、被告间可以转让出租轿车的承包经营权，结合被告于 2015 年 7 月 20 日向案外人集源公司支付购买诉争出租轿车款 70000 元而取得该车的承包经营权的事实可以推定原、被告双方间套用《车辆转让合同》的意思表示系签订车辆经营权转包合同，故诉争《车辆转让合同》本质为车辆经营权转让合同，该合同系双方当事人真实意思表示，且内容合法、不违反法律的效力性规定，于双方当事人签订之时已成立并生效。根据集源出租车公司与被告闫胜利签订的《出租车承包经营合同》，被告闫胜利虽然不具有车辆转包权，但该约定并不影响本案诉争车辆经营权转包合同的效力，该经营权转包合同并不存在《中华人民共和国合同法》第五十二条规定的五种无效情形，该诉争合同系合法有效。被告闫胜利把于 2015 年 9 月 7 日方取得承包经营权的闽 DTH028 号车辆五年的承包经营期转让于原告马建设，原告马建设身为集源出租车公司的员工理应知道被告闫胜利不能转包诉争车辆之承包经营权，即使原告不知晓被告对该车不享有转包权，根据上述认定，诉争车辆经营权转包合同为有效，双方当事人应当根据合同约定履行自身所负担之义务，但因原、被告间签订的车辆转包合同未约定双方履行顺序，原告在自己未履行支付剩余承包款项、被告闫胜利在事实上并非已达客观履行不能之境况下，以被告不具备履行能力为由主张被告违约事实理由不充分，即被告未能提供充足的证据以证明被告存在违约的事实。在原告马建设亦未履行支付货款义务之情况下，本院对原告要求被告闫胜利返还双倍定金的诉讼请求不予支持。

【法官后语】

出租车行业因行驶环境复杂，承载的责任重，其承包经营权需要经过政府特许，地方政府出让出租车经营权不针对个人，只能由具有出租车经营权的出租车公司将出租车经营权让与或者租赁给个人。出租车经营权转让合同性质因其特殊性历来具有争议。

本案中原、被告双方名义上虽然签订的是《车辆转让合同》，但是根据合同中关于规费的分月缴纳问题，并且原告同样作为出租车公司员工理应知道出租车所有权系出租车公司所有，因此本案应当认定为《出租车经营权转包合同》。但是对双方签订的经营权转包合同效力问题，审理中有不同的意见。一种观点认为出租车营运权是一种国家资源，本身是不允许买卖的，原、被告双方私下签订的转让协议损害了国家利益及出租车公司的利益，应认定该转让协议无效。另一种观点认为属于效力待定合同。被告与出租车公司签订的合同约定出租车经营权未经公司同意禁止转让，被告对转包出租车经营权没有处分权，其与原告的转包合同需待出租车公司同意后才能生效。还有一种观点认为出租车经营权转包合同是双方真实意思表示，虽然合同标的经营权属于限制转让，但应当尊重当事人意思自治，肯定合同的效力。

笔者认为，原、被告之间的出租车经营权转包合同应当认定为有效。首先，根据合同的独立性和无因性，合同效力不因另一个合同而认定，只要是双方意思表示真实且不违反法律规定就应当认定有效。《中华人民共和国合同法》第五十二条明确规定合同无效的情形包含：（1）一方以欺诈、胁迫的手段订立合同，损害国家利益；（2）恶意串通、损害国家、集体或者第三人利益；（3）以合法形式掩盖非法目的；（4）损害社会公共利益；（5）违反法律、行政法规的强制性规定。本案中双方合同是为了有利于承包经营权的流通，并没有恶意串通损害国家、集团或是出租车公司的利益，不应认定合同无效。其次，诉争合同不属于效力待定合同，出租车公司拥有车辆及牌照的所有权和经营权，虽然出租车公司规定非其同意禁止转包,但是出租车司机通过与出租车公司的转让合同获得一定期限内的经营承包权,并非无权处分人,其有权在承包期限内进行转让,至于之后能否被出租车公司同意仅是能否履行的问题,而不是效力待追认问题。最后,从保护交易角度考虑,出租车经营权虽是一个具有限制性的行政许可制度,但是应当从增强市场活力的角度出发,尊重当事人意思自治,允许经营权的适当转让,认定合同有效有利于出租车市场的合理进出与良性发展,即使存在因出租车公司不同意而不能履行的可能,但是当事人还是可以通过违约请求权来维护自身的权利,不影响合同的效力。

本案以此出发肯定了原、被告双方签订的出租车经营权合同的效力,原告以被告无权具有经营权而认为合同目的无法实现主张退回定金的理由不予支持。

编写人:福建省厦门市思明区人民法院 陈远治 王红旗

30

工程项目部对外签订合同的效力认定

——无锡市锡山区东北塘镇顺通木业经营部诉南通四建集团有限公司买卖合同案

【案件基本信息】

1. 裁判书字号

江苏省无锡市中级人民法院(2016)苏02民终3541号民事判决书

2. 案由:买卖合同纠纷

3. 当事人

原告(被上诉人):无锡市锡山区东北塘镇顺通木业经营部(以下简称顺通经营部)

被告(上诉人):南通四建集团有限公司(以下简称四建公司)

【基本案情】

2013年3月25日,顺通经营部与四建公司无锡方泉苑五期工程项目部订立一份租赁合同、一份买卖合同。租赁合同主要内容为:"顺通经营部为四建公司在本市方泉苑五期建设工程项目提供钢管、扣件出租业务……"买卖合同主要内容为:"顺通经营部向四建公司在本市方泉苑五期建设工程项目销售松木、建筑模板……"上述二份合同,承租人、买受人均由合同经办人李强勇签名,并加盖了四建公司无锡方泉苑五期工程项目部印章,但在加盖印章时掩盖了印章第三行小字"对外承诺、借贷及签订经济合同一律无效"。合同订立后,顺通经营部按约向四建公司方泉苑五期工程项目提供了租赁物钢管、扣件,并供应了松木、建筑模板。在送货单、租用单上都载明收货单位(租用单位)为南通四建(方泉苑工地)。2015年5月6日,顺通经营部与李强勇对账确认:"顺通经营部与南通四建(方泉苑工地)双方对账,自2013年5月23日起至2015年5月6日止,双方发生业务往来总额2285469.57元,四建公司已经付款555124元,尚余货款1730345.57元。"

四建公司认为其与顺通经营部之间不存在买卖、租赁合同关系,与顺通经营部订立买卖合同、租赁合同的李强勇是四建公司无锡方泉苑五期工程项目部的劳务承包人,四建公司并未授权其对外订立民事合同,涉案合同加盖的印章与项目部真实的印章不完全一致,掩盖了最后一行"对外承诺、借贷及签订经济合同一律无效"小字,有伪造、变造嫌疑,合同对四建公司没有约束力,应由李强勇本人承担民事责任。

【案件焦点】

以工程项目部名义对外签订合同的效力应如何认定。

【法院裁判要旨】

江苏省无锡市北塘区人民法院经审理认为:工程项目部是建设单位为工程项目需要按行业惯例设立的内设机构,其从事的民事行为即代表公司的民事行为。本案所涉二份合同均加盖了项目部印章,且有合同经办人暨承包人李强勇签名(承包人以发包人名义从事民事活动,是承包合同的主要法律特征,无须发包人再另行授权),足以证明涉案合同主体是顺通经营部与四建公司。至于李强勇是否超越承包协议约定权利、印章是否被其变造,不影响合同效力,合同相对人顺通经营部在订立合同时,尽到审查责任即可(建设工地为四建公司,李强勇作为承包人暨合同经办人在合同上加盖了项目部印章,合同标的物交到该工地,可以认定尽到了审查责任)。如李强勇为了达到签约目的,超越承包协议约定权利,变造项目部印章与他人订立合同，造成四建公司利益损失，四建公司只能依内部合同关系追责，不能由本案合同善意相对人顺通经营部担责受损，但四建公司有证据证明顺通经营部与李强勇恶意串通情形除外。故四建公司否认其合同主体资格，不应承担民事责任的抗辩意见，不予采纳。

江苏省无锡市北塘区人民法院依照《中华人民共和国合同法》第一百零九条、第一百一十四条、第一百三十条、第一百五十九条、第一百六十一条，《最高人民法院关于审理买卖合同纠纷案件适用法律问题的解释》第二十四条之规定，作出如下判决：

南通四建集团有限公司于本判决生效之日起10日内支付无锡市锡山区东北塘镇顺通木业经营部价款1730345.57元。

四建公司对该判决不服，向江苏省无锡市中级人民法院提起上诉。江苏省无锡市中级人民法院经审理认为：根据双方提供的证据以及法院查明的事实，可以认定李强勇系代表四建公司与顺通经营部签订涉案合同，相应法律后果应由四建公司承担，顺通经营部在此过程中善意无过失。具体理由如下：首先，从双方提供的两份涉案合同来看，李强勇在合同尾部的签名到底是落在"乙方"还是"经办人"处存在争议，但合同首部明确约定需方、承租方（乙方）为"四建公司"，且2015年5月6日，李强勇又以四建公司名义与顺通经营部对账，上述一系列行为均表明李强勇从始至终均以四建公司名义对外签订和履行涉案合同，顺通经营部主张四建公司为合同相对人不存在过错。其次，从涉案合同上的项目部印章来说，一审审理中四建公司提供项目部印章原件比对后确认涉案合同加盖项目部印章时掩盖了印章第三行小字"对外承诺、借贷及签订经济合同一律无效"，系变造而成。但由于该印章由四建公司保管，在其无证据证明顺通经营部有机会接触该印章或者顺通经营部明知该印章存在变造的情况下，顺通经营部并不具有辨别印章变造的能力，不能据此推定顺通经营部对于印章变造存在疏于审查的过错。鉴于此，因涉案合同加盖了项目部印章，更加强了李强勇作为代理人的权利外观。最后，根据四建公司提供的承包协议书、建设工程施工内部承包合同，李强勇确需对外采购木材以及租赁钢管扣件等建筑设备，而根据送货单等单据以及对账单显示涉案货物和租赁物均已使用在四建公司所属施工工地。

江苏省无锡市中级人民法院依照《中华人民共和国民事诉讼法》第一百七十

条第一款第（一）项之规定，作出如下判决：

驳回上诉，维持原判。

【法官后语】

项目部是建筑施工企业法人为完成某一具体项目的施工而成立的一种管理部门，它随工程的接收而成立，随工程的完工而被解散或者撤销。因项目部具有专项性与临时性，其并不具有独立的民事法律行为能力，在没有明确授权的情况下，不能以自己的名义从事民事法律行为，否则即为无权代理或越权代理的行为。但作为当前建筑承包行业的惯设部门，为了维护正常的交易安全与秩序，在建筑施工企业法人授权不明的情况下，项目部对外签订合同的效力并非当然无效，根据《中华人民共和国合同法》第四十九条关于表见代理的规定，若合同相对人有理由相信项目部有代理权，那么其与项目部签订的合同即为有效，相应的法律后果由建筑施工企业法人承担。

关于项目部对外签订合同的行为是否构成表见代理该如何判定，根据《最高人民法院关于当前形势下审理民商事合同纠纷案件若干问题的指导意见》的规定，表见代理制度不仅要求代理人的无权代理行为在客观上形成具有代理权的表象，而且要求相对人在主观上善意且无过失地相信行为人有代理权。这些，均需要合同相对人进行举证证明，由法院根据主客观要素进行综合判断。具体到本案，涉案买卖合同与租赁合同均采用正规合同书的形式进行签订并均加盖了项目部公章，对合同相对人顺通经营部而言，已经形成项目部有权进行代理的客观表象。此外，涉案两合同标的物均为建筑行业常用的木材、钢管等材料，标的物的实际交付地亦在四建公司建筑工地，合同书上还有合同经办人暨承包人李强勇的签字，这些因素相互作用，主观上足以使合同相对人顺通经营部相信与其签订合同的正是四建公司，根据涉案两合同签订以及履行过程中的上述客观情况，法院认定顺通经营部已经尽到合理的注意义务与审查义务，项目部的行为构成表见代理。四建公司应当对其项目部的表见代理行为承担法律责任。需要注意的是，本案中，四建公司关于项目部印章系伪造这一辩解，首先，必须由其进行举证，否则法院当然不予采纳；其次，即便项目部印章确系伪造，也应依四建公司内部约定或管理制度进行追责，合同依然成立且有效，四建公司不能以此对抗合同善意相对人。

编写人：江苏省无锡市梁溪区人民法院　罗扬

31

网购《购物须知》中管辖条款的效力问题

——王海诉捷安特（昆山）有限公司网络购物合同管辖异议上诉案

【案件基本信息】

1. 裁判书字号

北京市第三中级人民法院（2016）京03民辖终1336号民事裁定书

2. 案由：网络购物合同管辖异议上诉纠纷

3. 当事人

原告（上诉人）：王海

被告（被上诉人）：捷安特（昆山）有限公司（以下简称捷安特公司）

【基本案情】

2014年9月18日，王海在捷安特官方旗舰店购买捷安特山地车4等3种商品。王海认为捷安特公司销售的商品页面存在价格欺诈及虚假宣传行为，严重侵犯消费者的知情权，故起诉至北京市朝阳区人民法院，请求判令捷安特公司三倍赔偿，并支付王海误工费、交通费、公证费等。

一审法院向捷安特公司送达起诉状后，捷安特公司在法定答辩期内向一审法院提出了管辖权异议，认为网购《购物须知》中已明确约定："如无法协商解决，则由卖家所在地法院管辖"，捷安特公司作为卖方其住所地位于江苏省昆山市，申请将案件移送至江苏省昆山市人民法院审理。

【案件焦点】

网购《购物须知》中"如无法协商解决，则由卖家所在地法院管辖"的协议管辖条款是否有效。

【法院裁判要旨】

北京市朝阳区人民法院经审理认为：王海选择网络购物，捷安特公司在其销售页面明确载明与产品有关的任何问题，若无法协商解决，则由卖家所在地法院管辖。该约定明确、具体，也不违反法律关于级别管辖和专属管辖的规定，应属合法有效。捷安特公司作为卖方其住所地位于江苏省昆山市，故本案应移送江苏省昆山市人民法院审理。据此，北京市朝阳区法院裁定：捷安特公司对本案管辖权异议成立，本案移送江苏省昆山市人民法院审理。

王海持原审意见提起上诉。北京市第三中级人民法院经审理查明：王海在捷安特公司官方旗舰店购物流程为：点击淘宝官网的网站——输入王海的账号和密码登录网站——点击商品，进入捷安特公司天猫商城的店铺，点击进入该商品的宣传页面，浏览该商品的信息——加入购物车——下单付款，完成交易。捷安特公司的代理人认可上述购物流程。关于本案所涉商品的配送。捷安特公司的代理人在法庭上陈述，自行车是一种特殊的商品，要去门店组装才能给消费者，所以消费者购买时要选择一个提车的门店。从王海购物订单信息看，王海选择的线下提货门店为：捷安特定福庄专卖店，地址为北京市朝阳区定福庄西街一号勘测设计研究院一层16号门面房。

根据上述查明的购物流程，二审法院认为，管辖协议条款必须经过双方当事人协商一致。即便是管辖协议格式条款，亦应在合同签订前由合同拟订方给予对方合理提示。本案所涉《购物须知》虽然植于购物网页中，但从实际购物流程看，查看《购物须知》并非交易相对方购物的必经程序，也就是说，交易相对方可以不用查看《购物须知》，亦可购物成功。因此，《购物须知》的管辖条款在整个购物流程中，未能体现"经过双方当事人协商"之特点，因此，本案所涉《购物须知》中的管辖条款对交易相对方应属无效。本案应当依照《中华人民共和国民事诉讼法》第二十三条，《最高人民法院关于适用〈中华人民共和国民事诉讼法〉的解释》第二十条的规定确定管辖法院。本案中，王海所诉之交易系买卖双方通过互联网买卖商品，买卖双方在本案王海所诉之4个订单中约定的线下提货门店地址均为"北京市朝阳区定福庄西街一号勘测设计研究院一层16号门面房"，该地址即为本案合同履行地。因本案的合同履行地位于北京市朝阳区，北京市朝阳区人民法院作为合同履行地人民法院依法对本案有管辖权。

综上，王海的上诉理由成立，其上诉请求应予支持。一审裁定认定事实和适用法律有误，应予纠正。依照《中华人民共和国民事诉讼法》第一百七十条第一款第（二）项、第一百七十一条、第一百七十五条之规定，裁定如下：

一、撤销北京市朝阳区人民法院（2015）朝民（商）初字第68300号管辖权异议民事裁定；

二、本案由北京市朝阳区人民法院处理。

【法官后语】

随着网络购物的日益普遍，因网络购物引发的纠纷亦日益增多。为此，最高人民法院2014年12月18日新修订的《关于适用〈中华人民共和国民事诉讼法〉的解释》（以下简称《民诉法解释》）第二十条专门对网络购物引发纠纷的管辖问题作出新的规定：以信息网络方式订立的买卖合同，通过信息网络交付标的的，以买受人住所地为合同履行地；通过其他方式交付标的的，收货地为合同履行地。合同对履行地有约定的，从其约定。

本案中，捷安特公司主张其在《购物须知》中对管辖有明确约定，但该约定因系格式条款，还应当符合《民诉法解释》第三十一条的规定，即经营者使用格式条款与消费者订立管辖协议，未采取合理方式提请消费者注意，消费者主张无效的，人民法院应予支持。

本案双方争议焦点在于：《购物须知》中的管辖约定虽然用红色字体醒目标识，是否意味着经营者已经向消费者尽到了合理的提示义务？

本案处理的重点在于：抛开协议订立的多种方式，从协议的最本质的特点即"经过双方当事人协商"出发，在进一步查明了王海网络购物详细流程的基础上，深入分析出从实际购物流程看，查看《购物须知》并非交易相对方购物的必经程序，也就是说，交易相对方可以不用查看《购物须知》，亦可购物成功。因此，本案所涉《购物须知》中的管辖条款未能体现"经过双方当事人协商"之特点，亦不能反映出经营者已经向消费者尽到合理的提示义务。

跳出"山界"外，去追本溯源，从购物流程中去分析《购物须知》中的管辖条款是否具备协议的本质特点，然后作出准确的判断，让双方当事人心服口服。

编写人：北京市第三中级人民法院　陈学芹

32

买受人与分包人签订的包工包料包结算合同的效力是否及于出卖人

——北京京申申泰科技发展有限公司诉深圳海外装饰工程有限公司买卖合同案

【案件基本信息】

1. 裁判书字号

北京市朝阳区人民法院（2016）京0105民初15444号民事判决书

2. 案由：买卖合同纠纷

3. 当事人

原告：北京京申申泰科技发展有限公司（以下简称京申申泰公司）

被告：深圳海外装饰工程有限公司（以下简称海外装饰公司）

【基本案情】

2014年6月30日，卖方京申申泰公司与买方海外装饰公司签订《采购合同》，约定：供货数量为玻化石粘合剂160吨、增强剂36桶，系买方根据业主方提供的工程施工图纸等有关资料暂估的货物数量；货物规格型号为玻化石粘合剂DL-330、增强剂DL-530；货物价格为固定单价，为玻化石粘合剂1200元/吨，增强剂800元/桶；依据货物暂估数量，暂估总价为220800元，结算货款总额以买方最终实际用货总数乘以单价计算；货款支付时间为2014年11月30日前，买方向卖方结算50000元货款，于2014年12月30日前结清之前所供货款，2015年货款须于2015年12月30日前全部结清；对本合同条款的任何变更、修改或增减，必须经过双方协商同意并签署补充协议，补充协议作为本合同的组成部分与本合同具有同等法律效力。《采购合同》买方落款处加盖有海外装饰公司项目部章，李艳飞在买方委托代理人处签字。

2015年4月20日，工程承包人海外装饰公司与劳务分包人李新红签订《西楼劳务分包合同》，约定：工程名称西楼精装修，作业内容包工、包料、包小型机具设备，合同价款为固定总价4320000元。

2015年6月8日，京申申泰公司与海外装饰公司签订《补充协议》，约定：就双方于2014年6月30日签订的《采购合同》增加收货人吴金喜，其余条款仍执行《采购合同》。《补充协议》买方落款处加盖有海外装饰公司项目部章，李新红在买方委托代理人处签字。

京申申泰公司提交有《对账单》，载明：京申申泰公司自2015年6月10日至2015年9月17日供货明细为玻化石粘合剂，型号DL-330，共99.48吨，单价1200元/吨，计119376元；增强剂250公斤，单价16元/公斤，计4000元，合计123376元。2016年1月10日，李新红在《对账单》上签字确认，并手书注明"只认量"。

2016年2月6日，甲方海外装饰公司与乙方李新红装饰施工队签订《结算协议》，约定：根据双方2015年5月签订的《西楼劳务分包合同》，乙方施工已经完成并通过验收，结算总价款5123200元。后附《委托协议书》载明：李新红委托海外装饰公司双井项目部对部分材料商及带班费进行付款，其中包括收款方京申申泰公司瓷砖黏贴剂（材料），委托付款金额60000元；关于工程涉及李新红的所有款项，海外装饰公司双井项目部付款完成；至此后出现任何问题与海外装饰公司双井项目部没有任何关系，将由李新红全部承担。

诉讼中，海外装饰公司表示：认可《补充协议》上加盖的项目部章真实性，但现场管理不到位，盖章无须审批手续，不排除存在他人自行加盖项目章的情况。海外装饰公司对《补充协议》《对账单》不知情，也没有授权李新红在上述材料上签字。依据海外装饰公司与李新红签订的《西楼劳务分包合同》约定，应由李新红承包西楼装饰装修，所有货款结算也由李新红负责。京申申泰公司诉请中货款针对西楼，应找李新红索要。且京申申泰公司诉请主张的货款金额有误，依据李新红委托海外装饰公司代为支付款项的《委托协议书》，欠付京申申泰公司的货款金额应为60000元。

【案件焦点】

海外装饰公司与李新红之间有关协议约定的效力是否及于京申申泰公司；李新红的签约行为及之后的履行行为是否对海外装饰公司发生效力。

【法院裁判要旨】

北京市朝阳区人民法院经审理认为：诉争货物价款应由海外装饰公司支付。其一，海外装饰公司作为依法成立的独立市场经济主体，应具有严格的公章管理制度，其以单位公章管理松散为由进行的抗辩不足以对抗海外装饰公司项目部章的对外公示效力。其二，依据我国合同法的规定，行为人没有代理权、超越代理权或者代理权终止后以被代理人名义订立合同，相对人有理由相信行为人有代理权的，该代理行为有效。李新红持有海外装饰公司项目部章，以海外装饰公司项目部负责人名义与京申申泰公司签订《补充协议》，京申申泰公司有理由相信李新红有代理权，该代理签约的行为及之后的履行行为均对海外装饰公司发生效力。其三，《采购合同》预估供货总量系海外装饰公司依据业主方提供的工程施工图纸等材料计算得出，虽然货款应以实际供货量结算，但海外装饰公司作为专门承接各类装饰装修工程施工的企业，在签订《采购合同》时应对货物实际需求量有较为合理、专业的评估，且《采购合同》货款支付时间横跨 2014 年及 2015 年，结合海外装饰公司关于东、西楼工程施工工期分别集中于 2014 年及 2015 年、西楼层高高于东楼的陈述，法院认为，京申申泰公司所述《采购合同》系针对工程东、西两栋楼的意见更具有合理性，并确认京申申泰公司与海外装饰公司就工程东、西楼所供货物存在买卖合同关系。其四，依据合同相对性原则，海外装饰公司与李新红签订的《西楼劳务分包合同》《结算协议》系该两者的内部约定，不能对抗非合同相对方京申申泰公司，现亦无证据证明京申申泰公司对此知情，故海外装饰公司关于诉争货物价款应由李新红支付的答辩意见，于法无据，本院不予采信。

北京市朝阳区人民法院依照《中华人民共和国合同法》第四十九条、第六十条、第一百一十四条、第一百五十九条、第一百六十一条之规定，判决如下：

被告深圳海外装饰工程有限公司于判决生效后十日内支付原告北京京申申泰科技发展有限公司货款十二万三千三百七十六元及违约金（以十二万三千三百七十六元为基数，自二〇一六年一月一日起至实际支付之日止，按照中国人民银行同期贷款基准利率标准计算）。

【法官后语】

本案主要涉及两个法律问题：一是合同相对性原则的法律适用问题，二是表见代理的司法认定问题。

关于合同相对性，在大陆法系中亦被称为债的相对性。由于债本质上是当事人之间一方请求他方为一定行为或不为一定行为的法律关系，所以债权不能像物权那样具有排他性，而只能对特定人产生效力。同理，依法成立的合同对于缔约当事人具有相当于法律的效力，即只有合同当事人才享有合同的权利，承担合同的义务。本案中，并无证据证明京申申泰公司知悉海外装饰公司与李新红签订的《西楼劳务分包合同》《结算协议》等协议内容，故该两者的内部约定不能对抗非合同相对方京申申泰公司。

关于表见代理，《中华人民共和国合同法》第四十九条规定的表见代理制度作为无权代理的例外，旨在保护善意相对人的信赖利益和市场的交易安全。但无论是法律还是司法解释，都未明确规定表见代理的构成要件。表见代理的构成只提到"相对人有理由相信行为人有代理权"，司法实践中究竟什么情形才可视为"有理由相信"？一般而言，表见代理的构成要件主要包括三方面：（一）代理人进行民事活动时对外所宣示的权利形态和事实可以使相对人产生合理信赖。（二）相对人的信赖应是善意且无过失的，即在代理关系中，相对人尽到注意义务仍不能发现代理人没有代理权。（三）被代理人应具有可归责性。

在司法认定中，应当结合合同缔结与履行过程中的各种因素综合判断，如以谁的名义签字、是否盖有相关印章及印章真伪、是否参与合同履行等各种因素，从而作出综合分析判断。结合本案，退一步讲，即使海外装饰公司并未授权李新红签订《补充协议》《对账单》，但李新红持有海外装饰公司项目部章，以海外装饰公司项目部负责人名义与京申申泰公司签订《补充协议》，京申申泰公司有理由相信李新红有代理权，该代理签约的行为及之后的履行行为均对海外装饰公司发生效力。

编写人：北京市朝阳区人民法院　温晓汾

33

战略合作协议在买卖合同中效力的认定及溯及力

——绿城电子商务有限公司诉深圳市中航装饰设计工程
有限公司、台州银行股份有限公司买卖合同案

【案件基本信息】

1. 裁判书字号

浙江省台州市中级人民法院（2016）浙10民终2039号民事判决书

2. 案由：买卖合同纠纷

3. 当事人

原告（上诉人）：绿城电子商务有限公司（以下简称绿城公司）

被告（被上诉人）：深圳市中航装饰设计工程有限公司（以下简称中航公司）、台州银行股份有限公司（以下简称台州银行）

【基本案情】

2013年8月，原告与被告台州银行签订一份长期战略合作协议。原告承诺全国同期最低工程价的品类，若被告台州银行取得该品类有效报价（与原告报价同期，即三个月内）低于原告提供的产品报价（恶性竞争、公益或形象工程等厂家非常规供货情形除外），被告台州银行提供有力的书面证据后：一、若具体合同货款已结清，原告负责赔偿被告台州银行差价损失。二、若具体合同货款未结清，产品按低价结算。本协议为合作框架协议，合作中具体事宜需在正式合同中进一步予以明确。本协议与正式合同构成不可分割的整体，作为原告与被告台州银行合作的法律文件。原告与被告台州银行在附件中明确项目基本信息为台州银行中央商务区大楼（装修）工程。该协议有效期自2013年8月1日起至2014年7月3日止。2013年10月16日，双方签订战略合作协议补充约定：在战略合作协议确定的品类基础上，被告台州银行增加中央商务区大楼装修项目所需的洁具、龙头、墙地砖、石材品类

产品，指定被告为唯一采购渠道。若被告台州银行未能完全履行战略合作协议所约定的义务，原告有权拒绝报价，为保证集中采购优势，双方签订本协议即视为被告台州银行向原告采购产品已通过原告向生产厂家报备，被告台州银行不得就相同产品向生产厂家或其他途径以任何方式备案。

2014年4月，被告中航公司作为甲方、原告绿城公司作为乙方、被告台州银行作为丙方签订台州银行中央商务区大楼内装饰项目石材销售合同一份。该合同对大理石产品总价款、产品材料品种名称、单价、运费、货物验收、违约责任等相关条款均进行了约定。后双方因货款问题产生纠纷，诉至法院。

【案件焦点】

绿城公司在战略合作协议中的允诺能否对抗双方今后签订的买卖合同，是否具有溯及力。

【法院裁判要旨】

浙江省台州市椒江区人民法院经审理认为：本案中两被告抗辩原告违反了原告与被告台州银行战略合作协议的约定，供应货物价格并非战略合作协议约定的全国最低工程价。本院认为，本案所涉石材销售系原告与被告台州银行签订的战略合作补充协议明确的合作范围，即被告台州银行所在的中央商务区大楼装修项目所需的石材品类产品。被告中航公司作为被告台州银行工程项目的施工单位以买受人的身份与原告签订正式合同，被告台州银行也按照战略合作协议约定作为石材销售合同材料款保证方加入石材销售合同，故原告与被告台州银行战略合作协议对原告与两被告签订的石材销售合同具有约束力，原告应按照战略合作协议约定在本案石材销售中给予被告中航公司、台州银行在同期同类产品同等交易条件下全国最低工程价。被告台州银行认为涉案石材销售合同约定的价格并非全国最低工程价而申请司法鉴定，本院依法委托台州安信工程咨询有限公司进行司法鉴定，并作出鉴定结论，按战略合作协议文义理解，全国最低工程价应不高于一般市场价格。但涉案石材销售合同约定的价格明显高于鉴定的石材市场价格，原告并未按照战略合作协议约定履行义务。现根据鉴定结论所作出的石材市场价格进行结算，被告中航公司已支付足额价款，完成了本案货款支付义务，两被告并不存在违约情形。

综上，判决如下：驳回原告绿城公司的诉讼请求。

一审宣判后绿城公司不服，提出上诉。

二审查明的事实与一审一致。

台州市中级人民法院经审理认为：上诉人认为被上诉人中航公司并非《战略合作协议》的合同主体，"全国同期最低工程价"的约定不适用于被上诉人中航公司，本院认为，虽然被上诉人中航公司系石材销售合同的购货方，被上诉人台州银行系合同货款的保证人，但从战略合作协议、战略合作协议补充协议可知，上诉人知晓涉案石材的实际买受人为被上诉人台州银行，被上诉人中航公司仅代理台州银行进行收货、付款等具体事宜，且上诉人与俩被上诉人石材销售合同系上诉人与被上诉人台州银行签订的战略合作框架下的具体合同，战略合作框架中的条款对该销售合同具有约束力，故一审法院认定上诉人应按照战略合作协议的约定给予二被上诉人同期同类产品同等交易下全国最低工程价亦得当，本院予以维持。

最终，二审法院判决：

驳回上诉，维持原判。

【法官后语】

《中华人民共和国合同法》第十四条明确规定"要约内容应当具体确定"，否则要约无效。依要约和承诺过程缔结的合同自然应符合内容的确定性要求。然而，战略合作协议在订立时，当事人并未就所有的交易细节达成协议，往往缺乏《中华人民共和国合同法》第十二条规定的标的、数量、价款、违约责任等合同成立的必备要素，协议内容并不具体或确定。有学者因此认为战略合作协议并非成立的合同，不具有约束力。笔者认为，只要签订程序和内容符合法律规定，战略合作协议就是完全有约束力的合同，无论其是以合作意向书、预约合同还是其他形式表现出来，均应得到法律的保护。

本案买卖合同虽约定合同具体价款，但经鉴定评估该价格明显高于市场价格，该约定与战略合作协议的约定相冲突，双方当事人对此作出了不同的理解。当合同条款文义不明确或双方存在分歧时，法官不仅要立足条款本义，还要结合案件的其他情况进行综合分析。双方订立战略合作协议目的系双方为建立长久的战略合作关系，且在建立战略合作关系期间，买受人需要履行一定的合同义务，出卖人作为唯一市场供应商，在买受人履行合同义务的前提下，出卖人允诺给予买受人市场最低价格。但出卖人不能以此利用买受人对市场行情、市场信息缺乏的劣势而未给予市场最低价格,且买受人也已丧失与其他出卖人订约机会前提下未按承诺出售商品有违合同意思自治的精神。在此条件下,因出卖人未给予市场最低价格而予以驳回出卖人的诉讼请求。

编写人:浙江省台州市椒江区人民法院　金翔

34

买卖合同双方约定的"不含税"条款是否有效

——长沙市展源金属材料贸易有限公司诉黔东南州兴源建筑工程有限责任公司买卖合同案

【案件基本信息】

1. 裁判书字号

湖南省长沙市中级人民法院(2016)湘01民终7322号民事判决书

2. 案由:买卖合同纠纷

3. 当事人

原告(被上诉人):长沙市展源金属材料贸易有限公司(以下简称展源公司)

被告(上诉人):黔东南州兴源建筑工程有限责任公司(以下简称兴源公司)

【基本案情】

2012年3月20日,展源公司(供方)与兴源公司(需方)签订一份《钢材供需合同》,约定展源公司向兴源公司承建的贵州省雷山县第四中学建设项目供应钢材。合同第7条第1款约定:"按发货当日'我的钢铁网'贵州省市场螺纹钢、线材(高线)价格计算,另外垫资等情况每吨加价338元,如某个规格无网价,则按水钢价为准,此价格为不含税价,不含装卸、运输等费用。"合同另约定了其他内容。此后,展源公司依约向兴源公司供应了钢材,兴源公司欠付了部分货款未支付。展源公司诉至法院,请求判令解除双方合同,兴源公司支付欠付货款及违约金。法院经审理后，认定展源公司共计向兴源公司供应了价值为3554565元的钢材，兴源公司欠付了1554564元货款。因兴源公司未履行该生效判决，展源公司向法院申请强制执行，2013年12月2日，该案已经执行完毕。此后，兴源公司向展源公司索要增值税普通发票，展源公司遂先后向兴源公司开具了共计36张税价金额合计为4042423.76元的增值税普通发票，其中货款金额为3455063.09元，税金为587360.67元，并通过邮政特快专递的方式向兴源公司邮寄了该36张发票。展源公司认为，展源公司在依法向税务部门缴纳其相应的税款之后，按双方签订的《钢材供需合同》第7条第1款的约定，相应的税款应由兴源公司承担。兴源公司则认为自己不是增值税纳税人主体。《钢材购销合同》第7条的约定违反了《中华人民共和国税收征收管理法》《中华人民共和国增值税暂行条例》《中华人民共和国发票管理办法》关于纳税人主体的相关规定，同时违反了《中华人民共和国税收征收管理法实施细则》第三条规定的"任何部门、单位和个人作出的与税收法律、行政法规相抵触的决定一律无效，税务机关不得执行，并应当向上级税务机关报告。纳税人应当依照税收法律、行政法规的规定履行纳税义务；其签订的合同、协议等与税收法律、行政法规相抵触的，一律无效"的规定，属于无效条款。

【案件焦点】

本案双方当事人签订的《钢材供需合同》第7条约定钢材单价为"不含税价"，该条款是否有效？

【法院裁判要旨】

湖南省长沙市雨花区人民法院经审理认为：展源公司与兴源公司签订的《钢材供需合同》第7条中约定钢材单价为"不含税价"。此种"不含税价"意在销售方不开具增值税发票给购货方，或购货方不要求销售方开具增值税发票。该约定违反了《中华人民共和国增值税暂行条例》第一条和《中华人民共和国税收征收管理法实施细则》第三条的规定，属于无效条例。在双方未就增值税承担做出明确约定的情况下，增值税应由法定纳税主体承担，即由销售公司——展源公司承担，如果买受人向出售人索要相应的增值税发票，则应向出售方支付相应的税款。兴源公司事后向展源公司索要相应的增值税发票，应按照法律相关规定计算的增值税额，向展源公司支付相应的税款。

长沙市雨花区人民法院依照《中华人民共和国合同法》第五条、第六条、第五十二条第（五）项、第五十八条，参照《中华人民共和国税收征收管理法实施细则》第三条以及《中华人民共和国增值税暂行条例》第二条、第五条之规定，作出如下判决：

兴源公司于判决生效之日起7日内支付展源公司税金587360.67元，并按中国人民银行公布的同期贷款基准利率支付自二零一四年九月八日起至实际付清之日止的利息损失。

一审判决后兴源公司持原审起诉意见提起上诉。长沙市中级人民法院经审理认为：本案的争议焦点是增值税应由谁承担。根据展源公司与兴源公司签订的《钢材供需合同》第7条中的约定，双方合同约定的钢材单价为"不含税价"。此种"不含税价"意在销售方不开具增值税发票给购货方，或购货方不要求销售方开具增值税发票。即上述价格并未约定增值税的承担主体，根据《中华人民共和国增值税暂行条例》第一条"在中华人民共和国境内销售货物或者提供加工、修理修配劳务以及进口货物的单位和个人，为增值税的纳税人，应当依照本条例缴纳增值税"之规定，在双方未就增值税承担做出明确约定的情况下，增值税应由法定纳税主体承担，即由销售公司——展源公司承担，如果买受人向出售人索要相应的增值税发票，则应向出售方支付相应的税款，但该种逃避纳税义务的条款，违反了行政法规的强制性规定，应为无效条款。本案中，兴源公司事后向展源公司索要相应的增值税发票，原审判决根据双方约定的不含税价的合同价款，并按照法律相关规定计算增值税额，判决由兴源公司向展源公司支付相应的税款，符合法律相关规定及双方当事人的约定，并无不当。

综上所述，原审判决认定事实清楚，适用法律正确。据此，依照《中华人民共和国民事诉讼法》第一百七十条第一款第（一）项之规定，判决：

驳回上诉，维持原判。

【法官后语】

本案中的争议焦点为买卖双方约定的"不含税"条款是否有效，"不含税"的买卖合同履行完毕后，买方索要增值税发票而产生的税款应由何方负担。笔者认为，双方合同中关于"不含税"的约定意在"逃税"，该约定违反相关法律的规定且损害国家税收利益，为无效条款，展源公司作为纳税人应依法开具增值税发票；根据增值税的可转嫁性，增值税款应由兴源公司负担，且符合一般的交易惯例，并利于维护交易公平。具体分析如下：

1. 买卖双方约定的"不含税"条款为无效条款

展源公司与兴源公司签订的《钢材供需合同》中约定钢材单价为"不含税价"。此种"不含税价"意在销售方不开具增值税发票给购货方，或购货方不要求销售方开具增值税发票，即达到"逃税"的目的。据《中华人民共和国税收征收管理法实施细则》第三条第二款规定："纳税人应当依照税收法律、行政法规的规定履行纳税义务；其签订的合同、协议等与税收法律、行政法规相抵触的，一律无效。"此外，双方此种约定也损害了国家征收税款的利益。因此，双方合同中的上述条款违反了行政法规的强制性规定，应为无效条款。因此，展源公司应依法开具相应增值税发票。

2. 增值税在法律属性上具有可转嫁性

《中华人民共和国增值税暂行条例》第一条规定："在中华人民共和国境内销售货物或者提供加工、修理修配劳务以及进口货物的单位和个人，为增值税的纳税人，应当依照本条例缴纳增值税。"该条例第五条的规定，纳税人销售货物或者应税劳务，按照销售额和该条例第二条规定的税率计算并向购买方收取的增值税额，为销项税额。展源公司在实际销售的履行过程中未转嫁税款系基于双方无效的"不含税"约定，并不能据此认定展源公司放弃了其应兴源公司要求开具增值税发票后依法享有的转嫁税款的权利。因此，在兴源公司事后索要增值税发票的情况下，展源公司主张兴源公司负担相应税款，其实质为行使转嫁税款的权利，于法有据。

3. 购方负担增值税符合交易惯例，有利于维护交易公平

根据一般的交易惯例，购方为增值税款的实际负担方。一方面，双方合同约定的货物价格未包含税款，兴源公司事后向展源公司索要发票，展源公司在此情况下向兴源公司开具了增值税发票，向税务机关缴纳了税费，实际上增加了展源公司的销售成本。另一方面，兴源公司取得展源公司开具的增值税发票后，可据该增值税发票在其缴纳增值税的过程中将相应税款作为进项税额从销项税额中抵扣，以减少其应纳税额，即兴源公司取得展源公司开具的增值税发票后可获取相应的税收利

益。可见，基于该两方面的客观事实和法律后果，如继续以原合同约定的价格作为双方结算价格，即税款由展源公司负担，则在展源公司销售成本增加，交易利益明显受损的同时，兴源公司却获取了不当利益，显然有违交易公平。因此，只有由兴源公司负担税款，买卖双方的交易利益才能得到衡平，从而促成交易公平。

编写人：湖南省长沙市雨花区人民法院　欧阳毅

35

借名买车情形下机动车所有权的认定

——贾平安诉邱国建买卖合同案

【案件基本信息】

1. 裁判书字号

北京市第二中级人民法院（2015）二中民（商）终字第08914号民事裁定书

2. 案由：买卖合同纠纷

3. 当事人

原告（上诉人）：贾平安

被告（被上诉人）：邱国建

【基本案情】

2007年，贾平安将其名下京G7××××松花江牌小型普通客车卖给邱国建，邱国建支付购车款16000元，双方未签订书面合同。车辆交付后，车辆未办理过户登记手续。

2011年年底，贾平安向邱国建购买京G7××××松花江牌小型普通客车，并将松花江牌小型普通客车登记到他人名下。贾平安支付购车款600元，国家补贴5000元。

2012年2月，邱国建以贾平安的名义从他人处购买了宝来牌小型轿车一辆，并将车辆登记在贾平安名下，车牌号为京G7××××，邱国建支付购车款100300元。贾平安协助邱国建办理了车辆登记手续。

现京 G7××××宝来牌小轿车及车辆行驶证、购车发票、机动车登记证书、购置税凭证由邱国建占有使用。

贾平安认为因 2011 年北京市出台小客车调控管理制度,非京籍人员不能在北京办理过户手续,原买卖合同无法履行,故诉至法院。

【案件焦点】

1. 原、被告于 2007 年达成的口头买卖协议是否有效;2. 借名买车情形下机动车所有权及附属证照的归属。

【法院裁判要旨】

北京市大兴区人民法院经审理认为:2007 年,贾平安将其名下车辆京 G7××××的松花江牌小型普通客车卖给邱国建,双方形成事实上的买卖合同关系,应为合法有效,贾平安应当协助邱国建办理过户登记手续。2010 年 12 月 23 日,《北京市小客车数量调控暂行规定》颁布并实施。根据该规定,小客车配置指标以摇号的方式无偿分配;指标的有效期为 6 个月,不得转让。因此,原、被告的车辆过户登记手续事实上已经履行不能。2011 年年底,原、被告在明知车牌号已经无法过户至邱国建名下的情况下,贾平安又向邱国建将京 G7××××松花江牌小型普通客车购回,并将邱国建购买的宝来牌小型轿车登记在贾平安名下,上述行为属于原、被告就涉案车辆成立新的合同关系,故原、被告 2007 年的口头购车合同约定的权利义务实际已经终止,贾平安不再负有将京 G7××××松花江牌小型普通客车过户登记至邱国建名下的义务。贾平安要求解除 2007 年达成的口头买卖协议,本院不予支持。

2012 年邱国建以贾平安名义购买宝来牌小轿车并将车辆登记在贾平安名下,本质上属于"借名买车",违反了《北京市小客车数量调控暂行规定》的规定,亦扰乱了国家对于居民身份证和北京市对于小客车配置指标调控管理的公共秩序,还违反了《中华人民共和国合同法》第七条的规定,属违法行为。根据《中华人民共和国道路交通安全法实施条例》第一百零三条的规定,上述行为应当由相关行政部门依照法律法规予以处理。

关于京 G7××××宝来牌小轿车的所有权归属,据《中华人民共和国物权法》第二十三条的规定:"动产物权的设立和转让,自交付时发生效力,但法律另有规定的除外。"第二十四条规定:"船舶、航空器和机动车等物权的设立、变更、转让和消灭,未经登记,不得对抗善意第三人。"可见,机动车登记并非设权登记,机动车的登记所有人并非一定是机动车的实际所有人。机动车作为特殊动产,所有权的设立和转移,自交付时发生法律效力。京 G7××××车牌号登记项下的宝来牌小轿车由邱国建出资购买并实际占有使用,故车辆的所有权仍归邱国建所有,贾平安无权主张车辆及相关证照的返还。

北京市大兴区人民法院依照《中华人民共和国合同法》第五十二条,《中华人民共和国物权法》第二十三条、第二十四条之规定,作出如下判决:

驳回贾平安的全部诉讼请求。

贾平安持原审起诉意见提起上诉。在审理该案过程中,贾平安向法院申请撤回上诉。北京市第二中级人民法院依照《中华人民共和国民事诉讼法》第一百七十三条之规定,裁定如下:

准许贾平安撤回上诉。

【法官后语】

近年来,小客车的"车户分离"现象引发了大量疑难诉讼,如何判断在借名买车的情况下,机动车及附属证照所有权的归属,是实践中的难题。

1. 机动车所有权的设立和转移,自交付时发生法律效力

有人认为法院应尊重登记的公示、公信效力,号牌必须与车辆相统一,车辆占有人不能由于出资而当然取得车辆所有权,车辆及车牌号应归还登记所有权人。也有人认为登记车主并不一定是车辆所有权人,机动车的所有权依交付而设立、转移,车辆及附属证照应当归车辆的实际所有权人。

根据《中华人民共和国物权法》第二十三条规定:"动产物权的设立和转让,自交付时发生效力,但法律另有规定的除外。"第二十四条规定:"船舶、航空器和机动车等物权的设立、变更、转让和消灭,未经登记,不得对抗善意第三人。"我国对机动车的物权取得方式采取交付生效、登记对抗主义的原则。机动车作为特殊动产,其所有权的设立和转移,自交付时发生法律效力。机动车登记也不是设权登记,机动车所有权转移的一般规则与机动车登记制度的特点必然会在特定的情形下产生"车户分离"的现象。本案宝来牌小轿车由邱国建出资购买并实际占有使用,

车辆的所有权仍应归邱国建所有，车辆证照属于车辆的附属证件，所有权同样应归邱国建所有，因此，贾平安无权主张车辆及相关证照的返还。

2. 主张返还车牌号，不属于法院受理范围

本案，我们还可以进一步思考，贾平安还能否要回自己的车牌号？我们认为，由于车牌号并不是物权法意义上的物，它无形，也无法用价值衡量，而车辆登记属于一种行政许可，购车指标资源的分配和管理属于行政机关的行政管理范畴，如果贾平安起诉要求返还车牌号，法院应当以不属于法院受理范围为由，裁定驳回起诉。

虽然对借名买车的违法行为，法院无法通过判决直接予以规制，但是法院的判决具有公示、公信的效力，法院可以在判决中说明其查实的违法行为，并对该行为予以相关法律评价。实际上，本案判决对这个问题也间接做出了回应。判决明确表示借名买车违反了《北京市小客车数量调控暂行规定》《中华人民共和国合同法》的规定。根据《中华人民共和国道路交通安全法实施条例》第一百零三条规定："以欺骗、贿赂等不正当手段取得机动车登记或者驾驶许可的，收缴机动车登记证书、号牌、行驶证或者机动车驾驶证，撤销机动车登记或者机动车驾驶许可；申请人在3年内不得申请机动车登记或者机动车驾驶许可。"贾平安、邱国建通过不正当的手段取得机动车登记，行政机关应当对其违法行为予以惩处，撤销其机动车登记或驾驶许可，收缴车牌号。因此，判决建议行政机关对借名买车的行为进行相应处理。

编写人：北京市大兴区人民法院 蒋怡琴

36

夫妻一方处置共有房产是否有效

——罗克清诉邹淑珍、赖君燊房屋买卖合同案

【基本案情】

1. 裁判书字号

广东省梅州市中级人民法院（2016）粤14民终104号民事判决书

2. 案由：房屋买卖合同纠纷

3. 当事人

原告（被上诉人）：罗克清

被告（上诉人）：邹淑珍

被告：赖君舜

【基本案情】

赖君舜、邹淑珍系夫妻关系。2004年2月9日，罗克清与赖君舜签订《店面转让合同书》，约定由赖君舜将位于梅县华侨城赖屋一间店面转让给罗克清，面积约50平方米，转让价格为人民币56000元，包房产证转让费用，第一期付人民币40000元，第二期在一个月内付人民币10000元，余款6000元在赖君舜办好房产转让手续（房地产权证）时付清，从2004年3月1日至2004年12月31日止赖君舜每月付店租人民币250元给罗克清。罗克清与赖君舜在合同书中签名后，赖海秀作为中介方在合同书中签名确认。合同签订后，罗克清依约交付了房款50000元，赖君舜亦将店面交付罗克清使用。罗克清接受店铺后，以出租人身份将店铺出租他人收取租金至今，其间，罗克清一直要求赖君舜办理产权转移登记手续未果。2015年8月3日，罗克清向一审法院起诉，请求判令：确认双方签订的《店面转让合同书》有效；赖君舜、邹淑珍将位于梅州市梅县区新城办程江村第三组福珍楼4号店铺过户给罗克清。

坐落于梅州市梅县区新城办程江村第三组福珍楼601、602房及1、2、3、4号店铺于2002年11月5日办理房地产权证（证号：粤房地证字第C1133104号），权属人为邹淑珍，土地性质为国有，土地来源为出让，涉案房产系该房地产权证上的第3号店铺。

2010年12月23日，赖君舜、邹淑珍将粤房地证字第C1133104号房产抵押于中国工商银行股份有限公司梅州赤岌支行，他项权证号为粤房地他项权证梅县字第2220103267号。中国工商银行股份有限公司梅州赤岌支行表示由于邹淑珍无信用卡消费需求，根据客户申请，其已调低邹淑珍信用卡透支额度并将房产证及他项权证归还该客户。

证人赖海秀出庭签订保证书后述称，原告系其的妹夫，被告赖君舜是其堂兄弟，当时被告称有困难，需要出售店铺，其就介绍原告去购买，签合同时其在场，其曾问过被告赖君粦是否要邹淑珍签名，赖君粦表示不需要，签合同时邹淑珍在场。合同签订后，其并没有收取中介费。

【案件焦点】

未经共有人同意的房屋买卖合同是否有效。

【法院裁判要旨】

广东省梅州市梅江区人民法院经审理认为：赖君粦、邹淑珍系在2002年9月10日办理结婚登记手续，赖君粦签订《店面转让合同书》系在夫妻关系存续期间，对于涉案房产属于夫妻共同财产，赖君粦、邹淑珍对此并无异议。罗克清在购买房产时有理由相信出卖房产经得邹淑珍同意，为夫妻双方共同意思表示，且房产交付至今已十多年，邹淑珍讲不知情，对此完全不过问不采取法律手段收回，是讲不通的。罗克清购买房产行为完全符合善意取得要件。根据《最高人民法院关于适用〈中华人民共和国婚姻法〉若干问题的解释（一）》第十七条第（二）项规定："夫或妻非因日常生活需要对夫妻共同财产做重要决定，夫妻双方应当平等协商，取得一致意见。他人有理由相信其为夫妻双方共同意思表示的，另一方不得以不同意或不知道为由对抗善意第三人。"因此，《店面转让合同书》应为有效，赖君粦、邹淑珍的合同无效抗辩不予采纳。

广东省梅州市梅江区人民法院依照《中华人民共和国合同法》第四十四条、第六十条，《最高人民法院关于适用〈中华人民共和国婚姻法〉若干问题的解释（一）》第十七条，《中华人民共和国民事诉讼法》第六十四条之规定，作出如下判决：

一、确认罗克清与赖君粦、邹淑珍签订的《店面转让合同书》有效；

二、赖君粦、邹淑珍应在判决生效之日起三十日内，办理粤房地证字第C1133104号房产的抵押涂销手续，并将梅州市梅县区新城办程江村第三组福珍楼4号店铺产权办理转移登记至罗克清名下（办证费用按合同约定由赖君粦、邹淑珍负担）。案件受理费5800元，减半收取2900元，由赖君粦、邹淑珍负担。

邹淑珍持原审意见提起上诉称：该店面属邹淑珍与赖君粦的夫妻共同财产。根据《中华人民共和国物权法》第九十七条的规定，处分共有不动产应经全体共有人同意，本案合同签订时，邹淑珍并没有在合同中签名，对转让事宜更不知情，根本不可能同意将店面转让给罗克清，因此该份合同是无效的。梅州市中级人民法院经审理认为：本案诉争的房屋所有权人为邹淑珍，争议房屋的房产证是在赖君燊与邹淑珍婚后办理，应该认定为赖君燊与邹淑珍的夫妻共同财产。合同上虽然未有邹淑珍签名，但合同中注明的中介方在一审时出庭作证邹淑珍在签订合同时在场并知情，赖君燊也认可仅剩下合同中约定的应该在办好房产证后交付的余款6000元未付清，且赖君燊与罗克清2004年签订合同后，该房产至今一直由罗克清管理和收取租金。邹淑珍作为涉案店面的共有人，其长期居住在涉案店面楼上，在长达12年之久的时间里却一直都未对罗克清管理和出租涉案店面提出任何异议，据此，可以认定邹淑珍对涉案店面买卖事实是知情并认可的。虽然本案争议的房产一直未办理过户手续，但并不影响合同的效力。综上，原审判决认定事实清楚，处理正确，依法予以维持。依照《中华人民共和国民事诉讼法》第一百七十条第一款第（一）项之规定，判决：

驳回上诉，维持原判。

【法官后语】

夫妻共同财产，是指受我国《婚姻法》调整的在夫妻关系存续期间夫妻所共同拥有的财产。所谓夫妻关系存续期间，是指夫妻结婚后到一方死亡或者离婚之前这段时间，这期间夫妻所得的财产，除约定的外，均属于夫妻共同财产。夫妻对共同所有的财产，有平等的处理权。夫妻一方对夫妻存续期间的财产的处分，需征得配偶的同意。

夫妻一方非因日常生活需要处分夫妻共同财产，第三人主观上是善意的，该处分行为有效。《最高人民法院关于适用〈中华人民共和国婚姻法〉若干问题的解释（一）》第十七条第（二）项对"平等的处理权"作出进一步解释："夫或妻非因日常生活需要对夫妻共同财产做重要处理决定，夫妻双方应当平等协商，取得一致意见。他人有理由相信其为夫妻双方共同意思表示的，另一方不得以不同意或不知道为由对抗善意第三人。"该条规定明确了夫妻对外处理非日常生活需要的表见代理制度。夫妻一方已明确表示征得另一方同意将夫妻共同财产出卖给第三人，若客观事实足以使第三人有理由相信其为夫妻共同意思表示的，且第三人主观上是善意的，夫妻一方不得以不知道或者不同意处分夫妻共同财产为由，对抗善意第三人。

本案诉争的房屋所有权人为邹淑珍，争议房屋的房产证是在赖君燊与邹淑珍婚后办理，应该认定为赖君燊与邹淑珍的夫妻共同财产。合同上虽然未有邹淑珍签名，但合同中注明的中介方在一审时出庭作证邹淑珍在签订合同时在场并知情，赖君燊也认可仅剩下合同中约定的应该在办好房产证后交付的余款6000元未付清，且赖君燊与罗克清2004年签订合同后，该房产至今一直由罗克清管理和收取租金。根据《最高人民法院关于贯彻执行〈中华人民共和国民法通则〉若干问题的意见（修改版）》第九十五条"共同共有人对共有财产享有共同的权利，承担共同的义务。在共同共有关系存续期间，部分共有人擅自处分共有财产的，一般认定无效。其他共有人明知而未提出异议的，可以认定有效"的规定，另根据《中华人民共和国合同法》第五十一条规定："无处分权的人处分他人财产，经权利人追认或者无处分权的人订立合同后取得处分权的，该合同有效。"邹淑珍作为涉案店面的共有人，其长期居住在涉案店面楼上，在长达12年之久的时间里却一直都未对罗克清管理和出租涉案店面提出任何异议，据此，可以认定邹淑珍对涉案店面买卖事实是知情并认可的。本案的合同是签订合同双方的真实意思表示，并未违反法律、法规的强制性规定，应当认定为合法有效。虽然本案争议的房产一直未办理过户手续，但并不影响合同的效力。

编写人：广东省梅州市中级人民法院　王辉

37

签订合同过程中有权代理、无权代理和表见代理的区别

——广西攀峰化工有限公司诉广西忻城县
宏图锰业有限责任公司买卖合同案

【案件基本信息】

1. 裁判书字号

广西壮族自治区来宾市中级人民法院（2016）桂13民终540号民事判决书

2. 案由：买卖合同纠纷

3. 当事人

被告（被上诉人）：广西攀峰化工有限公司（以下简称攀峰公司）

原告（上诉人）：广西忻城县宏图锰业有限责任公司（以下简称宏图公司）

【基本案情】

2014年4月18日，原告攀峰公司作为卖方，被告宏图公司作为买方，双方签订了一份《工矿产品买卖合同》。该合同对买卖硫酸的产品名称、规格、数量、单价、交货时间、交货地点、运费、付款、结算方式及期限、违约责任等进行了约定。该合同对于运费约定由卖方负担。原、被告双方在合同上分别盖上本单位的合同专用章。合同签订后，原告攀峰公司向被告宏图公司交付了货物即硫酸。另原告已开具增值税发票并送达被告。2014年6月和12月，经原告攀峰公司与被告宏图公司进行核对结算，并出具"对账单"。对账单的主要内容为：截止2014年5月31日，宏图公司尚欠攀峰公司硫酸款274592元。出具"对账单"后，经催款未果，原告提起诉讼。

【案件焦点】

赖厚财与原告签订的《工矿产品买卖合同》是否有效；效力为何。

【法院裁判要旨】

广西壮族自治区来宾市忻城县人民法院经审理认为：原、被告间建立了买卖合同关系。被告宏图公司向原告攀峰公司购买硫酸，经结算后共计尚欠原告硫酸款274592元是事实，有原告提供的宏图锰业过磅单、广西增值税专用发票、快递单、对账单等证据可以证实，本院予以确认。被告应当诚实守信，及时履行给付货款的义务。关于原告要求被告支付从2014年6月1日起至生效判决确定的时间止的利息问题，本院认为，原告向被告主张利息，应属于主张赔偿逾期付款损失。《最高人民法院关于审理买卖合同纠纷案件适用法律问题的解释》第二十四条第四款规定，买卖合同没有约定逾期付款违约金或者该违约金的计算方法，出卖人以买受人违约为由主张赔偿逾期付款损失的，人民法院可以中国人民银行同期同类人民币贷款基准利率为基础，参照逾期罚息利率标准计算。本案中，原、被告双方在《工矿产品买卖合同》中，没有约定违约金的计算方法，且结算对账后没有约定给付货款时间。根据上述规定，原告向被告主张利息有法律依据，但不能从2014年6月1日起计算，只能从原告起诉之日（即2015年1月20日）起计算。另外，原告主张按同期银行贷款利率计付利息，没有超过《最高人民法院关于审理买卖合同纠纷案件适用法律问题的解释》第二十四条第四款的规定，本院予以尊重和准许。

关于被告提出其与原告之间没有事实的买卖关系，其没有收到原告的货物的抗辩，本院认为，原告攀峰公司提供的工矿产品买卖合同、第二、第三类易制毒化学品购买备案证明、出库货物磅码单、宏图锰业过磅单、广西增值税专用发票、对账单等证据，已经形成了完整的证据链，足以证明原、被告之间存在买卖合同关系及被告收到原告的货物，故被告宏图公司的抗辩理由不成立，本院不予采信。

关于被告提出原告所提供货物的运费应由原告自负的问题，本院认为，从原告提供的"对账单"证据看，被告尚欠原告的是硫酸款274592元，原告也仅请求被告支付硫酸款，并未向被告请求运费，因此，被告的这一抗辩意见，本院不予采纳。

关于被告提出对账函与其无关，其不承担支付货款的责任的问题，本院认为，2014年4月至5月，原告与被告之间存在事实上的买卖关系，且对账单上有被告单位的传真号码，被告的经办人陆琦芳签字确认，因此，被告的这一抗辩意见，本院不予采纳。

关于被告提出赖厚财与原告签订《工矿产品买卖合同》等，其不知情，其也未委托赖厚财代为签订此合同，不排除赖厚财与原告存在恶意串通，损害被告利益进行虚假诉讼的抗辩，本院认为，被告公司在《工矿产品买卖合同》上盖有公司的合同专用章，因此，该合同依法成立，故被告的这一抗辩意见本院不予采纳。来宾市忻城县人民法院依照《中华人民共和国合同法》第六十条第一款、第一百零七条、第一百零九条、第一百五十九条之规定，作出如下判决：

被告广西忻城县宏图锰业有限责任公司支付给原告货款274592元及利息（利息以被告尚欠原告货款本金274592元为基数，从2015年1月20日起至本院生效判决确定被告还款之日止，按中国人民银行同期贷款利率计付）。

广西忻城县宏图锰业有限责任公司持原审起诉意见提起上诉。来宾市中级人民法院经审理认为：关于《对账函》是否能够作为确认双方货款的依据的问题，双方签订的《工矿产品买卖合同》系双方当事人的真实意思表示，没有违反法律法规，系合法有效的合同，双方应当按合同的约定履行各自的义务。被上诉人已按合同约定向上诉人供应硫酸产品，总价款为274592元；2014年5月13日，被上诉人向上诉人出具《对账函》，确认截止2014年4月30日，上诉人欠被上诉人硫酸款197436.8元，上诉人的员工赖厚财于2014年5月16日亦在《对账函》签字确认，并加盖上诉人公章；2014年6月10日，被上诉人向上诉人出具《对账函》，确认截止2014年5月31日，上诉人欠被上诉人硫酸款274592元，上诉人的员工陆琦芳于2014年12月21日亦在《对账函》签字确认，并加盖上诉人公章；因此，《对账函》系经双方签字确认，真实有效，可以作为双方结算货款的依据。

关于被上诉人请求上诉人支付货款274592元是否包含有运费，上诉人应当支付的货款是多少的问题。双方签订的《工矿产品买卖合同》明确约定了货物硫酸的单价为320元/吨，并且《对账函》中确认的数额也是单价为320元/吨，因此，双方约定的货物单价为320元/吨，而上诉人确认收到的货物总量有858.1吨，因此，被上诉人请求的货款274592元，与所供硫酸的总数量乘以单价得出的总价款相符，因此，此款项应全部系货款，没有包含运费，上诉人应按合同约定向被上诉人支付以上货款274592元。为此，上诉人主张以上款项中有111553元的费用属于运费，应按照合同的约定由被上诉人承担的理由，与事实不符，本院不予支持。

综上，上诉人的上诉理由不成立，本院不予支持。一审判决程序合法，适用法律正确，判决正确，应予维持。依据《中华人民共和国民事诉讼法》第一百七十条第一款第（一）项的规定，判决如下：

驳回上诉，维持原判。

【法官后语】

本案的主要争论焦点是赖厚财与原告签订的《工矿产品买卖合同》是否有效？效力为何？解决问题的关键是在签订合同过程中如何区分是有权代理、无权代理还是表见代理。

有权代理是代理人享有代理权而进行的代理，是指代理人在授权的范围内以被代理人的名义行使代理权，其行为由被代理人承担。有权代理必须具备下列要件：代理人有代理权；代理人须作出或者接受法律行为上的意思表示；代理人为代理行为须以被代理人的名义；代理人应当遵守法律规定的或当事人约定的代理义务；代理应当在法律规定的范围内适用。

无权代理是指在没有代理权的情况下以他人名义实施的民事行为，无权代理与有权代理的区别就是欠缺代理权。从无权代理的含义来看，它有以下几个特征：第一，无权代理在为无权代理行为时是以"被代理人"的名义进行的。无权代理尽管是没有代理权的行为，但它仍然是以他人的名义进行的行为，如果行为人没有以他人的名义，而是以自己的名义进行民事活动，其行为结果只能由自己承担，与代理毫无关系。第二，无权代理人没有代理权。这是无权代理最重要的特征。第三，根据法律规定，无权代理不是当然无效的行为，而是效力未定的行为。当被代理人事后追认，可以使无权代理转化为有权代理，被代理人因此承担相应的法律后果。

《中华人民共和国民法通则》第六十六条还规定："……本人知道他人以本人名义实施民事行为而不作否认表示的，视为同意。"据此，笔者认为无权代理行为"只有经过被代理人的追认，被代理人才承担民事责任。未经追认的行为，由行为人承担民事责任"。但是，"本人知道他人以自己的名义实施民生行为而不作否认表示的，视为同意"。由此可见，无权代理的效力分为无权代理的生效和无权代理的无效两种情况。

无权代理的生效是指通过被代理人的追认，可使无权代理行为中欠缺的代理权得以补足，转化为有权代理，发生法律效力。这就是我们通常所说的在无权代理中被代理人享有的追认权。被代理人所享有的追认权的性质属于形成权，即只需被代理人依自己的意志作出单方的意思表示，便可使原法律关系发生变化，从而引起某种民事权利义务的产生、变更或者消灭。追认的行为是单方法律行为，追认的表示具有溯及力，通过追认权的行使，无权代理行为自始有效。

无权代理的无效是指被代理人对无权代理行为不作追认，从而使无权代理行为不产生法律效力，无权代理行为自始无效。与被代理人享有追认权相对应的是善意第三人享有撤回权，即第三人通过行使撤回权来确定无权代理行为无效。第三人行使撤销权的意思表示应当在被代理人作出追认的意思表示之前作出，经撤销的无权代理行为不得再作追认。

表见代理属于无权代理的一种，是指行为人没有代理权，但交易相对人有理由相信行为人有代理权而与其实施法律行为，法律行为的效果直接由被代理人承担。

构成表见代理除了需要具备代理的一般要件外,还需具备特别要件:一是,须行为人不具有代理权。成立表见代理的第一要件是行为人无代理权。如果行为人有代理权,则属于有权代理,不发生表见代理的问题。二是,须有使相对人相信行为人具有代理权的事实和理由,这是成立表见代理的客观要件。这一要件是以行为人与被代理人之间存在某种事实上的或法律上的联系为基础的。被代理人与代理人之间在客观上有某种较为紧密的联系,因客观情由掩盖了无权代理人无权代理的实质,给他人以假象,致使善意第三人确信无权代理人具有代理权。三是,第三人善意且无过失,这是表见代理成立的主观要件,即第三人不知道行为人所为的行为系无权代理行为。如果第三人主观上有恶意,即明知行为人没有代理权仍与之实施民事行为,这种情况就失去了法律保护的必要,故表见代理不能成立。四是,须行为人与相对人之间的民事行为具备民事法律行为成立的有效要件。表见代理发生有权代理的法律效力,因此,表见代理应具备民事法律行为成立的有效要件,即不得违反法律或者社会公共利益等。如果不具备民事法律行为的有效要件,也不能成立表见代理。

表见代理尽管属于广义的无权代理,但是,表见代理成立后,即在第三人与被代理人之间产生法律关系。被代理人受到无权代理人与第三人之间实施的民事法律行为的约束,承担由此产生的权利义务,不得以无权代理人的行为属于无权代理或者以本人无过失为由,对抗善意第三人。

表见代理虽然发生法律行为的效果直接归属于被代理人的效力,但表见代理与有权代理有着根本的不同。二者的根本区别在于:有权代理是代理人在代理权限内以被代理人名义进行民事法律行为,而表见代理本质上属于无权代理,代理人或者自始没有代理权,或者超越代理权,或者代理权已经终止,仅仅因无权代理人与被代理人之间存在某种密切关系,从客观上给善意第三人造成错觉,使第三人相信他有代理权而与之进行民事行为,从而法律上规定表见代理产生与有权代理相类似的法律后果。另外,被代理人承担表见代理的民事责任后,如给被代理人造成损失的,可以向表见代理人追偿,而有权代理中被代理人承担了代理行为的法律后果后,即使给被代理人造成损失的,也不能向代理人追偿。当然,如果代理人滥用代理权或者代理人没有尽到应尽的职责,特别是故意行为造成的被代理人的损失的,被代理人当然可以要求代理人承担相应的民事责任。

从本案实际情况来看,原告攀峰公司提供的证据有《工矿产品买卖合同》,第

二、第三类易制毒化学品购买备案证明，出库货物磅码单，广西忻城县宏图锰业有限责任公司的过磅单，广西增值税专用发票，对账单等证据，且原、被告双方在《工矿产品买卖合同》上分别盖有各自公司的合同专用章，同时对账单上有被告单位的传真号码，被告的经办人陆琦芳签字确认，该行为是有权代理，是代理人在授权的范围内以被代理人的名义行使代理权，《工矿产品买卖合同》有效，原、被告之间存在买卖合同关系，其行为由被代理人承担。

编写人：广西壮族自治区来宾市忻城县人民法院　劳莉雅

38

代理人以被代理人名义从事的活动所产生的法律后果由被代理人承担

——北京鑫方盛五金交电有限公司诉北京金运通商贸有限公司、余本金买卖合同案

【案件基本信息】

1. 裁判书字号

北京市第二中级人民法院（2016）京02民终3459号民事判决书

2. 案由：买卖合同纠纷

3. 当事人

原告（被上诉人）：北京鑫方盛五金交电有限公司（以下简称鑫方盛公司）

被告（上诉人）：北京金运通商贸有限公司（以下简称金运通公司）

被告：余本金

【基本案情】

2013年5月20日，鑫方盛公司（供方）与金运通公司（需方）签订了《商品购销合同》，合同后附有授权委托书、余发智的身份证复印件、藕成龙的身份证复

印件，其中授权委托书的内容为："兹授权余发智为我公司经济合同或协议的授权签约人，其所签署一切合同或协议文本我公司均予以认可并按照约定执行。同时授权余发智、藕成龙为我公司天津玉石投资有限公司项目的现场收货签字人，现场签售的送货票据或销售单将作为货款结算的依据。在授权单位处加盖了金运通公司的合同专用章。庭审中，鑫方盛公司称其已履行了供货义务，2013年11月29日，鑫方盛公司向金运通公司发送了企业对账函载明截止到2013年11月29日，金运通公司欠鑫方盛公司货款314282.98元。2013年12月3日，余发智在对账函的"信息证明无误"一栏的经办人处签名，但并未加盖金运通公司的印章。鑫方盛公司称在双方对账之后，其将相应的销售票据都给了金运通公司，现依据企业对账函来向金运通公司主张尚欠的货款。

【案件焦点】

代理人以被代理人名义进行的活动产生的法律后果是否由被代理人承担；法定代表人以个人名义出具的欠条，能否视为职务行为。

【法院裁判要旨】

北京市大兴区人民法院经审理认为：本案争议焦点为：

一、余发智能否代表金运通公司在企业对账函上签字确认。本院认为，余发智在企业对账函上签字，能够代表金运通公司。理由是：余发智是在取得金运通公司书面授权的前提下代表金运通公司与鑫方盛公司签订了《商品购销合同》，根据《商品购销合同》中关于"金运通公司变更经办人员时，应将变更人后的人员提前三天书面通知鑫方盛公司，否则，因此造成的损失由金运通公司承担赔偿责任"的约定，如金运通公司要变更经办人员，应在约定的时间内书面通知鑫方盛公司，现金运通公司并无证据证明其已变更了经办人员，而余发智作为经金运通公司书面授权的人，从签订涉案合同直至最后的对账，均是余发智代表金运通公司经手负责，鑫方盛公司有理由相信余发智在企业对账函上签字的行为代表了金运通公司。虽企业对账函的底端备注了请贵单位复核并加盖财务章或公章，但该企业对账函是鑫方盛公司作出后向金运通公司发送，金运通公司收到对账函后，其授权代表余发智签字后又将企业对账函返回到鑫方盛公司处，这个对账过程虽未经金运通公司盖章确认，但因金运通公司未对其员工亦是涉案合同经手人员的余发智的签字提出过异议，视为金运通公司认可余发智签字对账的行为，现金运通公司抗辩余发智无权对账，无充分证据和理由，本院不予采信。

二、企业对账函中确定的314282.98元是否包含了（2015）大民（商）初字第415号案件判定的230102.90元。就本案，金运通公司辩称实际发生的货款总额为195430.37元，皖江建筑公司作为实际用料单位已向鑫方盛公司支付了111250.29元，现金运通公司还欠鑫方盛公司货款84180.08元。本院认为，本案从合同签订到后期对账，均未提及与（2015）大民（商）初字第415号案件中涉及的工业品买卖合同是同一事实，亦未注明企业对账函中的货款数额包含了（2015）大民（商）初字第415号案件中判定的款项，根据金运通公司提交的（2015）大民（商）初字第415号案件的民事起诉状、授权委托书、建筑材料结算书、担保协议、工业品买卖合同、民事判决书等证据，亦没有体现与本案存在关联，金运通公司虽称皖江建筑公司已向鑫方盛公司支付了111250.29元货款，但该笔款项支付的时间发生在对账之前，而且金运通公司亦不能证明此笔货款与本案有关，因此，本院对其该项抗辩意见不予采信。本院认定企业对账函中确认的货款314282.98元只是本案货款，与其他案件无关。综上，金运通公司在对账后应当及时付款，故对鑫方盛公司要求金运通公司给付货款314282.98元的诉讼请求，于法有据，本院予以支持。关于违约金，在鑫方盛公司和金运通公司签订的《商品购销合同》中有关于"除本合同另有明确约定外，鑫方盛公司与金运通公司双方任何一方未能按照本合同明确约定的日期或期限履行义务，应当每日按照应当支付而未支付，应当交付而未交付款项或者货物价值的千分之三承担延迟履行的违约责任"的约定，现金运通公司在双方对账后仍未及时付款，已构成违约，应当支付鑫方盛公司逾期付款违约金，但双方约定的违约金计算标准明显超出了法律规定的上限，金运通公司也提出了违约金过高的抗辩，本院调整为按照中国人民银行同期贷款基准利率的4倍计算违约金，鑫方盛公司超出该范围的违约金主张，本院不予支持。

三、余本金是否应当对金运通公司所负的债务承担共同偿还责任。本院认为，余本金虽作为金运通公司的法定代表人，但根据其向鑫方盛公司出具的欠条的内容，余本金并无履行职务行为的意思表示，而是表达了其本人自愿加入金运通公司对鑫方盛公司所负的债务中，愿意偿还金运通公司对鑫方盛公司所欠的货款，因此，对鑫方盛公司要求余本金承担付款责任的诉讼请求，本院予以支持。对于违约金，余本金并未在欠条中承诺支付，故对鑫方盛公司要求余本金支付违约金的诉讼请求，本院不予支持。

《中华人民共和国合同法》第一百零七条、第一百零九条、第一百一十四条，《最高人民法院关于适用〈中华人民共和国合同法〉若干问题的解释（二）》第二十九条，《中华人民共和国民事诉讼法》第一百四十四条之规定，缺席判决如下：

一、被告北京金运通商贸有限公司、被告余本金于本判决生效后十日内给付原告北京鑫方盛五金交电有限公司货款三十一万四千二百八十二元九角八分；

二、被告北京金运通商贸有限公司于本判决生效后十日内给付原告北京鑫方盛五金交电有限公司违约金（以三十一万四千二百八十二元九角八分为基数，自二零一四年一月一日起至实际给付之日止，按中国人民银行同期贷款基准利率的四倍计算）；

三、驳回原告北京鑫方盛五金交电有限公司的其他诉讼请求。

金运通公司持原审抗辩意见提起上诉。北京市第二中级人民法院经审理认为：《最高人民法院关于适用〈中华人民共和国民事诉讼法〉的解释》第三百二十三条第一款规定："第二审人民法院应当围绕当事人的上诉请求进行审理。"本案中，余本金作为原审被告并未提起上诉，且经本院传票传唤，余本金无正当理由拒不到庭，视为其放弃自己的诉讼权利，故本院根据金运通公司与鑫方盛公司的诉辩意见，结合在案证据，依据相关法律规定，对金运通公司与鑫方盛公司争议的焦点问题分析认定如下：

一、关于415号判决认定的金运通公司应向鑫方盛公司给付货款金额是否包含在对账函载明的所欠货款314282.98元之中的问题。本院认为，415号判决认定金运通公司向鑫方盛公司承担的责任为保证责任。在保证合同法律关系中，金运通公司作为保证人，是否必然、唯一地向债权人鑫方盛公司承担履行债务的责任具有不确定性。根据415号判决查明的事实，债务人皖江项目部直至2014年5月22日才向债权人鑫方盛公司出具建筑材料结算书确认截止2014年4月20日共欠鑫方盛公司水、电等材料款总额为230102.9元，并承诺2014年5月底前结清，且415号判决于2015年6月29日作出。而本案中，对账函载明对账截止时间为2013年11月29日，余发智签字时间为2013年12月3日，余本金出具欠条时间为2013年12月16日，均早于皖江项目部向鑫方盛公司确认欠款的时间以及415号判决作出的时间，故金运通公司关于415号判决认定的金运通公司应向鑫方盛公司给付货款金额包含在对账函载明的所欠货款 314282.98 元之中的上诉主张，与事实不符，本院不予支持。

二、关于余发智是否有权代表金运通公司在对账函中签字的问题。本院认为，虽然金运通公司主张余发智没有权利代表金运通公司在对账函中签字，但对账函中载明的货款金额与金运通公司法定代表人余本金出具的欠条所载金额一致，且金运通公司在二审庭审中陈述称天津玉石庄项目尚未结清的货款金额为对账函中载明的 314282.98 元扣除 415 号判决认定的 230102.9 元，故本案认定天津玉石庄项目中金运通公司尚未向鑫方盛公司结清的货款金额，关键在于认定对账函中载明的所欠货款金额 314282.98 元是否包含 415 号判决认定的金运通公司应向鑫方盛公司给付的货款，而余发智是否有权代表金运通公司在对账函中签字与本案处理结果并无直接关联，本院不再予以认定。

北京市第二中级人民法院依照《中华人民共和国民事诉讼法》第一百七十条第一款第（一）项之规定，判决如下：

驳回上诉，维持原判。

【法官后语】

公司是一种企业组织形式，是依照法律规定，由股东出资设立的以营利为目的的社团法人，公司形态完全脱离个人色彩，股东的个人生存安危不会直接影响公司的正常运营。但公司与公司之间法律关系的建立，是由各自公司的法定代表人或者经手人协商一致后订立合同，亦是个人代表公司来具体履行合同。只要具有相应代理权，个人即可以被代理人的名义订立合同、履行合同，产生的法律后果应当由被代理人承担。就本案，余发智作为经被告金运通公司书面授权的人，从签订涉案合同直至最后对账，均是余发智代表金运通公司经手负责，即使在合同履行过程中余发智存在超越代理权或者代理权终止的情形，但金运通公司对此情况并未告知原告，那么原告有理由相信余发智有代理权，进而有理由相信余发智在企业对账函上签字的行为代表了金运通公司，在金运通公司未举证证明其对余发智的签字提出过异议的情况下，视为其认可余发智的签字对账行为，那么余发智的代理行为有效，被代理人金运通公司应当对此承担责任。

依法成立的公司，均会依法或者依据公司章程设有唯一的法定代表人，法定代表人系代表公司行使职权的负责人,如法定代表人对外以公司名义进行民事活动,则其与公司之间并非代理关系,而是代表关系,而且其职权系来自法律的明确授权,无须公司另行出具授权委托书,故法定代表人对外的职务行为即为公司行为,其后果应由公司承担。就本案而言,余本金系金运通公司的法定代表人,其对金运通的债务出具欠条,一般情况下,应当视为履行职务行为,但本案不同的是,根据欠条的内容,余本金并无履行职务行为的意思表示,而是表达了其本人自愿加入金运通公司对原告所负的债务中,即其个人愿意偿还金运通公司所欠的货款,这应视为债务加入,即原债务人并未脱离原债务关系,而第三人又加入原存的债务关系中,与债务人共同承担责任。在余本金未出庭抗辩且未提交证据的情况下,笔者认为根据欠条的内容,再结合其他证据,能够认定余本金出具欠条的行为并非履行其法定代表人的职务行为。

编写人:北京市大兴区人民法院　陈珊珊

39

行为人冒用单位名义签订合同构成合同诈骗罪时单位的责任承担

——陈海波诉上海益典船舶销售有限公司买卖合同案

【案件基本信息】

1. 裁判书字号

上海市第二中级人民法院(2015)沪二中民一(民)终字第2714号民事判决书

2. 案由:买卖合同纠纷

3. 当事人

原告(上诉人):陈海波

被告(被上诉人):上海益典船舶销售有限公司(以下简称益典船舶公司)

三、买卖合同的效力 | 145

【基本案情】

案外人沈某原为被告益典船舶公司的员工。案外人沈某称被告益典船舶公司委托其办理出售车辆的相关事宜,其持有加盖被告公章、财务专用章、被告银行账户、法定代表人个人印章的《授权委托书》,该份《授权委托书》上载明的收款账户为沈某个人账户。2012年7月13日,原告与沈某签订《购车协议》一份,约定被告将其名下牌号沪K8××××的车辆以93万元的价格转让给原告,原告支付定金88万元。同日,沈某出具收条一张,确认收到定金88万元。该张收条上盖有被告的公章。2012年7月24日,原告与沈某又签订《购车协议》一份,约定被告将其名下牌号为沪KB××××的车辆以35万的价格转让给原告,原告支付定金32万元。同日,沈某出具收条一张,确认收到定金32万元。该张收条上盖有被告的公章。自2012年7月24日至2012年9月13日,原告分六笔向沈某的银行账户转账共计65万元。2012年7月18日,原告从其名下的中国农业银行账户中取款51万元。原告曾于2013年2月4日向法院起诉被告,因公安机关已经对沈某涉嫌诈骗犯罪立案侦查,故法院裁定将该案移送公安机关处理。后检察机关指控沈某犯合同诈骗罪,于2014年2月17日提起公诉。在该起刑事案件的庭审过程中,被告人沈某称其共收到被害人陈海波的钱款65万元左右,涉及的车款被害人是通过银行转账交付。被害人陈海波要求办理车辆过户时,其告知陈海波其没有权利办理过户手续。法院于2014年2月24日判决沈某犯合同诈骗罪,判处有期徒刑六年,责令退赔违法所得发还被害人。因沈某正在服刑,其本人没有可供执行的财产。法院于2015年2月5日裁定关于退赔违法所得发还被害人的事项,在本次执行程序中终结执行。

【案件焦点】

1. 原告陈海波的实际损失数额是多少;2. 被告益典船舶公司是否需要对原告陈海波的损失承担赔偿责任。

【法院裁判要旨】

上海市闸北区人民法院经审理认为:本案中,被告的员工沈某伪造《授权委托书》,并擅自偷盖被告印章,虚构被告出售两辆轿车的事实,与原告签订《购车协议》,骗取原告钱款。被告的公章系由专人保管,由于被告对公章的保管不善,导致沈某多次擅自使用被告公章，分别加盖在《授权委托书》《购车协议》和收条上，致使原告相信沈某系接受被告委托，出售被告的车辆。故被告在本案中存在过错，且这一过错与原告被沈某骗取钱款且无法获得退赔造成的损失有因果关系，被告应当对原告的损失承担与其过错相适应的责任。而原告在向沈某购车的过程中，也未尽审慎的注意义务。原告购买的车辆价值巨大，双方却并未签订正式的买卖合同，只是由沈某手写了不规范的《购车协议》，且约定的定金数额高昂，明显不符合正常的交易习惯。原告明知是被告出售车辆，却轻信沈某，将购车款陆续汇入沈某的个人账户，在整个购车过程中未向被告的其他人员进行核实。故原告对于自身损失存在较大过错，亦应承担相应的责任。至于原告损失的数额，原告主张其通过银行转账支付购车款65万元，使用现金支付购车款55万元，其损失为120万元。对此，法院认为，虽然沈某出具的两张收条载明收到的金额为120万元，但是原告并非在签订《购车协议》当日就按照约定支付了全部定金，原告称因资金不够自2012年7月至2012年9月陆续向沈某支付车款，最后由沈某出具了汇总的收条，即本案中的两张收条。这两张收条的落款日期却分别与《购车协议》的签订日期为同一天，有悖常理。原告提供的银行取款凭证，无法反映出取款就是原告支付给沈某的购车款。公诉机关在指控沈某犯合同诈骗罪时亦认定原告支付给沈某的钱款为65万元。原告未提供有效证据证明其实际支付给沈某120万元，故原告主张其损失为120万元，法院难以采信。原告无法获得退赔的损失应为65万元。综上，结合双方的过错程度，法院酌定被告对于原告的损失承担30%的赔偿责任。原告要求被告支付迟延退还购车定金的利息，于法无据，法院不予支持。据此，法院判决：

一、被告上海益典船舶销售有限公司赔偿原告陈海波支付购车款的损失19.5万元；

二、原告陈海波的其余诉讼请求不予支持。

陈海波提起上诉。二审法院查明的事实与一审一致，判决：

驳回上诉，维持原判。

【法官后语】

行为人擅自使用单位公章，以单位名义与他人签订合同骗取他人财产构成合同诈骗罪的，对于被害人的损失，单位是否需要承担责任？对此，《最高人民法院关于在审理经济纠纷案件中涉及经济犯罪嫌疑若干问题的规定》（以下简称《若干规定》）第五条第二款规定，行为人私刻单位公章或者擅自使用单位公章、业务介绍信、盖有公章的空白合同书以签订经济合同的方法进行的犯罪行为，单位有明显过错，且该过错行为与被害人的经济损失之间具有因果关系的，单位对该犯罪行为所造成的经济损失，依法应当承担赔偿责任。本案主要涉及对《若干规定》第五条第二款规定的理解和适用。实践中需要注意以下问题：1. 被害人的损失无法通过刑事退赔程序从行为人处获得赔偿时，被害人起诉要求行为人的单位赔偿相应损失，不属于一事不再理；2. 行为人冒用单位名义签订合同构成合同诈骗罪，而被害人主观上对此也存在过失时，该合同属于以合法形式掩盖非法目的，应为无效合同，此时不适用表见代理的相关规定；3. 若单位公章系由专人保管，但行为人却能够多次擅自使用单位公章与他人签订合同，属于单位有明显过错的具体表现，单位应承担与其过错相适应的赔偿责任。本案对于理解和适用最高法院的上述规定，正确处理刑民交叉案件的适用程序，以及判断合同诈骗罪所涉及的合同效力有一定的借鉴意义。

编写人：上海市静安区人民法院　宋东来

40

个体工商户的营业执照能否转让

——张成林诉董英买卖合同案

【案件基本信息】

1. 裁判书字号

北京市第二中级人民法院（2016）京02民终8278号民事判决书

2. 案由：买卖合同纠纷

3. 当事人

原告（反诉被告、被上诉人）：张成林

被告（反诉原告、上诉人）：董英

【基本案情】

张成林为个体工商户,其租赁了北京市大兴区魏善庄镇魏善庄村村西200米房屋用于经营"北京车站成林百货店"。2016年1月5日,张成林与董英达成口头转让协议,张成林将成林百货店转让给董英,转让价格为117000元。口头协议达成之后董英接手了张成林商店里的货物、冰箱等物品后,向张成林支付了75000元转让款,剩余42000元转让款未支付。在索要剩余转让款的过程中,双方产生争执并报警,在北京市公安局大兴分局魏善庄派出所内张成林(甲方)与董英(乙方)签订了《商店转让合同》,在合同中双方约定了支付剩余转让款的前提和截止日期。上述合同签订后,董英并未支付剩余转让款42000元,成林百货店亦未进行变更过户,现成林百货店的经营者仍为张成林。

【案件焦点】

个体工商户的营业执照能否转让;被告是否应当向原告支付余款。

【法院裁判要旨】

北京市大兴区人民法院经审理认为:从合同内容来看,营业执照的过户并非董英支付剩余转让款42000元的必然前提条件,不管能否过户,董英均应在2016年2月28日之前向张成林支付剩余转让款42000元。退一步讲,即使如董英所述双方约定的转让费117000元包括营业执照过户费50000元,现张成林并未协助董英办理过户,依常理董英不应当给付张成林营业执照过户费50000元,但现在董英仅欠张成林转让费42000元,而不是50000元,在董英未给予合理解释的情况下,本院不能认定转让费117000元中包括营业执照过户费50000元。另外,关于营业执照的变更问题,根据《个体工商户条例》第十条第二款的规定,个体工商户变更经营者的,应当在办理注销登记后,由新的经营者重新申请办理注册登记。该规定系对个体工商户经营者变更规定了相关的变更登记程序,只是管理性强制规定,并非对个体工商户经营者变更的禁止性规定,加之双方均未对《商店转让合同》的效力提出异议,因此张成林与董英签订的《商店转让合同》系双方当事人的真实意思表示,但二人关于营业执照、税务登记证、卫生许可证过户的部分因违法而无效,该部分对双方不发生法律约束力,对于合同其他部分应为有效,双方应当按照约定履行各自的义务。既然董英承诺了支付剩余转让款的最后期限,其即应当按约履行,虽董英抗辩称合同中对于余款的支付条件并未满足，合同中的最后一句话是张成林私自添加的，董英不知情，但对此董英并未提交充分证据证明，本院对其抗辩意见不予采信。故对张成林要求董英给付转让费42000元的诉讼请求，本院予以支持。

关于董英提出因张成林打扰董英正常营业、不予协助办理过户手续、不予协助办理与房东的租赁交接手续、张成林未按期将过期货物换货、张成林高价将货物转让给董英，导致董英无法继续经营，不能达到合同目的，要求解除《商店转让合同》、返还已付款75000元、赔偿损失70000元的反诉请求，本院认为，在双方达成口头协议后，董英即接手了涉案商店及货物并开始经营，那么其对货物情况及其他情况应当是明知并认可的，董英并未提交相应证据证明张成林刻意隐瞒了相关事实，亦未充分举证证明系张成林原因导致董英无法继续经营，并且董英对于能否办理营业执照应当有一定的预见，亦应承担相应的风险。综上，对于董英提出的全部反诉请求，依据不足，本院不予支持。

北京市大兴区人民法院依据《中华人民共和国合同法》第一百三十条、第一百五十九条，《最高人民法院关于民事诉讼证据的若干规定》第二条之规定，判决如下：

一、被告（反诉原告）董英于本判决生效后十日内给付原告（反诉被告）张成林转让款四万二千元；

二、驳回被告（反诉原告）董英的全部反诉请求。

董英持原审抗辩意见提起上诉。北京市第二中级人民法院经审理认为：《中华人民共和国合同法》第三十九条第二款规定："格式条款是当事人为了重复使用而预先拟定，并在订立合同时未与对方协商的条款。"第四十条规定："格式条款具有本法第五十二条和第五十三条规定情形的，或者提供格式条款一方免除其责任、加重对方责任、排除对方主要权利的，该条款无效。"本案根据查明的事实，《商品转让合同》系董英与张成林就转让商店事宜协商后达成的协议，并非张成林为了重复使用而预先拟定，而且，"至2月28日如果乙方变更不了，与甲方无关"的约定，并未免除张成林的合同义务，如果董英认为张成林构成违约，可依法追究张成林的违约责任，但并不构成董英可以据此不支付剩余转让款的理由，故董英关于上述条款无效的上诉意见，缺乏事实和法律依据，本院不予采纳。关于与粮库交接的问题，虽然《商店转让合同》约定张成林负责与粮库交接好手续，但并未约定与粮库交接好手续是董英支付剩余转让款的前提条件。关于117000元转让款是否包括营业执照过户费的问题,虽董英主张117000元转让款包括50000元营业执照过户费,但双方签订的《商店转让合同》对营业执照过户费未作约定,且双方均未提交商店物品交接手续,故在此情况下,董英的该项主张,缺乏事实依据,本院不予支持。

北京市第二中级人民法院依照《中华人民共和国民事诉讼法》第一百七十条第一款第(一)项之规定,判决如下:

驳回上诉,维持原判。

【法官后语】

根据《个体工商户条例》第二条第一款规定,有经营能力的公民,依照本条例规定经工商行政管理部门登记,从事工商业经营的,为个体工商户。个体工商户是个体工商业经济在法律上的表现,其主要特征为系从事工商业经营的自然人或家庭、必须依法核准登记、只能经营法律、政策允许个体经营的行业。随着我国经济的迅猛发展,从事个体私营经济的从业人员亦占有越来越重的比例,可以说个体工商户的蓬勃发展大大缓解了社会就业压力,并不断地扩大就业机会,其以自身规模小、经营灵活、应变能力强等优势为市场经济的发展作出了贡献。但不可忽视的问题是,个体工商户亦存在不稳定性、不规范性,且其信用度和知名度均比公司低,在激烈的市场竞争中存在天然的劣势,如融资困难、提升空间不足等,故而个体工商户一旦经营不善即可能举步维艰。

本案中,原告是以个体工商户的身份经营商店,后经营不善将商店转让给了被告,刚开始双方甚至都没有签订书面合同,后在发生争议后,补签了书面的合同,根据合同约定,被告应当向原告支付转让款,但关于营业执照变更的问题,虽然双方对此进行了约定,但根据《个体工商户条例》第十条第二款的规定,个体工商户变更经营者的,应当在办理注销登记后,由新的经营者重新申请办理注册登记。该条例还规定了个体工商户的营业执照不得转让、出借、出租。意思是说受让方不能直接用转让方的营业执照,而应是由转让方注销登记后,受让方再重新申请办理新的营业执照。但在实践当中,存在较多的情况是受让方直接使用转让方的营业执照,或者出借、出租他人的营业执照,显然这种约定因违法而应为无效。但笔者认为本案合同不易认定为全部无效,因为根据查明的事实,双方虽违法约定了营业执照过户问题,但该约定并非被告支付剩余转让款的必然前提条件,因此虽然原、被告关于营业执照、税务登记证、卫生许可证过户的部分因违法而无效，该部分对双方不发生法律约束力，但合同其他部分的约定应为有效，双方应当按约定履行相应义务。

最后，笔者认为尽管个体工商户存在各种问题，但作为市场经济发展中不可或缺的形式，应当出台相应规定，以规范个体工商户进入、退出机制，同时为其营造更加宽松的市场环境，只有这样才能发挥个体工商户在扩大就业、活跃经济、促进社会和谐等的积极作用，促进个体经济健康有序发展。

编写人：北京市大兴区人民法院　陈珊珊

41

正确适用第三人撤销之诉规定保护案外第三人合法权益
——刘忠宪等诉刘忠荣、刘桂英第三人撤销之诉案

【案件基本信息】

1. 裁判书字号

山东省威海市中级人民法院（2016）鲁10民终2009号民事判决书

2. 案由：第三人撤销之诉

3. 当事人

原告（被上诉人）：刘忠宪、刘厚众、刘爱润、刘厚萍

被告（上诉人）：刘忠荣、刘桂英

第三人（被上诉人）：文登经济开发区崖东头社区居民委员会

【基本案情】

原告刘忠宪与原告刘厚众、刘爱润、刘厚萍系父子、父女关系。被告刘忠荣、刘桂英与刘忠仿系同胞兄弟姐妹关系，与原告刘忠宪系堂兄弟姐妹关系。二被告之兄刘忠仿于1987年去世，刘忠仿生前无配偶及子女，其第一顺序继承人即刘忠仿之父母先于刘忠仿去世，其第二顺序继承人中刘忠仿之祖父母、外祖父母、长兄刘忠言均先于刘忠仿去世。刘忠仿生前遗留位于文登区文登营镇崖东头村房屋（房产

证号为：文房产证第0217076号）一栋。2014年12月二被告起诉至威海市文登区人民法院，要求继承该房屋，二被告在法院的主持下达成调解协议：位于文登区文登营镇崖东头村文房产证第0217076号房产（房主姓名刘忠仿）由原、被告各继承二分之一的份额，法院于2015年1月6日制作（2014）威文经民一初字第685号民事调解书并送达了当事人。2015年3月10日法院将上述事项告知原告刘忠宪。

本案审理过程中，法院依职权至第三人处进行了调查，制作了询问笔录，第三人法定代表人刘忠君陈述"刘忠仿小名叫保停（音），他大概是1987年去世，是个光棍，他去世后几年房子也没人管。当时宋明礼要买房子，因为刘忠仿欠村里的钱，村里就将该房子顶账卖给宋明礼了。这个事是老书记刘厚安经手的，但关于宋明礼买房的事村里人都知道"。第三人同时提交收款收据一张，该收据显示1989年5月2日宋明礼交保停房子款69.06元；收款记账凭证一张、明细分类账一页，该账页显示刘忠仿账户由上年结转欠第三人62.39元，1989年5月30日贷入69.06元，刘忠仿账户余额为6.67元。原告对收款收据、收款记账凭证、明细分类账的真实性没有异议。被告对收款收据、收款记账凭证、明细分类账的真实性没有异议，但主张至1989年5月30日刘忠仿已经去世两年，是否欠第三人的钱无法确认，且房款69.06元，也明显低于市场价，另外收款收据日期为1989年5月2日，与1989年5月30日的记账凭证相矛盾，即使原告从第三人处购买房屋是真实的，也是原告与第三人恶意串通侵犯二被告的利益，其买卖行为无效；被告对询问笔录的真实性没有异议，但认为从该笔录中可看出第三人在将诉争房屋卖与原告时未告知二被告，且原告刘忠宪作为二被告的堂兄弟明知二被告对诉争房屋有继承权购买房屋却不告知二被告，与第三人属于恶意串通。

另查明，原告刘忠宪与宋明礼系夫妻关系，宋明礼于2012年去世。原告刘忠宪、宋明礼自第三人处购买诉争房屋后，诉争房屋的房产证亦在原告处，但未办理产权变更登记手续。原告刘忠宪夫妇自购买房屋后对房屋进行了多次修缮并一直管理使用至今。

【案件焦点】

1. 该案中的民事调解书是否存在可撤销的情形；2. 原告刘忠宪、宋明礼与第三人间的买卖合同是否有效。

【法院裁判要旨】

山东省威海市文登区人民法院经审理认为：1987年刘忠仿去世后，在刘忠仿没有第一顺序继承人的情况下，二被告作为刘忠仿的第二顺序继承人依法继承了诉争房屋，对该房屋形成共有关系，1989年5月原告刘忠宪、宋明礼购买诉争房屋后一直占有使用，如果按照二被告的主张认为原告系非法占有，二被告的所有权在1989年5月即已受到侵害，至2014年12月二被告起诉确认继承份额时已经过了25年，超过了法定的最长诉讼时效，其权利已不受法律保护。(2014) 威文经民一初字第685号民事调解书系在法院不知该房屋由原告自1989年开始占有的情况下形成的，而该调解书所确认的内容又事实上对二被告已经超过最长诉讼时效的权利进行了保护，该调解书有悖于法律规定，故应予以撤销。

刘忠仿在去世时虽然欠付第三人款项，但在双方没有达成合意且未办理过户的情况下，第三人并不能当然取得诉争房屋的所有权，亦无权进行处分。根据法律规定无权处分并不影响合同的效力，基于合同的相对性，原告与第三人间的合同并不存在法定的无效情形，应属有效合同。被告主张原告与第三人恶意串通没有事实依据，本院不予采信。原告刘忠宪、宋明礼与第三人间基于上述合同形成债权关系，根据法律规定，债权可以继承，故四原告作为宋明礼的第一顺序继承人起诉要求确认与第三人间的合同有效于法有据，本院予以支持。据此，依照《中华人民共和国民法通则》第一百三十七条、《最高人民法院关于审理买卖合同纠纷案件适用法律问题的解释》第三条、《最高人民法院关于适用〈中华人民共和国民事诉讼法〉的解释》第三百条第二款、《中华人民共和国民事诉讼法》第六十四条第一款之规定，判决如下：

一、撤销威海市文登区人民法院（2014）威文经民一初字第685号民事调解书。

二、原告与第三人文登经济开发区崖东头社区居民委员会间于1989年5月2日形成的关于文登区文登营镇崖东头村房屋（房产证号为：文房产证第0217076号）的买卖合同有效。

刘忠荣、刘桂英不服一审判决提起上诉，威海市中级人民法院经审理认为：刘忠仿去世后遗留案涉房屋，根据崖东头居委会保存的收款收据、记账凭证等证据及该居委会的陈述，可以认定1989年崖东头居委会将该房屋卖给宋明礼，此后刘忠宪、宋明礼一直管理使用。刘忠荣、刘桂英作为刘忠仿的姐妹，居住地距离案涉房屋所在地较近，且与刘忠宪存在亲属关系，明知刘忠仿去世后遗留案涉房屋，对该房屋由刘忠宪等和平、公然占有的事实亦应当知道，但二十余年来均未提出异议，亦导致宋明礼去世后刘忠宪等无法确定购房款的实际数额，故此刘忠荣、刘桂英主张刘忠宪等与崖东头居委会恶意串通损害其利益，证据不足，理由不当，本院不予采信。根据《最高院关于审理买卖合同纠纷案件适用法律问题的解释》第三条规定，即使崖东头居委会出卖案涉房屋属于无权处分，但房屋买卖合同有效，刘忠荣、刘桂英理解有偏差。刘忠宪等基于购买事实对案涉房屋长期占有，并存在基于房屋买卖合同主张所有权的可能，刘忠荣、刘桂英至一审法院达成调解协议进而形成685号民事调解书侵犯了刘忠宪等的民事权益，应予撤销，双方就案涉房屋产生的争议可依法解决。综上，刘忠荣、刘桂英的上诉请求，理由不当，本院不予支持。一审判决理由欠妥，结果正确。

山东省威海市中级人民法院依据《中华人民共和国民事诉讼法》第一百七十条第一款第（一）项之规定，判决如下：

驳回上诉，维持原判。

【法官后语】

从第三人撤销之诉立法的理论基础看，一般来说，判决的既判力具有相对性，只约束当事人，但在特定情形下会突破相对性的限制，对第三人发生作用。这意味着一些不是案件当事人的第三人，在没有参与案件审判的情形下，也可能接受判决的约束力。本案即是典型的法院生效调解书对第三人权利产生影响，本案中刘忠宪等基于购买事实长期占有案涉房屋，并存在基于其与崖东头居委会的房屋买卖合同主张所有权的可能，在房屋权属尚有争议的情况下，二被告至一审法院达成调解协议并形成的685号调解书侵犯了刘忠宪等的权利，应予撤销。第三人撤销之诉为案外第三人提供了新的救济途径，但法院在审理此类型案件经验尚不足，在审理此类案件时应注意其特殊性：第一，第三人撤销之诉因属当事人依据新的事实提起的新诉，在起诉时除了请求确认原生效裁决的错误外，还有可能提出独立于原裁判的民事权利主张，故在处理上应当全面审查，《最高人民法院关于适用〈中华人民共和国民事诉讼法〉的解释》第三百条对此规定了三种情形（在此不赘述）。第二，因第三人撤销之诉的对象是生效的判决、裁定、调解书,且对于审理结果当事人享有上诉权,那么撤销之诉中人民法院对当事人提起的独立于原生效裁决的民事权利主张合并审理,有可能与《中华人民共和国民事诉讼法》规定的审级制度相违背,故在合并审理时应当对该民事权利主张做相应限定,即提出的独立的民事权利主张应当与撤销内容直接关联,也即与原诉讼标的相关。对于没有直接关联的新的诉讼主张人民法院不宜一并审理。同时,因第三人撤销之诉会对已生效的法律文书的既判力产生冲击,在审理过程中必须慎重起见,秉持公正之心。

编写人:山东省威海市文登区人民法院　徐静静

四、买卖合同的履行

42

用承兑汇票支付货款，汇票后被宣告无效，是否完成履行义务

——唐山盾石电气有限责任公司诉华效资源有限公司买卖合同案

【案件基本信息】

1. 裁判书字号

北京市第二中级人民法院（2016）京02民终10238号民事判决书

2. 案由：买卖合同纠纷

3. 当事人

原告（被上诉人）：唐山盾石电气有限责任公司（以下简称电气公司）

被告（上诉人）：华效资源有限公司

【基本案情】

一、有关涉案《买卖合同》

2014年6月18日、7月21日原告与被告签订《买卖合同》二份。约定：原告向被告提供高、低压开关柜；合同总价1328000元。2014年10月21日，被告为履行对原告《买卖合同》项下付款义务，将票号为40200051-23587087的银行承兑汇票一张背书转让给电气公司，票面金额为50万元。原告与被告一致确认，除涉案争议50万元的款项外，双方在本案中就前述《买卖合同》的履行不存在其他争议。

二、有关涉案承兑汇票

1. 涉案票据记载的内容

票据种类为银行承兑汇票；出票日期为 2014 年 9 月 11 日；票据号码为 40200051-23587087；出票人为文安县雁兴刨花板厂，付款行为河北文安农村商业银行股份有限公司；收款人为文安县天一板厂，收款人开户银行为河北文安农村商业银行股份有限公司左各庄支行；出票金额为 50 万元；汇票到期日为 2015 年 3 月 11 日。

2. 该银行承兑汇票粘单连续记载的背书人与被背书人为

收款人文安县天一板厂在背书人处签章，被背书人为廊坊市森安商贸有限公司；背书人廊坊市森安商贸有限公司在背书人处签章，被背书人为涞水冀东水泥有限责任公司；背书人涞水冀东水泥有限责任公司在背书人处签章，被背书人为原告；背书人原告在背书人处签章，被背书人为被告；背书人被告在背书人处签章，被背书人为天津吉祥旭公司。

三、涉案票据的公示催告

2014 年 11 月 21 日，廊坊市彩虹颜料制品有限公司（以下简称廊坊彩虹公司）就涉案票号为 40200051-23587087 的银行承兑汇票向文安法院申请公示催告。

文安法院受理该案后，于 2014 年 11 月 25 日向文安农村商业银行股份有限公司发出停止支付通知书，并于 2014 年 11 月 25 日作出公告，要求利害关系人在公告期间内（60 日内）申报权利。公告到期后，文安法院于 2015 年 1 月 29 日作出（2014）文民催字第 6 号民事判决书，判决：宣告票号码为 40200051-23587087 的承兑汇票（票面金额为 50 万元，出票人为文安县雁兴刨花板厂，收款人为文安县天一板厂，持票人为廊坊彩虹公司）无效；申请人廊坊彩虹公司有权向支付人请求支付。

四、其他有关事实

依据原告述称：原告经被告背书转让涉案银行承兑汇票后，将该银行承兑汇票直接转交唐山中拓公司，用于支付应付货款；后唐山中拓公司未经连续背书直接将该汇票转付天津吉祥旭公司。天津吉祥旭公司在汇票承兑到期后，得知票据已经于 2015 年 1 月 29 日被河北省文安县人民法院宣告无效，导致其承兑不能。

此后，天津吉祥旭公司以其收到的唐山中拓公司涉案银行承兑汇票已经被文安法院宣告无效为事实依据，以票据纠纷为案由，将唐山中拓公司诉至河北省唐山市路南区人民法院。经审理，该院于 2015 年 5 月 26 日出具（2015）南民初字第 1015

号民事调解书,该调解书载明:唐山中拓公司于本调解书签收之日起 15 日内以银行承兑汇票的形式给付天津吉祥旭公司货款 50 万元;此案一次性解决,再无其他纠纷。

2015 年 7 月,唐山中拓公司以涉案银行承兑汇票已经被文安法院宣告无效、河北省唐山市路南区人民法院已经作出的前引(2015)南民初字第 1015 号民事调解书为事实依据,以买卖合同纠纷为案由,将原告诉至河北省唐山市路北区人民法院。经审理,该院于 2015 年 7 月 2 日出具(2015)北民初字第 2476 号民事调解书,该调解书载明:原告于 2016 年 1 月 2 日前一次性给付唐山中拓公司货款 50 万元;双方无其他纠纷。

【案件焦点】

1. 被告向原告背书转让汇票的行为是否构成以有效方式支付了货款,进而构成以有效方式履行合同义务。2. 在涉案票据被宣告无效以及原告因此向其后手承担责任后,原告是否有权就买卖合同关系向被告主张权利。

【法院裁判要旨】

北京市西城区人民法院经审理认为:被告为支付涉案合同货款于 2014 年 10 月 21 日将面值 50 万元的涉案承兑汇票背书转让与原告。原告为支付货款以实现其自身债务的履行,将该汇票转让给唐山中拓公司,唐山中拓公司再将汇票转让给天津吉祥旭公司,后因汇票被文安法院宣告无效,导致天津吉祥旭公司承兑不能。因此,天津吉祥旭公司未取得涉案汇票所承载权利,唐山中拓公司未通过向天津吉祥旭公司转让涉案汇票有效实现其自身债务的履行,本案原告亦未通过向唐山中拓公司转让涉案汇票有效实现其自身债务的履行。涉案汇票除权判决并未被撤销,原告及其之后后手均未实现汇票权利。故本院认定被告未向原告有效支付货款。以票据为核心存在基础法律关系与票据法律关系两种法律关系。文安法院经公示催告程序作出票据除权判决后,公示催告程序的申请人有权以法院除权判决为由申请付款人付款,原有的票据法律关系归于无效,但基础法律关系并不当然无效。原有票据法律关系当事人之间产生纠纷,当事人有权依据基础法律关系要求相关责任人承担相应责任。

北京市西城区人民法院依照《中华人民共和国合同法》第八条、第一百五十九条、第一百六十一条,《最高人民法院关于审理买卖合同纠纷案件适用法律问题的解释》第二十四条第四款,《中华人民共和国民事诉讼法》第六十四条第一款之规定,作出如下判决:

一、被告华效资源有限公司于本判决生效后十日内向原告唐山盾石电气有限责任公司支付货款五十万元;

二、被告华效资源有限公司于本判决生效后十日内向原告唐山盾石电气有限责任公司支付利息(以五十万元为基数,按照中国人民银行同期贷款利率的标准,自二〇一五年六月二十六日起计算实际付清之日止)。

后华效资源有限公司提起上诉,北京市第二中级人民法院认定的事实与一审一致,判决:

驳回上诉,维持原判。

【法官后语】

一般而言,在买卖合同法律关系中,买受人向出卖人有效支付货款主要存在三种情形:一是买受人以现金或转账方式使出卖人直接取得货款;二是出卖人将货款债权用于直接折抵所拖欠买受人债务;三是买受人以支票、汇票等票据形式支付出卖人货款,买受人直接实现票据权利或将该票据转让与其债务人,有效实现其自身债务的履行,以间接实现票据权利。对于第三种支付货款形式,买受人以票据形式支付出卖人货款,买受人享有了因票据支付所带来的交易便利,权利与义务是对等的,不能仅以票据转让时票据有效,而认定买受人履行完毕给付义务,而须以出卖人最终以某种形式实现票据权利为要件。同时,在票据转让后,转让方并非一律完成了所有义务,还须对受让方承担一定的转让后义务,这不仅包括在受让方及其后手遗失票据后,协助遗失方出具相关证明材料,在票据被宣告无效后,除非除权判决的申请主体为受让方之后某环节的后手,转让方为其开具后手证明,并协助申请主体以某种方式实现票据权利,转让方还须就票据被宣告无效承担相应的法律责任。

编写人:北京市西城区人民法院 舒锐

43

买卖机动车辆的过户问题
——刘斌诉王为玲买卖合同案

【案件基本信息】

1. 裁判书字号

北京市大兴区人民法院（2015）大民（商）初字第12922号民事判决书

2. 案由：买卖合同纠纷

3. 当事人

原告：刘斌

被告：王为玲

【基本案情】

2015年8月2日，刘斌与王为玲签订车辆买卖协议，约定刘斌购买王为玲所有的机动车一辆（车号：京Q1××××，颜色：黑色，产地：德国，型号：梅赛德斯－奔驰WDDNG5EB，发动机号码：27294632043508，底盘号码：WDDNG5EBOCA477458）；刘斌向王为玲支付车款75万元，王为玲收到车款合同生效；王为玲在收到刘斌第一笔车款之日，应立即交付无瑕疵的车辆及随车工具，瑕疵保证期限为自车辆交付之日起一个月，并且保证他人对该车无任何权利要求；办理转户所需费用由刘斌承担，王为玲负有协助办理的义务；王为玲应交付给刘斌该车的全部真实、有效的证件以及缴税、费凭证。协议签订当日，刘斌分15次、每次5万元共计向王为玲转账75万元。刘斌称其已履行了支付购车款75万元的义务，但王为玲并未将涉案车辆的车辆登记证书交付刘斌，亦未协助刘斌办理车辆过户。对此，王为玲认可车辆登记证书仍在其处，亦认可没有协助刘斌办理车辆过户手续，但王为玲称双方签订的车辆买卖协议是虚假的、无效的，并称刘斌并未向王为玲支付75万元购车款，实际情况是刘斌将5万元款项汇至王为玲的账户，随后刘斌持有王为玲的网银账号及密码又将这5万元汇至案外人刘某功的账户,然后再将这5万元从案外人刘某功的账户汇至刘斌的账户,这样循环汇款了15次,实际就汇了5万元,而且这5万元最后是汇到了案外人刘某功的账户上。就为何要汇到案外人刘某功的账户上的问题,王为玲解释称是因为其与案外人刘某功存在借贷关系,王为玲欠案外人刘某功75万元,刘某功说这75万元是刘斌的钱,于是刘斌、王为玲、案外人刘某功三方商量签订了虚假的车辆买卖协议,让三方存在买卖关系以及借贷关系,王为玲还称转款都是刘斌和案外人刘某功操作的,王为玲根本没有收到刘斌的钱。但就其上述意见,王为玲并未提交充分证据予以证明。刘斌不认可王为玲的说法,刘斌称其不认识刘某功,其已经分15次向王为玲支付了75万元的购车款,至于王为玲是否和案外人刘某功存在借贷关系与刘斌没有关联,刘斌不知情。

另,刘斌称其在北京没有购车资格,要求王为玲协助将涉案车辆过户至刘斌的户籍地,即江西省南昌市安义县。

【案件焦点】

双方达成机动车辆买卖合同,被告不仅应向原告交付车辆,是否还应协助原告办理车辆过户手续。

【法院裁判要旨】

北京市大兴区人民法院经审理认为:刘斌与王为玲签订的车辆买卖协议系双方真实意思表示,未违反法律、行政法规的强制性规定,属合法有效,双方当事人均应切实履行。庭审中,虽王为玲提出了车辆买卖协议是虚假的、不成立的,刘斌并未实际给付王为玲75万元购车款,刘斌只是将5万元款项循环转账了15次,而且这5万元最终汇到了案外人刘某功的账户上的抗辩,但对此王为玲并未提交充分证据予以证明,亦未举证证明刘斌汇至其账户的钱来源非法。另外,就王为玲所述的与案外人刘某功之间的借贷关系,其并未举证证明与本案存在关联,那么王为玲与案外人刘某功是否存在纠纷,其可另行解决,本院对王为玲的上述抗辩意见不予采信。刘斌提交的业务回单能够证明其已将75万元购车款支付给了王为玲,王为玲理应按约履行全部合同义务,现王为玲虽已交付了涉案车辆及部分证照,但王为玲尚未将涉案车辆的车辆登记证书交付给刘斌,亦未协助刘斌完成涉案车辆的过户登记,王为玲已构成违约,其应继续履行合同,刘斌的主张符合合同约定,亦不违反法律规定，本院予以支持。关于如何进行过户登记，鉴于刘斌在北京尚无购车资格，故不能在北京办理过户登记，刘斌亦要求将涉案车辆过户至其户籍地江西省南昌市安义县，因此双方可到刘斌的户籍地江西省南昌市安义县相关车辆管理部门办理车辆过户手续，将涉案车辆过户至刘斌名下。

北京市大兴区人民法院依照《中华人民共和国合同法》第八条、第一百零七条之规定，判决如下：

被告王为玲于本判决生效后十日内将车牌号为京Q1××××梅赛德斯-奔驰WDDNG5EB小型轿车的机动车登记证书交付给原告刘斌，并协助原告刘斌办理车辆过户手续，将被告王为玲名下的车牌号为京Q1××××梅赛德斯-奔驰WDDNG5EB小型轿车过户至原告刘斌名下。

【法官后语】

随着经济的发展，方便快捷的交通工具已成为现代社会文明的标准，而随着我国机动车保有量的不断增加，二手车交易呈迅速增长趋势，应运而生的二手车交易市场的发展前景一片光明，但伴随而来的是相应纠纷的产生。

本案中，原告与被告之间的二手车买卖属于动产交易，根据物权法的相应规定，动产物权的设立和转让，自交付时发生效力，但法律另有规定的除外。船舶、航空器和机动车等物权的设立、变更、转让和消灭，未经登记，不得对抗善意第三人。现涉案车辆已经交付给了原告，只不过尚未进行变更登记，原告亦是请求被告协助办理涉案车辆的过户手续并交付涉案车辆的机动车登记证书。虽被告抗辩称车辆买卖协议为虚假的，原告并未实际支付购车款，但就此被告并未提交证据证明，根据查明的事实，原告已按约定履行了给付购车款的义务，则被告即应当履行其交付车辆并协助办理车辆过户的主要义务，同时相应的交付车辆证照的附随义务被告亦应当履行。

此外，因本案的车辆交易发生在北京，还应当考虑北京市针对小客车的限购政策，北京市交通委员会等14部门于2010年12月23日出台了《〈北京市小客车数量调控暂行规定〉实施细则》，规定了北京市对小客车实施数量调控和配额管理制度，单位和个人需要取得北京市小客车指标的，必须通过摇号方式取得。即必须通过摇号取得小客车指标，才可以在北京为购买的小客车取得牌照。就本案，虽然不涉及借用或者租牌买车等违法情形，但经审理查明，原告在北京尚无购车资格，故不能在北京办理过户登记。虽然双方并未明确约定车辆过户登记地点，但考虑到后续履行问题，笔者认为应当在判决中具体明确办理车辆过户的地点，这样才能避免判决履行不能的情况。

编写人：北京市大兴区人民法院　陈珊珊

44

购车人有权要求4S店交付车辆合格证并赔偿损失

——李金松诉北京联拓诚信商贸有限公司买卖合同案

【案件基本信息】

1. 裁判书字号

北京市大兴区人民法院（2015）大民（商）初字第12912号民事判决书

2. 案由：买卖合同纠纷

3. 当事人

原告：李金松

被告：北京联拓诚信商贸有限公司（以下简称联拓公司）

【基本案情】

2014年11月1日，李金松取得北京市个人小客车更新指标，有效期至2015年5月1日。2015年2月5日，李金松自联拓公司购买一辆马自达牌轿车。同日，涉案车辆投保机动车交通事故责任强制保险，交纳保险费950元以及车船税687.5元；投保机动车商业保险，交纳保险费5250.24元。车辆交付后，联拓公司一直以各种理由推托未向李金松交付车辆合格证，导致涉案车辆无法正常上路行驶，故李金松诉至法院要求联拓公司交付车辆合格证并赔偿商业险和交强险费用损失。诉讼中，联拓公司陈述车辆合格证在出售车辆前已经抵押给平安银行大连分行，因未偿还银行贷款至今未取回，不同意赔偿保险损失。

【案件焦点】

李金松能否要求联拓公司交付车辆合格证并赔偿损失。

【法院裁判要旨】

北京市大兴区人民法院经审理认为：《中华人民共和国合同法》第一百三十六条规定："出卖人应当按照约定或者交易习惯向买受人交付提取标的物单证以外的有关单证和资料。"李金松在联拓公司购买机动车辆，双方形成买卖合同关系。李金松已履行交付购车款的合同义务，联拓公司亦应向李金松交付所购车辆以及车辆合格证，故李金松有权要求联拓公司交付涉案车辆合格证。《中华人民共和国道路交通安全法》第八条规定："国家对机动车实行登记制度。机动车经公安机关交通管理部门登记后，方可上道路行驶。尚未登记的机动车，需要临时上道路行驶的，应当取得临时通行牌证。"第九条规定："申请机动车登记，应当提交以下证明、凭证：……（三）机动车整车出厂合格证明或者进口机动车进口凭证……"李金松必须持有涉案车辆合格证才能办理机动车登记。联拓公司未交付车辆合格证的违约行为导致涉案车辆未能办理正式登记，影响车辆的正常使用，而李金松是基于涉案车辆可以正常上路行驶购买了机动车交强险和商业险并交纳了保险费。经核算，李金松支付交强险保费950元，机动车商业保险费5250.24元，后退保时由保险公司退回2661.08元，故联拓公司应对李金松支付的保险费3539.16元承担损失赔偿责任。

北京市大兴区人民法院依照《中华人民共和国合同法》第一百零七条、第一百三十六条之规定，作出如下判决：

一、联拓公司向李金松交付涉案车辆合格证；

二、联拓公司向李金松赔偿保险费损失3539.16元；

三、驳回李金松的其他诉讼请求。

【法官后语】

机动车销售行业广泛存在以车辆合格证作为"抵押"进行融资的现象：4S店、车辆制造商与银行达成三方协议，由银行向4S店提供贷款用以支付购车款，同时由车辆制造商将车辆合格证作为"抵押物"交付银行。4S店每销售一辆汽车后，用所取得的车款偿还银行贷款并取回车辆合格证。但是，一旦4S店将购车款挪作他用或发生财务危机,将无法从银行取回合格证,进而导致消费者无法办理车辆登记,影响车辆正常上路行驶。本案就是一起典型的未交付车辆合格证的案例。对此,应当注意以下几点:

第一,车辆合格证不能成为抵押标的物。根据物权法的规定,抵押物包括动产和不动产。虽然实践中,4S店、车辆制造商与银行达成的三方协议通常使用"抵押"这样的表述,但车辆合格证是对车辆出厂状况起到记载和证明作用的单证材料,不具有独立的经济价值,不能成为抵押物。同理,车辆合格证也不能成为质押财产。

第二,购车人有权要求4S店交付车辆合格证。买卖合同中,出卖人的主给付义务是交付标的物并转移所有权,本案中,涉案车辆已经交付,其主给付义务已经完成。除了主给付义务外,出卖人还负担从给付义务,合同法明确规定,出卖人应当按照约定或者交易习惯向买受人交付提取标的物单证以外的有关单证和资料。对于"有关单证和资料"的范围,《最高人民法院关于审理买卖合同纠纷案件适用法律问题的解释》第七条规定,主要应当包括保险单、保修单、普通发票、增值税专用发票、产品合格证、质量保证书、质量鉴定书、品质检验证书、产品进出口检疫书、原产地证明书、使用说明书、装箱单等。虽然车辆合格证未包括在内,但从功能上来说,"有关单证和资料"本质上应包括一切影响合同目的实现的材料。车辆合格证是车辆出厂的必备证件,也是办理车辆登记不可缺少的单证,属于买卖合同中从给付义务的范围。根据民法基本原理,从给付义务同样具有可诉性,故购车人有权通过诉讼要求4S店交付车辆合格证。

第三,4S店应赔偿未交付车辆合格证给购车人造成的损失。交付车辆合格证属于从给付义务,违反从给付义务,亦应当承担违约责任。关于违约损害赔偿的范围,合同中有明确约定,依照合同确定。合同未作约定,应根据实际损失确定。一般来说,未交付车辆合格证可能造成两方面损失:一是因车辆无法办理登记导致无法上路,购车人使用其他替代交通工具时产生的费用,如打车费等;二是因车辆无法上路导致办理的车辆保险无法发挥实际作用。对于前者,由于难以证明违约行为与损害结果之间存在直接因果关系,且难以确定具体损失,不予支持。对于后者,因果关系及损失金额是明确的,应予支持。

编写人:北京市大兴区人民法院　马超雄

45

买卖合同中有关单证交付义务的认定

——零英诉广西臻辰汽车销售服务有限公司买卖合同案

【案件基本信息】

1. 裁判书字号

广西壮族自治区南宁市青秀区人民法院（2015）青民二初字第1846号民事判决书

2. 案由：买卖合同纠纷

3. 当事人

原告：零英

被告：广西臻辰汽车销售服务有限公司

【基本案情】

2015年3月15日，原、被告签订编号为2015298《购车合同》，约定原告向被告购买一辆吉奥牌小型普通客车，车架号为LCR6S5129EX619078；价格为48800元，该价格已包括全车脚拽、临时车牌；随车工具：千斤顶、常用工具、警示牌，证件手续：随车说明书（保修卡）、购车发票。同日，原告支付了购车款48800元，被告向原告交付车辆并出具购车发票，亦为车辆办理临时车牌（有效期至2015年4月15日），但被告未交付汽车合格证。随后，原告为该车辆投保交强险、商业第三者险及缴纳车船税而支出2686.51元，且因安装车辆配件而支出1000元，以上共计3686.51元。

【案件焦点】

本案中车辆合格证是否属于合同履行过程中出卖人应向买受人交付的有关单证和资料范围，继而确定本案双方当事人在履约过程中是否存在违约行为。

【法院裁判要旨】

广西壮族自治区南宁市青秀区人民法院经审理认为：根据《中华人民共和国民事诉讼法》的规定，当事人有答辩及对对方当事人提交的证据进行质证的权利，本案被告经本院合法传唤，无正当理由拒不到庭，视为其已放弃到庭答辩和质证的权利。涉案《购车合同》是原、被告的真实意思表示，不违反法律法规的禁止性规定，合法有效，各方均应恪守。依据《中华人民共和国合同法》第一百三十六条"出卖人应当按照约定或者交易习惯向买受人交付提取标的物单证以外的有关单证和资料。"及《最高人民法院关于审理买卖合同纠纷案件适用法律问题的解释》第七条"合同法第一百三十六条规定的'提取标的物单证以外的有关单证和资料'，主要应当包括保险单、保修单、普通发票、增值税专用发票、产品合格证、质量保证书、质量鉴定书、品质检验证书、产品进出口检疫书、原产地证明书、使用说明书、装箱单等"之规定，车辆合格证作为车辆上牌时所必须提供的单证，被告应负责随车交付给原告。被告经催讨仍未能提供相关单证，导致原告所购车辆无法登记上牌，被告的行为致使原告的合同目的不能实现，故原告要求解除《购车合同》的诉讼请求，应予支持。合同解除后，被告应将购车款返还原告。涉案车辆返还问题，本案不作处理，被告可另行主张。此外，因被告的违约行为造成原告的经济损失，被告对此应承担赔偿责任。原告主张的所退购车款的利息损失，应从原告提出解除合同之后开始起算，法院酌情确定从起诉之日起（即2015年7月28日）计付。

广西壮族自治区南宁市青秀区人民法院依照《中华人民共合同法》第九十四条、第一百零七条、第一百三十六条，《中华人民共和国民事诉讼法》第一百四十四条和《最高人民法院关于审理买卖合同纠纷案件适用法律问题的解释》第七条之规定，作出如下判决：

一、解除原告零英与被告广西臻辰汽车销售服务有限公司于2015年3月15日签订的《购车合同》；

二、被告广西臻辰汽车销售服务有限公司向原告零英返还购车款48800元；

三、被告广西臻辰汽车销售服务有限公司向原告零英支付利息（计算方式为以48800元为基数，自2015年7月28日起按中国人民银行同期贷款利率分段计付至实际清偿之日止）；

四、被告广西臻辰汽车销售服务有限公司向原告零英赔偿保险费、车船税、车辆维护费共计3686.51元;

五、驳回原告零英的其他诉讼请求。

【法官后语】

本案涉及的第一个问题,即应交付有关单证和资料范围是否包括车辆合格证。《中华人民共和国合同法》第一百三十六条规定:"出卖人应当按照约定或者交易习惯向买受人交付提取标的物单证以外的有关单证和资料",而《最高人民法院关于审理买卖合同纠纷案件适用法律问题的解释》第七条作了更为具体的规定:"合同法第一百三十六条规定的'提取标的物单证以外的有关单证和资料',主要应当包括保险单、保修单、普通发票、增值税专用发票、产品合格证、质量保证书、质量鉴定书、品质检验证书、产品进出口检疫书、原产地证明书、使用说明书、装箱单等。"出卖人应向买受人交付包括产品合格证、质量保证书质量鉴定书、品质检验证书等在内的有关单证和资料,车辆合格证作为车辆质量符合标准的凭证,出卖人应向买受人履行交付的义务。

本案涉及的第二个问题,即原告是否享有合同解除权。车辆合格证作为车辆上牌时必须提供的单证,被告应负责随车交付给原告,被告经原告多次催讨,仍未履行提供车辆合格证的义务,其行为导致原告所购车辆无法登记上牌,致使原告的合同目的不能实现。《中华人民共和国合同法》第九十四条规定:"有下列情形之一的,当事人可以解除合同:(一)因不可抗力致使不能实现合同目的;(二)在履行期限届满之前,当事人一方明确表示或者以自己的行为表明不履行主要债务;(三)当事人一方迟延履行主要债务,经催告后在合理期限内仍未履行;(四)当事人一方迟延履行债务或者有其他违约行为致使不能实现合同目的;(五)法律规定的其他情形。"本案原告享有合同法定解除权,故原告要求解除《购车合同》的诉讼请求,有事实及法律依据,应予支持。

本案涉及的第三个问题,即合同解除后效力问题。《中华人民共和国合同法》第九十七条规定:"合同解除后,尚未履行的,终止履行;已经履行的,根据履行情况和合同性质,当事人可以要求恢复原状、采取其他补救措施、并有权要求赔偿损失。"本案合同解除后,被告应将已收取的48800元购车款返还原告,而涉案车辆是否应予返还系被告的诉权,在本案并不作处理。另,被告的违约行为造成原告的经济损失,被告对此应承担相应的赔偿责任:一是原告利息损失。原告主张48800元购车款按同期贷款利率计算利息损失,合理合法,但利息起算时间点应调整为从原告提出解除合同之后开始起算,故法院酌情确定从起诉之日起(即2015年7月28日)计付。二是原告其他损失。车辆交付后,原告为所购车辆投保交强险、商业第三者险及缴纳车船税、安装车辆配件合理支出3686.51元,合同解除后被告应向原告赔偿前述损失。

编写人:广西壮族自治区南宁市青秀区人民法院 农徽龙

46

汽车合格证能否"质押"

——徐静诉安徽省淳泰东标汽车销售服务有限公司等买卖合同案

【案件基本信息】

1. 裁判书字号

安徽省滁州市中级人民法院(2016)皖11民终868号民事判决书

2. 案由:买卖合同纠纷

3. 当事人

原告(被上诉人):徐静

被告(上诉人):招商银行股份有限公司武汉经济技术开发区支行(以下简称招行武汉经开区支行)

被告:安徽省淳泰东标汽车销售服务有限公司(以下简称淳泰公司)、神龙汽车有限公司(以下简称神龙公司)

【基本案情】

2015年4月19日,徐静与淳泰公司签订了一份《新车销售合同》,从淳泰公司购买了一辆东风标致轿车。该合同第8条关于车辆的交付与验收约定:"卖方向买方交付车辆时,应当提供车辆发票、质量担保凭证、新产品合格证、中文产品使用说明书及其他随车文件。"2015年4月29日,徐静付清车款,并从淳泰公司提取所购车辆。但淳泰公司未将涉案车辆合格证原件交予徐静,致使徐静所购车辆无法上牌,进而无法上路行驶。而在2014年7月30日,招行武汉经开区支行、淳泰公司、神龙公司签订了一份为期一年的《汽车销售金融服务网络协议从属协议》。该协议约定,招行武汉经开区支行同意授予淳泰公司人民币1100万元的授信额度,淳泰公司委托神龙公司将与所购东风标致品牌轿车相对应的轿车合格证原件送至招行武汉经开区支行监管。神龙公司依据该协议将淳泰公司所购车辆合格证原件交予招商银行武汉经济开发区支行。但淳泰公司将涉案车辆卖给徐静后,未到招行武汉经开区支行将涉案车辆合格证赎回,致使该合格证仍被招行武汉经开区支行占有,徐静无法获取涉案车辆合格证原件。

【案件焦点】

汽车合格证能否"质押"。

【法院裁判要旨】

安徽省滁州市南谯区人民法院经审理认为:淳泰公司、神龙公司与招行武汉经开区支行三方签订协议,约定汽车合格证原件交予招行武汉经开区支行进行监管,但该种监管模式并非我国法定物权担保方式,且属于三方内部约定,对善意买受人徐静没有约束力。汽车销售后,汽车合格证原件在淳泰公司交付车辆时应一并转移为徐静所有。招行武汉经开区支行现占有涉案车辆合格证原件无任何法律依据,其应代淳泰公司将涉案车辆合格证原件交予徐静。徐静主张淳泰公司赔偿其各项损失9000元,因无证据,故不予支持。依照《中华人民共和国合同法》第六十条,《中华人民共和国民事诉讼法》第六十四条,《最高人民法院关于民事诉讼证据的若干规定》第二条的规定,作出如下判决:

一、被告招商银行股份有限公司武汉经济技术开发区支行代被告安徽省淳泰东标汽车销售服务有限公司向原告徐静交付合格证号为WAD001152637371、车架号为LDC953T3XF1206098的车辆合格证原件。

二、驳回原告徐静的其他诉讼请求。

招行武汉经开区支行不服提起上诉。安徽省滁州市中级人民法院经审理认为：徐静按约支付了全部购车价款，但淳泰公司仅向徐静交付了汽车，没有交付合格证。根据《中华人民共和国合同法》第一百三十六条规定："出卖人应当按照约定或者交易习惯向买受人交付提取标的物单证以外的有关单证和资料。"徐静与淳泰公司签订的购车协议明确约定，卖方向买卖交付车辆时，应当提供产品合格证。淳泰公司已构成违约，应向徐静交付汽车合格证。淳泰公司为了融资，与神龙公司、招行武汉经开区支行签订协议，约定招行武汉经开区支行对汽车合格证进行监管，其实质是将车辆合格证作为履行合同的担保。担保物权的标的物必须是特定物，且以支配担保物的价值为内容，具有处分上的支配性和可让与性即流通性，而车辆合格证只是汽车符合国家对机动车装备质量及有关标准要求的证明，属于车辆的附属单证，本身并不具有财产属性，不具备财产价值，亦不具有流通性，不能脱离车辆而单独存在。招行武汉经开区支行以监管的方式占有车辆合格证，不符合法律规定的物的担保中的抵押、质押或留置要件，不能产生设定担保物权的法律效力，其占有涉案车辆合格证，缺乏合法依据，不能对抗善意买受人徐静。因淳泰公司向徐静交付车辆后，徐静即取得了该车辆的所有权，作为附属的合格证，也应随之转移。招行武汉经开区支行占有车辆合格证，妨害了徐静依法享有的物权。物权是对世权，具有排他性，徐静基于物权请求权，主张招行武汉经开区支行返还合格证，符合法律规定，应予支持。招行武汉经开区支行关于徐静无权向其主张给付汽车合格证的上诉理由不成立，不予采信。

安徽省滁州市中级人民法院依据《中华人民共和国民事诉讼法》第一百七十条第一款第（一）项之规定，作出如下判决：

驳回上诉，维持原判。

【法官后语】

本案是一起典型的因汽车销售商将汽车合格证交给银行监管、"质押"融资引发的损害消费者利益的纠纷。汽车经销商协议将合格证交由银行监管进行融资，只是银行将汽车合格证作为筹码，作为其对汽车经销商发放贷款的一种监管方式，其法律性质并不属于法律规定的担保类型。汽车合格证只是汽车符合国家对机动车装备质量及有关标准要求的证明，属于汽车的附属单证，本身并不具有财产属性,不具备财产价值,亦不具有流通性(可转让性)。银行以监管的方式占有汽车合格证,并不属于现行法律规定的担保类型,不能产生设定担保物权的法律效力。消费者购买了汽车而无合格证,所购车辆则无法办理入户手续,不能取得汽车牌照,也无法上路行驶,经销商显然已构成违约,应当向消费者交付汽车合格证。银行对汽车合格证进行监管虽与经销商之间有约定,但该约定不得对抗善意第三人,车辆交付消费者后则所有权自交付之日起属消费者所有,作为车辆的附属单证,也应归消费者所持有,银行继续占有不具有合法依据,依法应向消费者移交合格证。

编写人:安徽省滁州市中级人民法院　杨达　陶继航

47

买卖合同中增值税发票的履行效力

——周清怀诉宁国市双利物流有限公司、徐健买卖合同案

【案件基本信息】

1. 裁判书字号

安徽省宁国市人民法院(2017)皖1881民初157号民事判决书

2. 案由:买卖合同纠纷

3. 当事人

原告:周清怀

被告:宁国市双利物流有限公司(以下简称双利物流公司)、徐健

【基本案情】

原告周清怀从事流动车加油业务,2013年开始,被告双利物流公司在原告处加油,截止2016年8月4日,经原告与被告双利物流公司法定代表人徐健结算,被告累计欠原告柴油款188640元。被告徐健以法定代表人身份就该款项向原告出具欠条一份,载明"今(欠)到周清怀人民币(大写)壹拾捌万捌仟陆佰肆拾元

整￥188640。事由欠柴油款、领导审批、具条人、双利物流、徐健 2016 年 8 月 4 日"。欠条出具后,被告支付柴油款 40000 元。

【案件焦点】

1. 卖方不开具增值税发票能不能作为买方拒绝付款的抗辩理由;2. 签订合同时未约定的,卖方开具发票的义务是从义务还是附随义务;3. 对于卖方未开具发票的行为,买方能否单独起诉或者反诉;4. 如果不能单独起诉或者反诉,被告的权利如何救济。

【法院裁判要旨】

安徽省宁国市人民法院经审理认为:被告双利物流公司、徐健承认原告在本案中所主张的事实,故对原告周清怀主张的事实予以确认。原、被告建立的柴油买卖合同系双方真实意思表示,内容不违反法律规定,为合法有效合同。原告依约向被告提供了柴油,及时、适当地履行了合同义务;被告应当按照双方约定及时给付货款。关于被告提出的原告未履行出具发票义务的抗辩意见,本院认为,买卖合同中,在双方没有特别约定出卖人提供发票的情况下,出卖人提供发票不属于主合同义务,仅是附随义务,无法与买受人支付货款义务构成对待给付,本案被告双利物流公司并未举证证明双方就卖方提供发票有约定,而以原告单纯违反出具发票这一附随义务为由提出抗辩拒绝支付所欠货款,其抗辩理由不能成立。故本院对原告主张被告双利物流公司偿还 148640 元欠款的诉请予以支持。庭审中,原告称该买卖合同的买受人系被告双利物流公司,其诉请被告徐健承担共同还款责任的事实依据仅为被告徐健系被告双利物流公司的法定代表人,而被告徐健作为法定代表人并非买卖合同相对人,与原告没有买卖合同关系,而且被告徐健亦称其在欠条上签字系以法定代表人身份,原告起诉被告徐健并要求其承担共同还款责任没有事实与法律依据,不予支持。关于原告主张的利息,属于逾期付款损失,故本院对原告要求按照中国人民银行同期同类人民币贷款基准利率从起诉之日起计息的诉请予以支持。

安徽省宁国市人民法院依照《中华人民共和国合同法》第十条第一款、第四十四条第一款、第六十条、第一百零九条、第一百三十六条,《最高人民法院关于审理买卖合同纠纷案件适用法律问题的解释》第七条、第二十四条第四款之规定,判决如下:

一、被告宁国市双利物流有限公司于本判决生效之日起十日内向原告周清怀支付货款148640元及利息（自2017年1月11日起按照中国人民银行同期同类贷款基准利率计付至本判决确定给付之日止）；

二、驳回原告周清怀的其他诉讼请求。

【法官后语】

本案系买卖合同纠纷，原告的主义务为交付货物，被告的对待给付义务为支付对价。可见，在原告已提供柴油的情况下，被告须支付对价，原告未开具发票的行为不能作为被告拒绝付款的抗辩理由。在买卖合同双方未作约定时，对于将交付提取标的物单证以外的有关单证和资料认定为从义务还是附随义务，学界观点并不统一。笔者认为认定为何种义务，并不能一概而论，应根据具体案情和具体单证而论。如为参加汗血宝马赛，甲向乙购买纯种汗血宝马一匹，此时乙提供汗血宝马的血统证明宜认定为从义务，若乙不能或拒绝提供，甲可以"不能实现合同目的"为由解除合同或向法院单独起诉要求乙履行该义务。而本案中，在买卖双方未作特殊约定的前提下，出卖人未开具发票，买受人不能解除合同，虽然出卖人有开具发票的法定义务但不能成为买受人对待给付的抗辩理由，同时是否开具发票对合同目的的实现未能产生重大影响，故此时出卖人开具发票的义务宜认定为附随义务。附随义务不得独立以诉请求，即不能以民事诉讼的方式要求义务人履行，故买受人对对方拒开票行为不可以反诉或者单独起诉，其可自行到税收行政管理部门寻求行政救济。但若因开票义务方未及时履行义务给受票方造成损失的，就该损失部分受票方可诉请赔偿。为减少商事风险，有的受票方在合同中约定直接扣除增值税税款，实际系免除了纳税人开具增值税发票的义务，系无效条款，但受票方（买受人）可通过在买卖合同签订时与出卖人明确约定"凭票付款"或"先开票后付款"的类似条款来防范。

编写人：安徽省宁国市人民法院　魏东海　魏少敏

48 交易习惯在事实认定中的运用

——厦门市开源顺贸易有限公司诉厦门市中靖
建设工程有限公司买卖合同案

【案件基本信息】

1. 裁判书字号

福建省厦门市湖里区人民法院（2015）湖民初字第3403号民事判决书

2. 案由：买卖合同纠纷

3. 当事人

原告：厦门市开源顺贸易有限公司（以下简称开源顺公司）

被告：厦门市中靖建设工程有限公司（以下简称中靖公司）

【基本案情】

开源顺公司与中靖公司之间存在多次PVC排水管的买卖合同关系，双方经常采用的习惯做法为开源顺公司根据中靖公司口头订单交货，而后按照双方确认的金额开具增值税普通发票，中靖公司在收到发票后付款。2013年12月，中靖公司再次向开源顺公司订购一批PVC排水管，货款金额25944元。开源顺公司于2013年12月20日开具增值税发票给中靖公司。开源顺公司请求判令中靖公司支付货款25944元及利息。

【案件焦点】

开源顺公司已开具增值税发票给中靖公司，但无法提供交货凭证，能否依据双方的交易习惯认定开源顺公司已履行交货义务。

【法院裁判要旨】

福建省厦门市湖里区人民法院经审理认为：交易习惯具有补缺效力，即在当事人就某些合同内容没有约定或约定不明确，又不能达成补充协议时，可以按照交易习惯确定。交易习惯在实践中的运用并不仅限于解释合同，如当事人系按照行业或双方之间约定俗成的交易习惯来履行，也可作为判定事实的依据。经查明，原、被告之间的交易习惯为开源顺公司先履行交货义务，之后按照双方确认的货款金额开具增值税普通发票，中靖公司在收到发票后付款。开源顺公司于2013年12月20日开具金额为25944元的增值税普通发票，按照交易习惯可以推定开源顺公司已履行了交货义务。双方对付款期限未作明确约定，中靖公司应在收到发票后的合理期限内付款。因此，开源顺公司要求中靖公司支付货款25944元并从起诉之日即2015年5月27日起按银行同期贷款利率计算利息，依据充分，也未超出合理范围，依法应予支持。

福建省厦门市湖里区人民法院依照《中华人民共和国合同法》第六十一条、第一百零七条的规定，判决如下：

中靖公司应于本判决生效之日起三日内支付开源顺公司货款25944元及利息（按照银行同期贷款基准利率自2015年5月27日起计至实际付款之日止）。

宣判后，原、被告均未提出上诉。该判决已生效。

【法官后语】

交易习惯，顾名思义就是在交易过程中为人们反复实践而形成的一些惯常性规则，是《中华人民共和国合同法》及相关司法解释承认的确定交易当事人权利义务的重要依据之一。例如，《中华人民共和国合同法》第六十条第二款规定，当事人应当遵循诚实信用原则，根据合同的性质、目的和交易习惯履行通知、协助、保密等义务。第六十一条规定，合同生效后，当事人就质量、价款或者报酬、履行地点等内容没有约定或者约定不明确的，可以协议补充；不能达成补充协议的，按照合同有关条款或者交易习惯确定。因此，审判实务中，引入交易习惯的主要功能是规定附随义务或解释合同。实际上，交易习惯在司法实践中的运用并不仅限于此，在一定情况下，也可以作为判定事实的依据。

一般来说，交易习惯需具备三个构成要件：（1）时间上的持续性和稳定性。交易习惯的产生、形成往往需要几年乃至十几年的时间反复实践，其内容在一定时期内具有稳定性。因此，一定时间内交易的次数、交易的惯常性是确定交易习惯，特别是特定当事人之间交易习惯的重要标准。(2) 交易习惯必须适法，即交易习惯的内容不得违反法律、行政法规的强制性规定。同时，交易习惯须不违反公序良俗。习惯具有民间性和自发性，受行为人的认知能力及地区文化环境的影响，用以确定合同内容的交易习惯不得损害社会公共利益及他人利益，否则将被认定为无效。(3) 交易对方订立合同时已知或应当知道该交易习惯存在。一个交易行为符合上述三个要件，可以认定其为《中华人民共和国合同法》所称的交易习惯。但是，对交易习惯的确认并不等于在具体的案件处理中就能被适用。根据契约自由原则，当事人可明确约定某一交易习惯在双方的合同中不产生效力以实现合同意志。因此，在依交易习惯确定合同内容或争议事实时，须为该交易习惯的约束力未被排斥，否则不得适用。

通说认为，规范是由法院查明，事实才由当事人举证。从这点来看，我国法律更倾向于将交易习惯当作事实来看待。主张适用交易习惯的一方需证明交易习惯的存在以及交易对方在订立合同时已知或应知该交易习惯。至于证明方法，可根据交易习惯的存在形式和内容加以确定。例如，特定当事人之间的交易习惯，可以按照先前多次发生的交易行为来确定。对"多次"如何界定？可以根据当事人之间的交易基础、交易目的和交易安全等因素确定。除非当事人自己确认，一般要具有相当倍数，通常以不少于三次为认定的前提。在现实生活中，许多当事人为简化手续，提高交易效率，往往都没有签订具体书面合同，在交易过程中，可能只存在借条、欠条或者送货单等简易证据，一旦发生争议，主张权利一方往往难以举证。对此类纠纷，如查明当事人系按照某一区域、行业或双方之间约定俗成的交易习惯来履行，则法院可以运用交易习惯认定争议事实，以明断权利义务之争。

就本案而言，开源顺公司提交的证据可以证明，其与中靖公司之间存在多次PVC排水管的买卖合同关系，经常采用的习惯做法为开源顺公司按中靖公司口头订单交货，而后按照双方确认的金额开具增值税发票，中靖公司在收到发票后付款，可以认定这是双方之间的交易习惯。开源顺公司于2013年12月20日开具金额为25944元的增值税普通发票，结合交易习惯可以确定其履行了交货义务的事实。

编写人：福建省厦门市湖里区人民法院　姚亮

49

民事诉讼中用交易习惯规则认定买卖合同履行行为

——兰元涛诉杨中亮、卢忠勤买卖合同案

【案件基本信息】

1. 裁判书字号

河南省南阳市中级人民法院（2017）豫13民终30号民事判决书

2. 案由：买卖合同纠纷

3. 当事人

原告（上诉人）：兰元涛

被告（被上诉人）：杨中亮、卢忠勤

【基本案情】

原告兰元涛从事鸡蛋批发业务，被告杨中亮、卢忠勤系夫妻关系，在邓州市卫生路与新华路交汇处经营一副食批发门店，自2013年至2014年年初原告向二被告供应鸡蛋。经查，双方的交易习惯是原告在向二被告供货后，由二被告或亲属在原告所持的笔记本后面记下鸡蛋数量及货款数并签名，在二被告支付货款时，由二被告在笔记本的前面记录付款数额，而后不定期双方根据笔记本记录内容再进行统一清算，笔记本一直在原告处保存。2014年年初，双方在清算时对价值49299.50元的鸡蛋货款是否支付发生争议，自此之后双方不再有生意往来。

2014年5月5日，原告持笔记本中被告及其亲属鸡蛋货款签字10页凭证，价款合计共49299.5元，诉至邓州市法院要求二被告杨中亮、卢忠勤偿还货款49299.50元。

【案件焦点】

交易习惯能否作为定案的法律依据。

【法院裁判要旨】

河南省邓州市人民法院经审理认为：本案争议的焦点是原、被告间究竟是何种交易习惯。从被告提供的视频资料可看出：被告卢忠勤先进店并拿钱，接着原告兰元涛手持笔记本进店，进店后将笔记本摊开让卢忠勤签字，卢忠勤在兰元涛所指的地方签字。签字后卢忠勤拿出钱款清点后交给兰元涛，兰元涛清点期间，卢忠勤将笔记本拿至自己一边，然后可以清晰地看到卢忠勤将笔记本向前翻了几页，并挪至自己面前开始写字，此时卢忠勤身体挡住了笔记本，无法看出书写内容，根据录像，书写时间大约13秒，然后兰元涛拿笔记本离开。通过分析录像，卢忠勤先在兰元涛的笔记本上签字，签字后卢忠勤向兰元涛付款后将笔记本向前翻几页后又记录，应是记录付款情况，否则无法解释卢忠勤签字后为何再次书写，该内容与二被告所述的支付货款后在原告的笔记本前边记录相符，符合常理，应是原、被告间的交易习惯。原告兰元涛称当日支付的一万元系还之前二被告欠其借款，没有任何证据支持，本院不予采信，原、被告间仅有买卖鸡蛋的经济往来，应是支付鸡蛋货款。结合录像，被告卢忠勤向兰元涛付款后，未见撕掉笔记本的举动，故原告所称被告付款后撕掉已付款的货物记录，与原、被告间的交易习惯不符。原告兰元涛否认二被告已支付一万元系货款的事实，应是为了否认录像中显示的交易习惯。不同民事主体可有不同交易习惯，买卖双方均可形成自己的交易习惯，被告提供的录像印证并说明了原、被告间的交易习惯是被告付款后在原告持有的笔记本前边记录。原告兰元涛作为笔记本持有人，对笔记本保管不善，致使笔记本上记载被告付款情况的页面灭失，导致无法核实被告是否付清货款，应承担不利后果。依据《中华人民共和国民事诉讼法》第六十四条第一款、《最高人民法院关于适用〈中华人民共和国民事诉讼法〉的解释》第九十条第二款的规定，2016年11月14日邓州法院判决，驳回原告兰元涛的诉讼请求。案件受理费1000元，由原告兰元涛负担。宣判后，原告兰元涛不服判决，诉至河南省南阳市中级人民法院，2017年4月5日，河南省南阳市中级人民法院经审理认为原审事实清楚，适用法律正确，判决：

驳回上诉，维持原判。

【法官后语】

1. 如何认定交易习惯

本案系一起普通的买卖合同纠纷案,要点在于买卖合同中的付款方式在无书面合同约定的情况下如何认定交易习惯。

交易习惯是人们在实践活动中逐渐发展形成的,其具有很强的随意性、自由性和不稳定性。由于交易习惯有一定的拘束力,将关系到当事人的经济利益和公平正义的实现,因此对交易习惯的认定须慎重,交易习惯要进入法律视野作为审判的依据必须同时符合以下几点:(1)必须不违反法律法规的强制性规定;(2)必须不违背公共利益和善良风俗;(3)必须被一定范围内的交易群体认知,并被反复适用;(4)必须未被当事人在合同中明确约定,也未明确约定排除。交易习惯依适用范围,可分为一般交易习惯(通行于全国或全行业的惯例)、特殊交易习惯(地域习惯或特殊群体习惯)以及当事人之间习惯(前行交易习惯和前行履行习惯)。一般习惯是指为整个社会成员或大部分成员共同知悉并遵守的行为准则;特殊习惯是指适用于特殊人群、具有特定范围的习惯做法;当事人之间的习惯是指在特定的当事人之间形成的、对其后的类似交易行为发生重要影响的交易方式。

从庭审查明的事实可以看出,原、被告之间买卖鸡蛋的付款行为符合交易习惯一般规定,应属于当事人之间的习惯,这对确认本案当事人之间的法律关系具有重要的作用。

2. 交易习惯作为定案的法律依据

根据《中华人民共和国合同法》第六十一条规定,当事人在合同中没有约定或约定不明确的事项,又无法达成补充协议,可以根据交易习惯确定。《最高人民法院关于适用〈中华人民共和国合同法〉若干问题的解释(二)》第七条规定,下列情形,不违反法律、行政法规强制性规定的,人民法院可以认定为合同法所称"交易习惯"(1)在交易行为当地或者某一领域、某一行业通常采用并为交易对方订立合同时所知道或者应当知道的做法;(2)当事人双方经常使用的习惯做法。可见法律对交易习惯是认可的。这主要基于以下考虑:一是尊重市场秩序,维护交易安全的本质;二是实际需要,在市场经济迅速发展的当今社会,交易习惯广泛存在于各行各业中。在没有合同约定或合同表意不明时,需要根据当事人之间、某一行业或地域等逐渐形成的交易习惯来探究当事人的真实意思表示,解释当事人之间存在的关系或认定某项事实情况。

根据原、被告陈述并结合相关证据，可以看出，原、被告的交易习惯应是原告每次给被告送货，都记录在原告持有的笔记本上。隔段时间被告就向原告付款，付款数额基本与所欠货款持平，付款后被告将付款情况记录在原告笔记本的前边几页，而后原告将笔记本拿走保管。双方争议的是对价值49299.50元鸡蛋货款是否履行，依据交易习惯，结合证据和生活常理，原告兰元涛作为笔记本持有人，对笔记本的处置能力显然优先于二被告，二被告能够举证证明自己的履行行为，但因原告对笔记本不良保管，致使笔记本上记载被告付款情况的页面全部灭失，导致被告履行支付义务的行为情况全部无法查清，原告作为保管重要证据的一方应承担不利后果。

在实践中，大多数交易活动都是通过合同行为来完成。但是，在没有合同或合同表意不明时，需要根据当事人之间的交易习惯探究当事人的真实意思表示，解释当事人之间的存在关系。交易习惯反映了当事人对他们之间以往的惯常交易行为的一种认可，双方在进行同类交易时已经对该习惯形成了一种心理上的确信，在没有明确表示排斥的情况下，当事人自愿受到该习惯的约束。对于当事人的真实意思及由此产生的对对方的信赖，应当予以尊重。但当事人之间的交易习惯的效力范围是具有局限性的，仅在争议双方对合同中某些事项没有约定、约定不明或对条款的解释产生歧义，当事人在事后又无法达成补充协议时，才能适用交易习惯。

在市场经济迅猛发展的当今社会，交易习惯广泛地存在于各行各业中，它的认定是建立在对以往交易过程事实调查的基础上，对特定的人在特定的时间、地点，采取特定的方式进行交易的活动。交易习惯在司法实践中没有统一的认定标准，应视个案的具体情形而定。

编写人：河南省南阳市邓州市人民法院　朱小旭　沈彬

50

以交易习惯认定合同的履行

——张栋良诉厦门艺闽工贸有限公司买卖合同案

【案件基本信息】

1. 裁判书字号

福建省厦门市翔安区人民法院（2016）闽0213民初2057号民事判决书

2. 案由：买卖合同纠纷

3. 当事人

原告：张栋良

被告：厦门艺闽工贸有限公司

【基本案情】

被告厦门艺闽工贸有限公司于2014年7月12日至2014年12月16日向原告张栋良购买石粉。双方未签订买卖合同。原告依照被告口头订单要求送货至被告处，送货时随货附送送货单，并有被告仓管、财务人员签收。2014年2月12日，原告向被告供应1250目超细石粉6吨；2014年7月28日，原告向被告供应2500目超细石粉1吨、1500目超细石粉5吨；2014年8月16日，原告向被告供应1500目超细石粉6吨。后原告继续向被告供货，但除2014年9月14日送货单写明送货内容系超细粉29吨，单价为520元；2014年9月24日的送货单写明送货内容系超细粉28吨，单价为520元外，其余送货单均未写明石粉规格及价格。2014年10月20日，被告通过其公司股东孙健的银行账户向原告转账支付货款28598元。2015年1月份，原告提供《张栋良石粉》对账清单一份，清单罗列了供货明细及所欠货款金额欲与被告进行结算，清单中载明扣除退货及被告所支付的货款，被告尚欠原告货款为175138元，被告公司仓管人员卢燕平在该清单中备注"只核对进退货的吨数无误，单价不确认"。2015年2月17日，被告通过其公司股东孙健的银行账户向原告转账支付货款20000元。

【案件焦点】

双方争议的焦点为：本案的争议焦点系原告张栋良向被告厦门艺闽工贸有限公司所供应的石粉规格和价格如何确定。

【法院裁判要旨】

福建省厦门市翔安区人民法院经审理认为：根据原告提供的送货单可以看出双方在交易之初，被告分别采购了不同规格的石粉作后续采购的参考，后被告便一直采购同一种规格的石粉。因2014年9月14日、24日的送货单有写明单价为520元，根据交易习惯及常理，法院对原告主张被告后续采购的石粉系1500目超细石粉，价格520元予以确认。因所有送货单中均未体现被告采购过600目超细石粉，被告亦未能提供任何证据证明双方对600目超细石粉价格进行过约定，故法院对被告主张其后续采购的超细石粉系600目超细石粉，价格150元不予采信。

法院认为，被告厦门艺闽工贸有限公司向原告张栋良购买石粉，双方所形成的买卖关系没有违反相关的法律规定，应予认定合法有效。被告尚欠原告货款155138元有原告提供的送货单、对账清单及银行转账记录等予以证明，故被告应当向原告支付货款155138元。被告未按照约定的时间向原告支付货款，在客观上给原告造成了一定的损失，故原告要求被告支付逾期付款利息（利息自起诉之日起按中国人民银行同期同类贷款利率计算利息计至生效判决确定的付款之日止）的主张，法院予以支持。

福建省厦门市翔安区人民法院依照《中华人民共和国合同法》第一百零七条、第一百三十条、第一百五十九条，《中华人民共和国民事诉讼法》第六十四条第一款，《最高人民法院关于民事诉讼证据的若干规定》第二条之规定，判决如下：

被告厦门艺闽工贸有限公司应于本判决生效之日起十日内向原告张栋良支付货款人民币155138元及利息（自2016年7月11日起按中国人民银行同期同类贷款利率计至本判决确定的付款之日止）。

【法官后语】

根据《中华人民共和国合同法》第六十一条规定，我们可以知悉在未明确或者明确不清楚的合同不影响合同成立时的情况下，对价格如何履行的问题。第一，双方按照约定在诚意交易后协商价格，也就是补充协议，这样根据双方对价格一致的意见来履行合同。第二，如果双方没有在补充协议的过程中达成对价格条款的统一意见，那么是要查明该合同交易习惯，证明这种交易习惯的存在并适用于双方当事人之间的交易，以便法院就此加以判断。

因《中华人民共和国合同法》未明确交易习惯的法律性质及认定、适用规则，面对社会经济浪潮不断涌现出的新情况，新问题，司法实务中常出现关于交易习惯的法律适用争议。《最高人民法院关于适用〈中华人民共和国合同法〉若干问题的解释（二）》（2009年5月13日施行）第七条规定"下列情形，不违反法律、行政法规强制性规定的，人民法院可以认定为合同法所称'交易习惯'：（一）在交易行为当地或者某一领域、某一行业通常采用并为交易对方订立合同时所知道或者应当知道的做法；（二）当事人双方经常使用的习惯做法。对于交易习惯，由提出主张的一方当事人承担举证责任。"明确指出了交易习惯须合法、须为特定时空、领域、行业的通行惯例、须交易双方事前知悉、须为交易事前惯常行为的四个构成要件及由主张存在交易习惯一方当事人举证证明交易习惯是既存事实的举证规则。

编写人：福建省厦门市翔安区人民法院　陈菲菲

51

关于网购产品"七天无理由退货"问题的认定

——吴超诉北京京东世纪信息技术有限公司买卖合同案

【案件基本信息】

1. 裁判书字号

北京市海淀区人民法院（2016）京0108民初664号民事判决书

2. 案由：买卖合同纠纷

3. 当事人

原告：吴超

被告：北京京东世纪信息技术有限公司（以下简称京东商城）

【基本案情】

2015年12月25日,原告吴超在被告京东商城上购买了乐视牌第三代X43型43英寸2D智能LED液晶电视一台(包括十六个月乐视会员),订单编号11678938035,原价2599元,优惠511元,实付2088元。被告在该商品介绍下方写明"支持七天无理由退货"。12月26日,被告送货人员将原告购买的电视送至原告家中。下午乐视公司人员前往上述地点安装、调试电视。原告在傍晚观看电视时,发现电视屏幕四角均有漏光现象。12月29日,原告在被告网站上以电视漏光为由申请退货。被告请原告先联系厂家检测,开具检测单。随后,原告通过乐视电视10109000客服反映上述事宜。12月30日,乐视公司委派售后人员至原告处对电视进行检测,并于2016年1月2日将鉴定工作单发送至原告邮箱,鉴定工作单上记载外观状态"完好",鉴定结果为"不符合换机"。鉴定工作单下方的"说明"栏写明:"故障鉴定必须遵循国家三包规定,有质量问题7天包退,30天包换,一年保修……"1月3日原告再次致电京东商城客服,要求无理由退货,不接受厂家的检测结果。客服人员称"此单商品开包使用,无法无理由退货",原告不接受客服的答复。1月5日,被告客服联系原告,如果退货需外观、包装、附件完好齐全,上门取件有50元运费。原告表示不愿意承担运费,先不处理售后,已到法院起诉被告。被告客服于1月5日、1月7日均给原告打电话表示同意七天无理由退货,原告吴超未接受被告客服的意见。诉讼中,原告称商品目前保持完好,在其家中。被告表示可以承担退货产生的运费。

【案件焦点】

双方买卖合同解除条件是否成就;消费者网购商品开包后是否适用"七天无理由退货"的规定。

【法院裁判要旨】

北京市海淀区人民法院经审理认为:原告吴超在被告京东商城购买电视,被告出具发票,原告与被告之间存在买卖合同关系,该买卖合同关系未违反国家法律和行政法规的强制性规定,应属有效。原告与被告之间的权利义务不仅受《中华人民共和国合同法》调整,还应适用《中华人民共和国消费者权益保护法》。本案的争议焦点有两方面,一是买卖合同的解除问题;二是原告主张的三倍赔偿款问题。

一、关于买卖合同的解除问题。依据《中华人民共和国消费者权益保护法》第二十五条的规定，原告在收到被告出售的电视四天后，即提出退货申请，虽然提出的理由的"电视漏光"，被告提出称原告对商品已开包使用，不能适用"七天无理由退货"的规定，对此，海淀区人民法院认为，"七天无理由退货"，消费者作为买方既可以说明理由，也可以不说明理由。不说明理由，被告须接受退货；如果说明理由，而且涉及质量异议，更应该接受退货。消费者通过网络、电视、邮购等方式购买商品的，除了开包会使商品质量发生变化（如食品）外，大多数商品开包调试并不影响其质量。另外，被告在出售涉案商品时，写明该商品"支持七天无理由退货"，说明双方已约定解除合同的条件，被告的行为亦违反了该项承诺。法院对原告吴超要求解除买卖合同、退还货款的诉讼请求，予以支持。二、关于原告主张的三倍赔偿款问题。依据《中华人民共和国消费者权益保护法》第五十五条的规定，原告提出了要求被告支付三倍赔偿款的诉讼请求。被告作为经营者应向消费者提供有关商品的质量、性能、用途、售后等信息，应当真实、全面，不得作虚假或者引人误解的宣传。从原告提供的证据来看，被告销售给其的乐视LED液晶电视并无国家标准，作为一个新产品，无国家显示器标准也属合理情况。被告在销售过程（包括广告）并未对该商品作虚假宣传。被告"支持七天无理由退货"的承诺，其后来提出此单商品已开包使用，无法无理由退货，是不履行其承诺，是对《中华人民共和国消费者权益保护法》第二十五条的限制适用，是对其承诺的违反，但仍不构成欺诈。原告要求被告支付三倍赔偿款的诉讼请求，缺乏合理依据，法院不予支持。考虑原告因提起诉讼，存在一定经济损失，法院酌定被告赔偿原告经济损失五百元。

北京市海淀区人民法院依照《中华人民共和国合同法》第八条、第九十三条第二款、第九十七条、第一百零七条，《中华人民共和国消费者权益保护法》第二十五条之规定，判决如下：

一、解除原告吴超与被告北京京东世纪信息技术有限公司于二〇一五年十二月二十五日订立的买卖合同关系；

二、被告北京京东世纪信息技术有限公司于本判决生效之日起十日内至原告吴超处将乐视牌第三代 X43 型 43 英寸 2D 智能 LED 液晶电视一台及相关附件取回，并于收到商品之日起七日内退还原告吴超货款二千零八十八元；

三、被告北京京东世纪信息技术有限公司于本判决生效之日起十日内赔偿原告吴超经济损失五百元；

四、驳回原告吴超的其他诉讼请求。

【法官后语】

本案归结起来，主要涉及以下几个问题：

1. 本案涉及网络电商平台，就诉讼主体，因本案诉争商品由被告京东商城自营，故适格被告为京东商城，而非京东平台的商家。

2. 解除合同的条件是否成就？合同的双方当事人的合意是交易安全的基础，合同的解除应当十分谨慎。合同的解除有约定解除和法定解除。本案争议的焦点之一是双方合同中是否约定了解除的条件。本案被告在出售涉案商品时，写明该商品"支持七天无理由退货"，说明双方已经约定解除合同的条件，因为买卖合同的目的是实现商品的交易，"退货"则合同目的已经根本无法实现。该约定的实质即是支持七天无理由解除合同、退货退款，亦即消费者享有自收货之后七天无理由解除合同的权利。

3. 消费者网购商品开包后是否适用"七天无理由退货"的规定。

本案中，原告吴超在被告京东商城购买了电视机出现"漏光现象"，而在七天之内要求退货，被告则以电视机开包为由拒绝原告的请求。在实践中有部分经营者因为消费者拆开外包装检查商品而拒绝无理由退货，甚至要求包装必须完好，商品不得拆封试用，所以对商品完好标准的界定存在争议。为此针对消费者依据《中华人民共和国消费者权益保护法》第二十五条要求退货的问题，国家工商行政管理总局在2017年1月6日颁布了《网络购买商品七日无理由退货暂行办法》（以下简称《办法》）对此进行了规范，此《办法》于同年3月15日开始实施。《办法》中的第八条对消费者退回的商品应当"完好"，进行了界定。商品能够保持原有品质、功能，商品本身、配件、商品标识齐全的，视为商品完好。消费者基于查验需要而打开商品包装，或者为确认商品的品质、功能而进行合理的调试不影响商品的完好。本案中，原告因需要对电视机的品质、功能进行确认而打开包装进行调试，并没有损害电视机原有品质、功能，电视机本身、配件、商标标识是齐全的。被告认为原告打开电视机包装损害了商品的完好，是混淆了商品本身和商品包装这两个概念，商品包装的损坏不等于商品的损坏，原告购买的电视机只是包装被损坏而电视机本身是完好的，所以被告应当满足原告七天无理由退货的要求。

4. 消费者主张经营者欺诈而要求三倍赔偿款问题认定。

本案中，原告因为被告不能满足其"七天无理由退款"的要求，而向法院主张被告有欺诈行为要求三倍赔偿款，法院对此不予支持。依据《中华人民共和国消费者权益保护法》第五十五条规定，要认定经营者是否要支付消费者三倍赔偿款的关键是要证明经营者有欺诈行为。民法上所说的欺诈是指一方当事人故意告知对方虚假情况，或者故意隐瞒真实情况，诱使对方当事人作出错误的意思表示。其应当包括经营者主观上有欺诈的故意，客观上实施了欺诈的行为，从而使消费者陷入错误的认识作出不真实的意思表示。而实践中，我们更容易从客观上进行判断经营者是否有欺诈行为，即其提供的商品是否符合客观的、行业一般性的标准。被告京东商城在销售过程（包括广告）中并未对该商品作虚假宣传。其提供的乐视电视机显示器四个角均有漏光现象，是属于合同履行过程中供方提供产品不符合合同约定的情形，其后来提出此单商品已开包使用，无法无理由退货，是对《中华人民共和国消费者权益保护法》第二十五条的限制适用，是对其承诺的违反，但仍不构成欺诈。所以法院对原告提出三倍赔偿款不予支持。

编写人：北京市海淀区人民法院　张建文　张辉

52

增值税发票上记载的单价可否作为合同标的物单价

——大连亚德石油化工有限公司诉中航油进出口有限责任公司买卖合同案

【案件基本信息】

1. 裁判书字号

北京市第一中级人民法院（2016）京01民终1170号民事判决书

2. 案由：买卖合同纠纷

3. 当事人

原告（反诉被告、被上诉人）：大连亚德石油化工有限公司（以下简称大连亚德公司）

被告（反诉原告、上诉人）：中航油进出口有限责任公司（以下简称中航油公司）

【基本案情】

2011年10月19日，中航油公司（供方，甲方）与大连亚德公司（需方，乙方）签订《石化产品销售合同》。合同的主要内容：货物名称为煤油，数量为5000±10%，单价见第十条价格公式；交货时间：2011年12月23日前，甲方在收到乙方全部货款后进行交货，如由于乙方未按时支付货款导致甲方未在规定时间内交货的，甲方不承担责任；保证金：乙方应当于本合同签订后1日内向甲方支付相当于合同总价款的10%的款项，即451万元作为履约保证金，乙方未按照本条约定支付履约保证金的，甲方有权不予交付货物，迟延达2日的，甲方有权解除合同，且乙方应按照本合同第十一条第二款第（三）项的约定向甲方支付违约金并赔偿其他损失；双方经协商，确认本合同的结算价格为按价格公式进行结算，即混合芳烃结算价格 = 8800 + 110/30 × 天数，价格公式中结算价格的单位是"元/吨"，"天数"具体指甲方采购此批货物付款之日起至乙方将该批货款付给甲方之日止的实际日历日，但结算价格不低于8910元/吨，按价格公式计算低于8910元/吨的，结算价格按8910元/吨执行。

2011年10月19日，大连亚德公司向中航油公司支付保证金400万元。后大连亚德公司合计支付货款3170.2525万元。中航油公司发送煤油2500吨。

2012年12月31日，中航油公司向大连亚德公司出具增值税专用发票二张，发票中分别记载了：货物名称为煤油，数量为1250吨，价税合计1124.75万元。发票合计总额2249.5万元，折合单价为8998元（含税价）。

一审庭审中，中航油公司不认可增值税发票中记载的单价，并称开票时已是年底，按照会计要求必须对账目进行清理，财务人员不了解双方的业务情况，没有按照实际情况计算，开票就是为了核账。大连亚德公司称双方口头约定煤油价格为8810元/吨，中航油公司予以否认，为此，大连亚德公司未能提供证据。

【案件焦点】

本案标的物单价如何确定。

【法院裁判要旨】

北京市海淀区人民法院经审理认为：双方虽约定了货物的结算价格方式，但该条款所记载的计算公式系混合芳烃，双方在合同中约定的货物为煤油，二者非同一产品，且双方在诉讼中对煤油的结算价格各持己见，应视为双方对货物单价约定不明，中航油公司向大连亚德公司开具的增值税发票中记载了货物单价为8998元，大连亚德公司在诉讼中也认可该价格，因此，本院依法认定双方在履行合同过程中，确定货物单价为8998元。依据本院认定的货物单价，大连亚德公司所支付的货款折合货物数量应为3523.3吨，但中航油公司只向大连亚德公司交付货物数量为2500吨，未能足额交付所收货款的相应价值的货物，系违约行为。

北京市海淀区人民法院依照《中华人民共和国合同法》第八条、第一百零七条之规定，作出如下判决：

中航油公司于判决生效后十日内返还大连亚德公司保证金四百万元、货款九百二十万七千五百二十五元及违约金九万二千零七十五元二角五分。

中航油公司提起上诉。北京市第一中级人民法院经审理认为：货物单价如何确定。中航油公司主张以合同约定的履约保证金占总货款的比例确定货物总价，确定货物单价，本院认为该主张不能成立，理由如下：按照合同约定的结算价格计算方法，应当参照中航油公司采购货物的付款日期及大连亚德公司的付款时间，但双方签订合同之时，中航油公司尚未向采购方付款，因此在签订合同之时，结算价格不可能确定，也不能依据履约保证金的数额确定货物单价。大连亚德公司所主张的双方协商的8810元/吨单价，无相关证据佐证。2012年12月31日，中航油公司向大连亚德公司开具了2500吨煤油的增值税发票，该发票体现的货物单价为8998元/吨，中航油公司虽不认可该单价，但对开票的行为不能做出合理解释，故本院确认货物单价为8998元/吨。

《石化产品销售合同》对双方之间的履行顺序有明确约定，即大连亚德公司于合同签订后1日内支付451万元履约保证金，并于2011年12月20日前支付全部货款，中航油公司收到全部货款后，最晚于2011年12月23日交付货物。实际履行过程中，大连亚德公司仅支付了400万元履约保证金，对此大连亚德公司表示系双方协商予以变更的数额，中航油公司对此予以否认，大连亚德公司并未提交证据证明双方协商的过程，大连亚德公司未按约定支付履约保证金，构成违约。

北京市第一中级人民法院依照《中华人民共和国民事诉讼法》第一百七十条第一款第（二）项之规定，作出如下判决：

一、撤销北京市海淀区人民法院（2015）海民（商）初字第9607号民事判决；

二、大连亚德石油化工有限公司继续履行付款义务，于本判决生效后十日内支付中航油进出口有限责任公司货款九百二十八万七千四百七十五元及逾期利息。

【法官后语】

本案中当事人对于合同单价的确定出现了多种意见。我们认为，本案的单价应为增值税发票中记载的单价8998元。理由如下：

首先，本案合同中尽管约定了货物结算单价确定的公式为 8800 + 110/30 × 天数，但是合同中对于该条的表述为"混合芳烃结算价格 = 8800 + 110/30 × 天数"，并非本案合同中的买卖标的煤油。对此，中航油公司称此为笔误，大连亚德公司对此不予认可，且双方对煤油单价各执一词。尽管可以从混合芳烃单价与煤油单价的差异中，推断当事人似有存在笔误的可能。但是，合同中的这个结算单价使用了"加价款"的方式，而本质上加价款的方式带有违约金的成分。因此，即便人民法院认定合同中存在笔误，当事人误把煤油写成混合芳烃，但是在笔误的前提下，对于当事人是否同时对加价款的这种定价模式达成合意，人民法院是无法推断和解释的。换句话说，加价款的结算方式超出了一般笔误的范围，直接影响了当事人在合同中的权利义务。况且当事人已经对单价产生了诸多争议，中航油公司也并未提供双方既有的之前关于订立有关采购混合芳烃的合同，也未证明混合芳烃与煤油价格的差异性。故，合同中约定的结算单价不明，尚需其他方式确定本案标的单价。

其次，大连亚德公司所主张的双方协商的8810元/吨单价，其并无证据佐证双方对于此单价产生了合意，中航油公司亦不予认可。因而，也不能作为本案煤油的单价。

最后，《中华人民共和国发票管理办法》第二十二条规定："开具发票应当按照规定的时限、顺序、栏目，全部联次一次性如实开具，并加盖发票专用章。任何单位和个人不得有下列虚开发票行为：（一）为他人、为自己开具与实际经营业务情况不符的发票；（二）让他人为自己开具与实际经营业务情况不符的发票；（三）

介绍他人开具与实际经营业务情况不符的发票。"在当事人对合同单价产生争议，又存在真实的增值税发票时，其形式与内容上的真实性应得到肯定。销售方中航油公司的出票行为视为其对发票内容的认可，购买方大连亚德公司接受增值税发票并入账的行为视为其对发票记载内容的认可。故应根据增值税发票上记载的单价作为本案标的的单价。

退一步讲，即便可以按照合同所约定的结算方式确定货物单价为9332元，但由于中航油开具增值税发票时间为2012年12月31日，此仍在合同履行过程中。故双方对于增值税专用发票的认可，应视为双方对买卖标的单价所作出的变更，当事人实际是以行为变更了合同内容，仍属于《中华人民共和国合同法》第七十七条所述的合同变更。

编写人：北京市第一中级人民法院　曹明哲

53

报关单电子数据表的采信

——苏州市合庆纺织贸易有限公司诉厦门东纶贸易有限公司买卖合同案

【案件基本信息】

1. 调解书字号

福建省厦门市中级人民法院（2016）闽02民终4692号民事调解书

2. 案由：买卖合同纠纷

3. 当事人

原告（被上诉人）：苏州市合庆纺织贸易有限公司（以下简称合庆公司）

被告（上诉人）：厦门东纶贸易有限公司（以下简称东纶公司）

【基本案情】

原告合庆公司作为供方，被告东纶公司作为需方，于2015年7月4日签订编号DL150008、DL150009、DL150010的《订购合同》，于2015年8月5日签订编号

DL150011、DL150012 的《订购合同》，于 2015 年 8 月 10 日签订编号 DL150013 的《订购合同》，就订购产品名称、颜色、数量、金额进行约定。六份《订购合同》均约定：1. 运输方式，由供方负责人安排将货送到上海货代仓库，收货人为兰祥玉，运费由供方支付；2. 付款方式，出货后第二天起 15 天内结算付款（参考收到客户支付款项的第二天支付货款）；3. 产品质量检验标准以国标一等品为准；4. 交货数量只能比订购数量少 1%~2%，不接受多出数量；5. 开 17% 增值税发票。合同签订后，合庆公司陆续向东纶公司开具《江苏增值税专用发票》，累计金额 4216385.06 元，东纶公司向合庆公司累计付款 3751676.75 元。2015 年 12 月 7 日，合庆公司就东纶公司拖欠货款事宜向法院提起诉讼。

【案件焦点】

东纶公司尚欠合庆公司的货款金额及付款条件是否已经成就。

【法院裁判要旨】

福建省厦门市同安区人民法院经审理认为：一、东纶公司尚欠合庆公司的货款金额。关于厦门海关出具的《报关单电子数据表》的证据效力问题。《报关单电子数据表》虽载明"电子数据仅供参考，不作为证据使用"，但该数据表系经厦门海关工作人员查询海关统计数据查询分析系统所得，其合法性和客观真实性，不因厦门海关由于部门工作和职能范围的特殊性所进行的标注而丧失，故该数据表可以作为本案证据使用和认定。东纶公司确认案外人骐骥公司、亚东公司是其客户指定的货运代理公司，骐骥公司与亚东公司分别在《提货单》中"托运人"处加盖公司印章，同时出具《证明》载明东纶公司委托代理出口货物，出货公司均为合庆公司。由此，可以确认东纶公司向合庆公司购买货物后，委托骐骥公司、亚东公司代理货物出口。骐骥公司与亚东公司出具的《证明》载明代理出口货物的具体数量，与厦门海关出具的《报关单电子数据表》载明的数据换算后得出的数据，能够相互印证，本院据此认定合庆公司交付给东纶公司的货物数量即为骐骥公司与亚东公司出具的《证明》载明的代理出口货物的数量，合庆公司按照合同约定的单价计算出尚欠货款金额 2266809.34 元，本院予以确认。至于合庆公司主张的超成本 72355.3 元、版费 204900 元、快递费 46292.74 元、样布费用 52040 元，缺乏事实和法律依据，本院不予支持。二、关于付款条件是否已经成就的问题。《订购合同》约定出货后第二天起 15 天内结算付款（参考收到客户支付款项的第二天支付货款），"收到客户支付款项的第二天支付货款"的约定仅为参考，东纶公司应于出货第二天起 15 天内支付货款，其辩称付款条件尚未成就，缺乏法律依据，本院不予采信。双方未约定逾期付款利息，合庆公司仅能自起诉之日即 2015 年 12 月 7 日起按照中国人民银行贷款利率主张利息，超过部分不予支持。至于东纶公司要求中止本案审理，本院已书面告知东纶公司，因不符合必须中止审理的情形，本案不予中止。

福建省厦门市同安区人民法院根据《中华人民共和国合同法》第一百六十一条、第一百零七条以及《中华人民共和国民事诉讼法》第六十四条之规定，判决如下：

一、被告厦门东纶贸易有限公司于本判决生效之日起十五日内支付原告苏州市合庆纺织贸易有限公司货款 2266809.34 元及逾期付款利息（利息按照中国人民银行贷款基准利率，自 2015 年 12 月 7 日起计算至本判决确定的给付之日止）；

二、驳回原告苏州市合庆纺织贸易有限公司的其他诉讼请求。

判决作出后，被告东纶公司不服提出上诉，双方达成民事调解。

【法官后语】

本案是一起买方（被告）指定第三方国际货运代理公司收货的购销合同纠纷，涉案标的物为出口的纺织品。审理过程中，买方不仅否认收货事实，也拒绝向法院提供己方证据用以说明出口纺织品的数量，法院依卖方（原告）申请向海关部门调取买方在指定期间内出口货物明细。海关部门经查询海关统计数据查询分析系统，向本院提供《报关单电子数据表》1 份，但海关部门工作人员在《报关单电子数据表》抬头部分手写备注"电子数据仅供参考，不作为证据使用"，导致原、被告双方就该《报关单电子数据表》的效力产生争议，给法院审理工作带来困扰。那么，该《报关单电子数据表》是否具备可采性。笔者认为，对海关部门的《报关单电子数据表》的审查亦应遵循诉讼活动中证明案件事实的客观规律，即从民事诉讼证据的真实性、合法性、关联性进行考察。

证据的合法性是指证据符合法定形式、形式要件且来源合法，真实性是指证据的形成过程客观真实，排除出具证据一方的伪造，证据内容客观反映待证事实。《中华人民共和国民事诉讼法》第六十三条规定的证据法定形式包括：（一）当事人的陈述；（二）书证；（三）物证；（四）视听资料；（五）电子数据；（六）证人证言；（七）鉴定意见；（八）勘验笔录。本案中，《报关单电子数据表》属于证据法定形式中的书证，是法院依当事人申请依法向海关部门调取的。海关部门是依据法律、行政法规形式进出口监督管理职权的国家行政机关，不仅承担着进出境监管、查缉走私的职能，还肩负编制统计的重要责任。海关统计是国家进出口货物贸易统计，负责对进出口关境的货物进行统计调查和分析，科学、准确地反映对外贸易的运行态势，实施有效的统计监督。海关部门经查询海关统计数据查询分析系统后，出具《报关单电子数据表》，并加盖部门印章，证据来源合法、权威，信息客观真实，具备证据的合法性、真实性。

证据的关联性是指证据与待证事实之间必须具有一定的联系，即证据必须具备证明力。证明力又称证明价值，是指证据资料对待证事实具有的积极价值，即证据事实，对于待证事实真伪、成否的力量和程度。本案中，被告东纶公司确认案外人骐骥公司、亚东公司是其客户指定的货运代理公司，骐骥公司与亚东公司分别在《提货单》中"托运人"处加盖公司印章，同时出具《证明》载明东纶公司委托代理出口货物，出货公司均为原告合庆公司。由此，可以确认东纶公司向合庆公司购买货物后，委托骐骥公司、亚东公司代理货物出口。骐骥公司与亚东公司出具的《证明》载明代理出口货物的具体数量，与厦门海关出具的《报关单电子数据表》载明的数据换算后得出的数据，能够相互印证，法院据此认定合庆公司交付给东纶公司的货物数量即为骐骥公司与亚东公司出具的《证明》载明的代理出口货物的数量，合庆公司按照合同约定的单价计算出尚欠货款金额2266809.34元，法院予以确认。值得一提的是，《报关单电子数据表》标注"电子数据仅供参考，不作为证据使用"，是海关部门职能的特殊性所决定和要求的，但《报关单电子数据表》所承载数据的准确性、客观真实性并未丧失，法院在综合考量《报关单电子数据表》真实性、合法性、关联性的基础上予以采信，作为定案的依据。

编写人：福建省厦门市同安区人民法院　洪佩兰

54

网络交易平台的责任

——陈明诉纽海电子商务（上海）有限公司买卖合同案

【案件基本信息】

1. 裁判书字号

北京市第三中级人民法院（2016）京03民终4409号民事判决书

2. 案由：买卖合同纠纷

3. 当事人

原告（被上诉人）：陈明

被告（上诉人）：纽海电子商务（上海）有限公司（以下简称纽海电子公司）

【基本案情】

2014年7月26日，陈明在1号店商务平台上购买1盒蓝景坊鹿胎膏，价格3980元，1瓶蓝景坊红景天蜜，价格85元。双方确认上述商品系由1号店平台上的商家长白山蓝景坊旗舰店销售。1号店平台显示长白山蓝景坊旗舰店的经营者为吉林省盈谷商贸有限公司（以下简称盈谷公司），且显示了盈谷公司的地址以及营业执照。陈明称由于其根据1号店平台提供的盈谷公司联系方式无法找到盈谷公司，故要求1号店平台承担相应责任。经询，纽海电子公司表示其自2014年1月8日至2014年11月5日与盈谷公司合作，终止合作后，纽海电子公司也无法联系上盈谷公司。

经查，蓝景坊鹿胎膏显示的制造商为吉林省蓝景坊生态产品开发有限公司（以下简称蓝景坊公司），主要成分包括梅花鹿胎、西洋参、当归、益母草等。红景天蜜的制造商为蓝景坊公司，配料包括椴树蜜、红景天萃取物，生产日期为2013年8月26日。陈明向吉林省食品药品举报中心（以下简称举报中心）投诉涉案产品存在问题，举报中心答复称，经查，蓝景坊公司从未生产过任何鹿产品，自2009年1

月以后未生产过红景天蜜;盈谷公司非蓝景坊公司签约代理商,盈谷公司在1号店网站设立的长白山蓝景坊旗舰店也非蓝景坊公司授权经营。陈明向白山市工商局举报盈谷公司销售不安全食品,工商局答复称:经调查核实发现陈明举报的盈谷公司销售的涉案两种产品违规添加"鹿胎、鹿茸、益母草、当归、红景天"等非普通食品原料情况属实,由于后期该公司搬离注册地址,且无法联系到相关负责人,导致案件无法继续办理。截至本判决书书写时,承办人登录全国企业信用信息公示系统查询盈谷公司,显示为暂未查询到相关记录。

纽海电子公司系本案诉争商品销售的电子服务平台,纽海电子公司陈述其在与盈谷公司签约时审查了其公司营业执照、组织机构代码证和税务登记证等主体资质材料,其他材料未审核。

【案件焦点】

本案的争议焦点在于纽海电子公司作为电子商务平台是否应当对消费者承担责任。

【法院裁判要旨】

北京市朝阳区人民法院经审理认为:本案陈明购物与提起诉讼均发生在《中华人民共和国食品安全法》修订之前,故应适用修订之前的《中华人民共和国食品安全法》。本案的争议焦点在于纽海电子公司作为电子商务平台是否应当对消费者承担责任。根据法律规定,网络交易平台提供者不能提供销售者的真实名称、地址和有效联系方式的,消费者可以向网络交易平台提供者要求赔偿。本案中,虽然纽海电子公司在其网站上公示了销售者盈谷公司的名称、地址以及营业执照等信息,但在陈明购买的产品出现问题向白山市工商局投诉后,其经过调查已无法联系盈谷公司,且在本案诉讼过程中,纽海电子公司亦称其无法联系盈谷公司,现全国企业信用信息公示系统中已无法查询到盈谷公司信息,纽海电子公司作为电子平台提供者不能提供销售者的有效信息,故陈明在所购产品出现质量问题的情况下,以纽海电子公司为被告主张权利,于法有据,本院予以支持。根据法律规定,陈明购买的两种食品中均添加了法律规定不得作为普通商品使用的成分,且根据陈明的举报结果,相关行政机关亦认定上述两种食品存在违规添加非普通食品原料的情况。陈明购买的两种食品均不符合食品标准,其有权要求纽海电子公司退还货款并给付10

倍赔偿金。陈明的诉讼请求于法有据，本院予以支持。鉴于上述食品不符合食品安全标准，故上述食品由法庭收缴后予以销毁。

北京市朝阳区人民法院依照《中华人民共和国消费者权益保护法》第四十四条、《中华人民共和国食品安全法》第九十六条之规定，判决如下：

一、被告纽海电子商务（上海）有限公司于本判决生效之日起十日内退还原告陈明货款四千零八十元；

二、被告纽海电子商务（上海）有限公司于本判决生效之日起十日内给付原告陈明赔偿金四万零八百元。

纽海电子公司不服判决提起上诉。

北京市第三中级人民法院经审理认为：《中华人民共和国消费者权益保护法》第四十四条规定："消费者通过网络交易平台购买商品或者接受服务，其合法权益受到损害的，可以向销售者或者服务者要求赔偿。网络交易平台提供者不能提供销售者或者服务者的真实名称、地址和有效联系方式的，消费者也可以向网络交易平台提供者要求赔偿；网络交易平台提供者作出更有利于消费者的承诺的，应当履行承诺。网络交易平台提供者赔偿后，有权向销售者或者服务者追偿。网络交易平台提供者明知或者应知销售者或者服务者利用其平台侵害消费者合法权益，未采取必要措施的，依法与该销售者或者服务者承担连带责任。"本案买卖合同关系发生于2014年7月，故本案应当适用《中华人民共和国食品安全法》（2009年修订版）。该法第二十八条规定："禁止生产经营下列食品：（一）用非食品原料生产的食品或者添加食品添加剂以外的化学物质和其他可能危害人体健康物质的食品，或者用回收食品作为原料生产的食品……"，依据《卫生部关于进一步规范保健食品原料管理的通知》（卫法监发［2002］51号），涉案产品中添加的鹿胎、鹿茸、益母草、当归、红景天均属于非普通食品原料，2014年8月陈明已向1号店客服投诉，2014年9月陈明向吉林省食品药品举报中心投诉涉案产品，纽海电子公司已知悉涉案产品不符合食品安全标准，但未采取必要措施。此后，盈谷公司注销，在诉讼中陈明无法向盈谷公司主张权利，故纽海电子公司作为食品的经营者依法应当与销售者承担连带赔偿责任。《中华人民共和国食品安全法》（2009年修订版）第九十六条规定："违反本法规定，造成人身、财产或者其他损害的，依法承担赔偿责任。生产不符合食品安全标准的食品或者销售明知是不符合食品安全标准的食品，消费者除要求赔偿损失外，还可以向生产者或者销售者要求支付价款十倍的赔偿金。"本案陈明购买的食品中添加了非普通食品原料，故一审法院判决纽海电子公司退还陈明货款并十倍赔偿并无不当。

北京市第三中级人民法院依照《中华人民共和国民事诉讼法》第一百七十条第一款第（一）项之规定，判决如下：

驳回上诉，维持原判。

【法官后语】

本案涉及的是网络交易平台的责任承担问题。《中华人民共和国消费者权益保护法》第四十四条第一款规定"消费者通过网络交易平台购买商品或者接受服务，其合法权益受到损害的，可以向销售者或者服务者要求赔偿。网络交易平台提供者不能提供销售者或者服务者的真实名称、地址和有效联系方式的，消费者也可以向网络交易平台提供者要求赔偿；网络交易平台提供者作出更有利于消费者的承诺的，应当履行承诺。网络交易平台提供者赔偿后，有权向销售者或者服务者追偿。"《中华人民共和国食品安全法》第一百三十一条第二款也规定"消费者通过网络食品交易第三方平台购买食品，其合法权益受到损害的，可以向入网食品经营者或者食品生产者要求赔偿。网络食品交易第三方平台提供者不能提供入网食品经营者的真实名称、地址和有效联系方式的，由网络食品交易第三方平台提供者赔偿。网络食品交易第三方平台提供者赔偿后，有权向入网食品经营者或者食品生产者追偿。网络食品交易第三方平台提供者作出更有利于消费者承诺的，应当履行其承诺。"从买卖合同的主体来看，网络交易平台不参与具体的签约过程，并非交易的任何一方主体，法律之所以规定网络交易平台在特定条件下需要对消费者承担赔偿责任，一方面是考虑到对消费者权利的保护。由于网络交易的虚拟性，网络平台上的销售者往往资质、信誉良莠不齐，发生纠纷后，消费者的权益难以保障。另一方面是从技术角度考虑。网络交易平台从技术上对于销售者具有一定的控制能力，通过审查销售者的身份、资质、证照等能够在其能力范围内降低交易风险。因此，从以上角度考虑，法律规定了网络交易平台的提供者在一定的条件下需要对消费者承担责任。从以上法律规定可以看出，网络交易平台在以下几种情形下需要承担责任：一是网络交易平台不能提供销售者或者服务者的真实名称、地址和有效联系方式的；二是网络交易平台作出更有利于消费者的承诺的；三是网络交易平台提供者明知或者应知销售者或者服务者利用其平台侵害消费者合法权益，未采取必要措施的。本案属于第一种情形，需要强调的是，本案被告提出其提供了销售者的真实名称、地址和有效联系方式，在销售者入驻网络交易平台和消费者购买产品当时，网络交易平台提供的销售者信息均真实、合法、有效，只是在消费者维权时经营者注销，不应当由网络交易平台承担责任。笔者认为，法律之所以规定网络交易平台提供销售者的有效信息，就是为了消费者在维权时可以找到正确的相对方，因此即使在消费者购物时提供的经营者信息有效，如果在发生争议时，无法提供有效的经营者信息，网络交易平台仍然应当承担先行赔偿责任。

编写人：北京市朝阳区人民法院　孙国荣

55

网络经营者主体分离应承担赔偿责任

——靳超诉北京苏宁云商销售有限公司买卖合同案

【案件基本信息】

1. 裁判书字号

北京市第二中级人民法院（2016）京02民终8660号民事判决书

2. 案由：买卖合同纠纷

3. 当事人

原告（上诉人）：靳超

被告（被上诉人）：北京苏宁云商销售有限公司（以下简称北京苏宁公司）

【基本案情】

2015年9月19日，靳超通过苏宁易购网下单购买了2台HP惠省喷墨无线打印一体机Deskjet2548，并支付货款1398元，北京苏宁公司向其开具了发票。收货后，靳超认为该商品存在消费欺诈，于 2015 年 10 月 11 日向南京市玄武区市场监督管理局（以下简称玄武市场监管局）举报苏宁易购网站。2016 年 3 月 16 日，玄武市场监管局对南京苏宁易购电子商务有限公司（以下简称南京苏宁公司）作出行政处罚，内容为："经查，你（单位）在苏宁易购网站中销售的'HP 惠省喷墨无线打印一体机 Deskjet2548'的网页宣传中称'传真类型：激光式'及'无边距无线照片打印'，实际并无该功能，上述行为违反了《中华人民共和国广告法》第四条的规定，构成了误导消费者的行为，根据《中华人民共和国广告法》第五十五条的规定，责令你（单位）改正上述违法行为，并作出如下 2 项处罚：1. 警告；2. 罚款人民币玖佰元整。"

另，北京苏宁公司和江苏苏宁易购电子商务有限公司（以下简称江苏苏宁公司）是苏宁云商集团股份有限公司（以下简称苏宁云商集团）控股的子公司。南京苏宁公司是江苏苏宁公司的全资子公司。苏宁易购网站的经营者是江苏苏宁公司，苏宁易购网站上"苏宁自营"的商品并未注明具体的销售方，只有在发票上才能看出是哪个地区的苏宁公司销售的商品。

【案件焦点】

北京苏宁公司作为向靳超交付涉案商品并开具发票的主体，是否应当就苏宁易购网站上关于涉案商品发布宣传信息的行为承担《中华人民共和国消费者权益保护法》规定的惩罚性赔偿责任。

【法院裁判要旨】

北京市丰台区人民法院经审理认为：本案争议焦点为交易发生时，北京苏宁公司是否提供了虚假的商品网络参数信息。首先，靳超提交的网络购物截图系其自行采集，截图时间并非交易发生的时间，且靳超在起诉时亦表示该商品的网页参数已经进行了修改，现已无法查明交易发生时商品的网络参数信息；其次，靳超提交的处罚决定书系针对南京苏宁公司做出，与本案不具有关联性。综上，靳超提供的证据不足以证明北京苏宁公司在销售过程中故意向其告知了虚假情况或故意隐瞒了真实情况，其主张北京苏宁公司存在欺诈的理由不能成立，故对于其要求北京苏宁公司返还购机款并三倍赔偿的诉讼请求，一审法院不予支持。

北京市丰台区人民法院根据《中华人民共和国民事诉讼法》第六十四条第一

款、《最高人民法院关于民事诉讼证据的若干规定》第二条之规定，判决：

驳回靳超的全部诉讼请求。

靳超不服一审判决，提起上诉。北京市第二中级人民法院经审理认为：靳超系在苏宁易购网站上选择"苏宁自营"商品下单购买的涉案打印机，北京苏宁公司向其交付打印机、开具发票。在这种网上购物交易中，销售者的销售行为具有不同于传统实体店销售的显著特征。本案中，"苏宁自营"商品由苏宁云商集团或其关联公司销售，具体销售方以销售发票记载的开票主体为准，而发布"苏宁自营"商品宣传信息的苏宁易购网站是由苏宁云商集团的控股子公司江苏苏宁公司经营的，苏宁易购网站的管理者南京苏宁公司是江苏苏宁公司的全资子公司，向靳超交付涉案打印机并开具发票的是苏宁云商集团的控股子公司北京苏宁云商公司。由此可见，苏宁云商集团及其关联公司的销售行为是通过苏宁云商集团各个子公司和关联公司分工合作来完成的。苏宁易购网站发布"苏宁自营"商品宣传信息，但不向消费者交付商品、开具发票，北京苏宁云商公司等苏宁云商集团的子公司或关联企业向消费者交付商品、开具发票，但不发布"苏宁自营"商品宣传信息。基于此，对于苏宁易购网站发布的"苏宁自营"商品宣传信息，消费者有理由相信是苏宁云商集团及其关联公司发布的。因此，法院认定苏宁易购网站发布的"苏宁自营"商品宣传信息应当视为苏宁云商集团及其关联公司发布的商品宣传信息。本案中，南京苏宁公司作为苏宁易购网站的管理者，在苏宁易购网站就涉案打印机发布与打印机实际功能不符的宣传信息，玄武市场监管局对南京苏宁公司的虚假宣传行为进行了认定和行政处罚。因此，南京苏宁公司对涉案打印机的虚假宣传行为应当视为北京苏宁公司的虚假宣传行为。本案中，北京苏宁公司通过南京苏宁公司实施的虚假宣传行为，误导了靳超购买了涉案打印机，北京苏宁公司的上述行为应当认定为欺诈行为。本案中，北京苏宁公司在销售涉案打印机给靳超的过程中存在欺诈行为，靳超主张北京苏宁云商公司返还涉案打印机货款1398元并三倍赔偿货款4194元，具有事实和法律依据。

北京市第二中级人民法院依照《中华人民共和国消费者权益保护法》第五十五条第一款、《最高人民法院关于贯彻执行〈中华人民共和国民法通则〉若干问题的意见（试行）》第六十七条、《中华人民共和国民事诉讼法》第一百七十条第一款第（二）项之规定，判决：

一、撤销北京市丰台区人民法院（2016）京0106民初259号民事判决；

二、北京苏宁云商销售有限公司于判决生效之日起七日内退还靳超货款1398元并赔偿靳超4194元；

三、靳超于判决生效之日起七日内退还北京苏宁云商销售有限公司2台HP惠省喷墨无线打印一体机Deskjet2548；

四、驳回靳超的其他诉讼请求。

【法官后语】

《中华人民共和国消费者权益保护法》第五十五条规定的惩罚性赔偿，其适用条件为经营者提供商品有欺诈行为。一般认为，惩罚性赔偿是指当被告以恶意、故意、欺诈或放任的方式施加加害行为而致原告受损时，原告可以获得实际损害赔偿之外的增加赔偿。由此可知，惩罚性赔偿的性质要求其适用必须有严格条件。网络购物消费尤其是电商"自营"类商品销售过程中，随着电商平台覆盖地域范围的不断扩大，逐渐出现了经营者主体分离的现象，即由电商集团或总公司旗下的若干分公司、子公司或关联公司分别完成向消费者承担宣传、订单确认、结算、送货、开票、维保等一系列卖方权利义务，导致消费者在进行维权诉讼过程中，出现若干经营者主体各自独立或分立的情形。

在出现经营者分离现象的消费者维权案件中，对经营者销售行为的统一认定是审理案件的重点和难点所在。首先，应当审查并明确对涉案商品分别进行宣传和送货、开票的主体；其次，应当审查宣传主体即广告信息的发布者、网购平台的运营公司与实际交付主体即向消费者供货、开发票的区域公司之间的关联关系；再次，应当在原、被告之间合理分配举证责任，消费者提供购物清单网页截屏或者发票等证据证明被告已履行合同义务，但被告仍否认买卖合同关系存在的，应由被告举证证明各主体之间不存在关联；最后，应当准确适用表见代理制度，消费者购买"自营"商品时，其关于合同相对人的真实意思表示应为网络交易平台，消费者有理由相信实际交付主体系有权代理，其行为的法律后果应由网络交易平台承担。

本案中，二审法院通过补充查明事实的方式，认定了北京苏宁公司与苏宁易购网站的经营者江苏苏宁公司、管理者南京苏宁公司，同属于苏宁云商集团旗下的控股公司或关联公司，由此认为苏宁易购网站发布的"苏宁自营"商品宣传信息应当视为北京苏宁公司发布的商品宣传信息,故涉案商品的虚假宣传行为应当视为北京苏宁公司的虚假宣传行为,通过对各"分离"的经营者主体之间的关联关系的认定,"刺破"了各主体之间关于无须承担商品欺诈的经营者责任的"面纱",从而判决北京苏宁公司应就苏宁易购网站的虚假宣传行为承担惩罚性赔偿责任。

编写人:北京市第二中级人民法院 李诚

56

经营者未正确履行告知义务是否必然构成欺诈

——孙文禄诉北京燕莎友谊商城有限公司、北京燕莎友谊商城有限公司奥特莱斯购物中心买卖合同案

【案件基本信息】

1. 裁判书字号

北京市第二中级人民法院(2016)京03民终6282号民事判决书

2. 案由:买卖合同纠纷

3. 当事人

原告(上诉人):孙文禄

被告(被上诉人):北京燕莎友谊商城有限公司(以下简称燕莎公司)、北京燕莎友谊商城有限公司奥特莱斯购物中心(以下简称奥莱中心)

【基本案情】

2015年4月14日,孙文禄在奥莱中心购买型号为S144K129040连衣裙一件,吊牌价11800元,实际付款5900元,吊牌中标注"面料为羊毛46%、粘纤39%、聚酯纤维15%";型号为S14XK62A000女上装一件,吊牌价12800元,实际付款6400元,吊牌中标注"面料59%粘纤、28%羊毛、13%聚酯纤维";型号为S144K629060女上装一件,吊牌价为15800元,实际付款7900元,吊牌中标注"面料46%羊毛、39%粘纤、15%聚酯纤维";型号为S14XK92A000女上装一件,吊牌价为5800元,实际

付款2950元，吊牌中标注"面料59％粘纤、28％羊毛、13％聚酯纤维"。2015年4月17日购买了型号为S122K120B02连衣裙一件，吊牌价13800元，实际付款2760元，吊牌中标注"面料为粘胶纤维59％、羊毛28％、聚酯纤维13％。

后孙文禄将S14XK62A000女上装、S144K629060女上装、S122K120B02连衣裙送至天津市纺织纤维检验所进行检验，检验结果为S14XK62A000女上装纤维含量为聚酯纤维＋聚酯薄膜纤维12％、S144K629060女上装纤维含量为聚酯纤维＋聚酯薄膜纤维14.3％、S122K120B02连衣裙纤维含量为聚酯纤维＋聚酯薄膜纤维13.1％。孙文禄支付检测费900元。孙文禄认为上述衣服中的聚酯薄膜纤维未单独标注构成欺诈，故要求退还货款25910元，赔偿损失77730元、鉴定费损失900元。

另查明三，奥莱中心系燕莎公司的分公司。

【案件焦点】

奥莱中心未完全告知孙文禄衣物成分含量是否构成欺诈。

【法院裁判要旨】

北京市朝阳区人民法院经审理认为：根据GB/T 29862-2013及GB/T4146.1-2009的相关规定，聚酯薄膜纤维属于没有规范名称的化学纤维，应当参照GB/T 29862-2013附录B中的规定进行标注，而附录B.7只是建议性标注，并非强制性标注。另结合国家纺织制品质量监督检验中心中纺标检验认证中心有限公司的咨询意见及北京市工商行政管理局朝阳分局华威工商所出具的行政提示书及奥莱中心提供的检验报告，奥莱中心未将聚酯薄膜纤维单独标注属于不规范标注，并非属于违反国家标准的标注，不属于故意告知孙文禄虚假情况，或者故意隐瞒真实情况。故奥莱中心在销售涉案衣物的过程中不存在欺诈行为。但鉴于奥莱中心向孙文禄提供的涉案衣物标签确有瑕疵，故针对孙文禄主张退还货款及赔偿鉴定费损失的诉讼请求本院予以支持。奥莱中心系燕莎公司的分公司，燕莎公司应对奥莱中心的赔偿责任承担连带责任。北京市朝阳区人民法院依据《中华人民共和国合同法》第一百零七条、第一百一十二条，《中华人民共和国消费者权益保护法》第五十四条，《中华人民共和国公司法》第十四条，《中华人民共和国民事诉讼法》第六十四条之规定，判决如下：

一、被告北京燕莎友谊商城有限公司、北京燕莎友谊商城有限公司奥特莱斯购物中心退还原告孙文禄货款二万五千九百一十元；

二、被告北京燕莎友谊商城有限公司、北京燕莎友谊商城有限公司奥特莱斯购物中心赔偿原告孙文禄鉴定费损失九百元；

三、驳回原告孙文禄的其他诉讼请求。

孙文禄持原审起诉意见提起上诉。北京市第三中级人民法院经审理认为：一审法院判决并无不当，依法应予维持。

依照《中华人民共和国民事诉讼法》第一百七十条第一款第（一）项之规定，判决如下：

驳回上诉，维持原判。

【法官后语】

本案例主要涉及的争议点为经营者未正确履行告知义务是否必然构成欺诈。经营者的告知义务其实与消费者的知情权、选择权相对应。《中华人民共和国消费者权益保护法》（以下简称消法）第八条规定消费者享有知悉其购买、使用的商品或者接受的服务的真实情况的权利；第九条规定消费者享有自主选择商品或者服务的权利。消费者知情权及自主选择权保障的前提为经营者提供的商品或者服务信息应当满足消费者选择是否购买的主要因素。针对不同的商品或服务，消费者在选择是否购买时所需要参考的因素也有所不同。消法第二十条规定：经营者向消费者提供有关商品或者服务的质量、性能、用途、有效期限等信息，应当真实、全面，不得做虚假或者引人误解的宣传。此条虽规定经营者真实、全面的信息告知义务，但对告知的内容仅做简单罗列，实操性不高。在现阶段审判中，法官一般会严格根据法律或国家标准、行业标准等确认不同商品应当标示的内容，一旦商品的标示不符合上述规定或标准，经营者即面临惩罚性赔偿的后果。笔者认为，此种做法对经营者过于严苛，应当根据告知内容的必要性和重要性将告知内容区分为"必须准确告知的内容"和"可以准确告知的内容"，从而确定经营者承担法律责任的形式。

所谓"必须准确告知的内容"，应当是可能影响消费者安全权、选择权等全部重要信息。违反该告知内容的表现形式为欺诈，经营者对应承担法律责任的形式即为惩罚性赔偿。如消费者购买一件皮衣，吊牌中标注为100%羊皮，但购买后发现实际为50%羊皮、50%猪皮，这种标注不但违反相关服装标识规定，亦会对消费者选择是否购买造成误导,那么此种情况的标注即应当视为"必须准确告知的内容",经营者承担的赔偿责任即为惩罚性赔偿。

所谓"可以准确告知的内容",应当是不会影响消费者安全权、选择权等信息。违反该告知内容的表现形式为未标注或瑕疵标注有关商品的信息。实际上,《中华人民共和国食品安全法》第一百四十八条第二款已对瑕疵标注的后果进行但书规定,虽此规定并未在其他商品或法律中进行明示规定,但笔者认为就其他种类商品亦可参考适用。对不影响消费者安全权、选择权等重要信息的瑕疵标注不应适用惩罚性赔偿。就本案而言,虽相关服装标识标准中规定聚酯薄膜纤维标注应参照 GB/T 29862-2013 附录 B 中的规定进行单独标注,但将占服装材质比例微小的聚酯薄膜纤维与聚酯纤维共同标注,从一个理性消费者的角度看,并不会影响其选择是否购买涉案服装。故该标注即应当为"可以准确告知的内容"。但考虑此种情况可能会对消费者的知情权有所侵犯,故经营者承担的责任形式可以是退换货,也可以是赔偿消费者合理损失或二者兼有。

编写人:北京市朝阳区人民法院　孙璟钰

57

欺诈的构成要件及认定

——单海燕诉北京寰宇恒通汽车有限公司买卖合同案

【案件基本信息】

1. 裁判书字号

北京市第一中级人民法院(2016)京 01 民终 7089 号民事判决书

2. 案由:买卖合同纠纷

3. 当事人

原告(上诉人):单海燕

被告(被上诉人):北京寰宇恒通汽车有限公司(以下简称寰宇公司)

【基本案情】

寰宇公司提供的奥迪 A4L 推荐车型装备价格表中列明了车型为 A4L 45 TFSI Quattro 个性运动版的配置，其中 S line 外部包（前后运动型保险杠、S line 徽标、门槛条）标记为基本装备。

单海燕车辆预订单显示，车型配置为 A4 2.0T 四驱个性运动，市场指导价 349000 元，销售价格 286180 元，个性化配置无。

一汽大众商品车销售缴款单显示，出门证时间：5 月 10 日，车辆型号：A4L 2.0T 四驱个性运动。

一汽大众商品车交车单显示，客户名称：单海燕，发票日期：2015 年 5 月 10 日，车辆配置为 A4 2.0T 四驱个性运动，市场指导价 349000 元。

车辆保修证明显示，汽车数据 LFV3A28K5F3000376 车型为 A4 Lim. quat. 2.0 R4。

车辆行驶证显示，车辆识别代号 LFV3A28K5F3000376，品牌型号奥迪牌 FV7203BFQBG，注册日期 2015 年 6 月 5 日。

单海燕称，除 S line 外部包缺失外，车辆其他配置与个性运动版的价格配置表列明的是一样的。

【案件焦点】

寰宇公司是否存在欺诈行为。

【法院裁判要旨】

北京市海淀区人民法院经审理认为：该案争议的几个问题在于：一、寰宇公司是否依约履行了交付车辆的义务。二、寰宇公司是否构成欺诈。

就第一个问题，双方对车辆配置的标准系一汽大众车型装备价格表中 A4L 45 TFSI Quattro 个性运动版所列配置并无异议，单海燕称，除 S line 外部包，车辆的其他配置与个性运动版是相同的。寰宇公司也认可，单海燕购买的车辆确实没有 S line 外部包。在其他配置均相同，仅缺失 S line 外部包的情况下，单海燕称，有无 S line 外部包就决定了是否为同一款车，但并未提供证据相佐。寰宇公司提供的车辆虽缺失 S line 外部包，但该外部包仅系车辆保险杠及徽标、门槛条的特殊装饰，而车辆其他配置均与 A4L 45 TFSI Quattro 个性运动版所列相符，故寰宇公司提供的车型与单海燕约定购买的车型一致。

就第二个问题，寰宇公司在销售过程中，向单海燕提供的车型材料、价格材料、样车并不存在虚假或欺骗、误导，而单海燕在买车、提车时均亲自到场，目前也没有证据显示，寰宇公司在这些环节中弄虚作假。且对于目前的状况，单海燕自身也有责任，S line 外部包的缺失属于外观瑕疵，其买车、提车时均到现场，完全可以也应该发现这个瑕疵。据此，寰宇公司不构成欺诈，单海燕诉请要求赔偿三倍价款，不予支持。

北京市海淀区人民法院依照《中华人民共和国合同法》第八条、第一百零七条、第一百四十八条之规定，判决如下：

驳回原告单海燕的诉讼请求。

单海燕持原审起诉意见提起上诉。北京市第一中级人民法院经审理认为：本案争议焦点为寰宇公司是否存在欺诈行为。

第一，在合同订立过程中，寰宇公司是否存在欺诈行为。2015 年 5 月 9 日，单海燕与寰宇公司经过协商签署了车辆预订单，在此过程中，寰宇公司向单海燕提供的有关车型、价格等方面的资料，以及样车，并不存在故意告知虚假情况或隐瞒真实情况的行为。故本院认为在合同订立过程中，寰宇公司不存在欺诈行为。

第二，在合同履行过程中，寰宇公司是否存在欺诈行为。

关于寰宇公司交付的车辆与单海燕所购车辆是否为同一款车。本院认为，双方当事人均认可除 S line 外部包缺失外，寰宇公司交付车辆的其他配置与推荐车型装备价格表列明一致。单海燕虽称 S line 外部包中的前后运动型保险杠与寰宇公司交付车辆的保险杠不同、材质不一样，但在除寰宇公司确认的 S line 外部包包含的保险杠上的格栅形状不同外，单海燕无法明确指出存在其他不同，也未能提供证据证明存在材质不同的情况下，寰宇公司所作的 S line 外部包主要系外部装饰的陈述更为合理。在单海燕未向本院提交有效证据证明有无 S line 外部包决定是否为同一款车的情况下，可以认定寰宇公司交付车型与单海燕购买的车型除 S line 外部包外，其他配置相同，车型一致。故单海燕关于寰宇公司交付的车辆与其所购车辆并非同一款车因而构成欺诈的上诉理由缺乏依据，本院不予采信。

关于第二点争议，寰宇公司交付车辆 S line 外部包缺失是否构成欺诈。本院认为，寰宇公司虽称 S line 外部包为选择项目，单海燕在购买车辆时选择不加 S line 外部包，所以才便宜了 4000 元，但单海燕不予认可。依据推荐车型装备价格表，S line 外部包为基本装备,在寰宇公司未向本院提交有效证据证明双方曾就不加 S line 外部包达成一致的情况下,寰宇公司应向单海燕交付 S line 外部包。结合单海燕所作的在购买车辆时,其与寰宇公司从未就 S line 外部包进行过特别协商,其也不知道还有 S line 外部包的陈述,以及推荐车型装备价格表载明 S line 外部包为基本装备的事实,可以认定在单海燕购买车辆时,就 S line 外部包寰宇公司不存在故意告知虚假情况,或者故意隐瞒真实情况的情形,故寰宇公司交付车辆 S line 外部包缺失不构成欺诈。另,本案系单海燕以欺诈为由要求寰宇公司退车并给予三倍赔偿而提起的诉讼,故寰宇公司交付车辆 S line 外部包缺失是否应承担其他责任则不是本案审理范围,本院不予处理。

北京市第一中级人民法院依照《中华人民共和国民事诉讼法》第一百七十条第一款第(一)项之规定,判决如下:

驳回上诉,维持原判。

【法官后语】

《中华人民共和国消费者权益保护法》(以下简称《消法》)属于特别法,《消法》理念下,认定欺诈的标准有所放宽,主要体现在主观状态和因果关系两个要件的放宽。

关于行为人的主观状态,有两种观点:一是故意不再是欺诈的构成要件,对方主张权利毋需证明行为人具有故意。二是故意仍是欺诈的构成要件,只不过故意的认定一般采推定原则;具有《侵害消费者权益行为处罚办法》的规定可构成欺诈情形之一的无须消费者举证证明经营者具有故意,便可认定为欺诈。就上述两种观点,从结果上来说,并无不同,本文同意第二种观点。

关于行为人的客观行为,若消费者就是否存在虚假宣传或隐瞒真相的情形与经营者产生争议,首先,应由消费者明确哪些方面存在虚假宣传或隐瞒了哪些真相;然后,由经营者举证证明其宣传并非虚假或其并没有隐瞒真相,否则应承担举证不能的不利后果。至于举证的程度,若经营者能够提供有权机关的证明、权威部门的结论则应认定其尽到了举证责任;若经营者虽不能提供上述证据,但能提供科学论据,或习惯做法,则此时,应结合科学知识、经验做法等进行综合认定,不宜苛以经营者更重的举证责任;若宣传作了艺术化处理,且为一般人所理解,或宣传符合人们通常认识，则不宜认定为虚假宣传。当然，若经营者能够举证证明消费者所称宣传并非其作出，亦可免除责任。本案中，单海燕认为寰宇公司的欺诈行为包括交付车辆与其所购车辆并非同一款车及寰宇公司交付车辆 S line 外部包缺失；寰宇公司对交付车辆与单海燕所购车辆为同一款车作出了合理解释，且 S line 外部包为涉案车辆基本装备，单海燕与寰宇公司也从未就 S line 外部包进行过特别协商，其也不知道还有 S line 外部包，可以认定寰宇公司不存在故意告知虚假情况，或者故意隐瞒真实情况的情形，故寰宇公司不存在欺诈行为。

关于因果关系，即"知假买假"能否构成欺诈？对此，应区分情况来认定。若购买者明知为假货，销售者也是按照假货的价值来收取对价，购买者也是按假货的价值来支付对价，则购买者再以销售者售假主张三倍赔偿，法院不予支持。若购买者明知为假货，但销售者按照真货的价值来收取对价，购买者也是按照真货的价值来支付对价，此时，销售者欺诈的是整个市场上潜在的消费者，危害的是正常的市场秩序，购买者虽为知假买假，但对其主张的三倍赔偿予以支持，有利于净化市场，维护潜在消费者的合法权益。

编写人：北京市第一中级人民法院　邵普

58

合同第三人选择受托人或委托人主张权利

——莫高诉李光添买卖合同案

【案件基本信息】

1. 裁判书字号

广东省阳江市中级人民法院（2016）粤 17 民终字第 358 号民事判决书

2. 案由：买卖合同纠纷

3. 当事人

原告（被上诉人）：莫高

被告（上诉人）：李光添

第三人：周金德

【基本案情】

原告莫高在阳江市金郊钢材市场经营钢材生意。2013年11月15日，被告李光添来到阳江市金郊钢材市场向原告莫高购买了价值44183元的钢材，尚未支付货款，双方约定货款于2013年12月23日付清，逾期则按月利率5‰计算利息，有被告写下的《欠据》为凭。写下《欠据》后，被告分别于2015年4月17日、2015年4月30日支付货款3000元、5000元给原告，尚欠原告货款36183元。

【案件焦点】

本案争议焦点在于李光添应否承担支付货款的责任。

【法院裁判要旨】

广东省阳江市江城区人民法院经审理认为：原告莫高与被告李光添虽没有签订书面买卖合同，但被告李光添向原告购买钢材的事实有被告签名的《欠据》和被告两次支付货款后由原告出具给被告的《收据》等证据证实，故应认定原告莫高与被告李光添之间形成了买卖合同法律关系，且合同主体适格，内容不违反法律规定，应认定为合法有效。原告已按约定交付了钢材给被告李光添，但被告李光添没有按约定在2014年12月23日付清货款，至今尚欠原告货款36183元，已构成违约。现原告请求被告支付尚欠的货款36183元及逾期付款利息，合法合理，本院予以支持。至于逾期付款利息问题，虽然原、被告双方约定逾期支付货款则按月利率5‰计算利息，但原告未能提供证据证明因被告逾期付款造成其损失的具体数额，故其请求逾期付款利息按月利率1.8‰计算仍然较高，应适当降低，并酌情确定按月利率1.5‰计算逾期付款利息，被告辩称逾期付款利息应按银行同期同类贷款利率计算无理，本院不予采纳。综上，被告应支付给原告的逾期付款利息为：逾期付款利息均按月利率1.5‰计算，其中从2013年12月24日起至2015年4月17日止以44183元为本金计算利息，从2015年4月18日起至2015年4月30日止以41183元（44183元－3000元）为本金计算利息，从2015年5月1日起至付清款项时止以36183元（41183元－5000元）为本金计算利息。被告辩称其是代第三人周金德向原告购买钢材，实际欠货款人是周金德，认为应驳回原告对其的无理诉请，本院不予采纳。

综上，依照《中华人民共和国合同法》第一百零七条、第一百一十四条、第一百三十条、第一百五十九条、第一百六十一条和《中华人民共和国民事诉讼法》第一百四十四条之规定，判决：

一、李光添支付所欠的货款36183元及逾期付款利息（逾期付款利息均按月利率1.5%计算，其中从2013年12月24日起至2015年4月17日止以44183元为本金计算利息，从2015年4月18日起至2015年4月30日止以41183元为本金计算利息，从2015年5月1日起至付清款项时止以36183元为本金计算利息）给莫高，限在本判决发生法律效力之日起十日内付清；

二、驳回莫高的其他诉讼请求。

李光添持原审答辩意见提起上诉。广东省阳江市中级人民法院认定的事实与一审法院一致。依照《中华人民共和国民事诉讼法》第一百七十条第一款第（一）项之规定，判决如下：

驳回上诉，维持原判。

【法官后语】

本案是莫高与李光添货物买卖所发生的纠纷，本案的争议焦点是李光添应否承担支付货款的责任。李光添向莫高购买钢材，写有《欠据》为凭，《欠据》中的欠款人写明是李光添。欠款到期后，李光添带周金德到莫高处，周金德承认自己是实际买受人，但莫高只承认自己与李光添做生意不认识周金德。根据《中华人民共和国合同法》第四百零三条关于委托人的介入权、委托人对第三人的权利及第三人选择相对人的权利的规定，委托人的介入权指的是在受托人与第三人的合同关系中，委托人取代受托人的地位，介入原本是受托人与第三人的合同关系中。委托人形式介入权的条件是：第一，受托人以自己的名义与第三人订立合同，第三人不知道受托人与委托人之间的代理关系；第二，当第三人不履行合同义务时，间接影响到委托人的利益，这时受托人应当向委托人披露第三人；第三，因受托人的披露，委托人可以行使介入权。委托人行使介入权的，应当通知受托人与第三人。第三人接到通知后，除第三人与受托人订立合同时如果知道委托人就不会订立合同的以外，委托人取代受托人的地位,该合同对委托人与第三人具有约束力;第四,因受托人的披露,委托人也可以不行使介入权,仍然由受托人处理因第三人违约而产生的问题。

第三人的选择权指的是在受托人与第三人的合同关系中,因委托人的原因造成受托人不履行义务,受托人应当向第三人披露委托人,第三人因此可以选择受托人或者委托人作为相对人主张其权利请求承担违约责任,但第三人只能选择其一,选定后不得变更。

规定委托人的介入权、第三人的选择权,有利于解决因代理产生的合同纠纷,有利于贸易代理制度更好地为经济建设服务,但委托人的介入权、第三人的选择权是有条件的,不能滥用。

编写人:广东省阳江市江城区人民法院 梁铭书

59

一人有限责任公司股东的连带责任问题

——单恩伶诉北京宝林轩鸭王餐饮有限公司、叶种忍买卖合同案

【案件基本信息】

1. 裁判书字号

北京市西城区人民法院(2015)西民(商)初字第36545号民事判决书

2. 案由:买卖合同纠纷

3. 当事人

原告:单恩伶

被告:北京宝林轩鸭王餐饮有限公司(以下简称宝林轩公司)、叶种忍

【基本案情】

2015年5月至2015年9月,单恩伶一直向宝林轩公司供应鸭胚等货物。

2015年9月23日,经双方对账,宝林轩公司出具收据2张,分别载明"欠鸭

胚 5 月剩余货款 17500 元""欠鸭胚 6 月货款共 30000 元";2015 年 7 月,单恩伶向宝林轩公司供应货物共计 29664 元;2015 年 8 月,单恩伶向宝林轩公司供应货物共计 34808 元;2015 年 9 月,单恩伶向宝林轩公司供应货物共计 31312 元。以上货款共计 143284 元。

另查明,宝林轩公司为有限责任公司(自然人独资),叶种忍为唯一投资人。

【案件焦点】

本案的争议焦点为:1. 单恩伶与宝林轩公司之间是否存在买卖合同关系,以及宝林轩公司的实际欠款金额;2. 叶种忍作为一人有限责任公司的股东是否对宝林轩公司的债务承担连带责任,在何种情况下承担连带责任。

【法院裁判要旨】

北京市西城区人民法院经审理认为:

宝林轩公司与单恩伶之间存在事实上的买卖合同关系,且不违反法律、行政法规的强制性规定,应属合法有效,双方均应按照约定自觉履行各自的义务。现单恩伶已依约向宝林轩公司履行了供货义务,宝林轩公司即应向单恩伶支付相应货款。故关于单恩伶要求宝林轩公司支付 143284 元货款的诉讼请求,符合相关法律规定,本院予以支持。因宝林轩公司为自然人独资的有限责任公司,叶种忍作为唯一股东亦未能向本院提交有效证据证明公司财产独立于其个人财产,其应当对公司债务承担连带责任,故关于单恩伶要求叶种忍对宝林轩公司的债务承担连带责任的诉讼请求,符合相关法律规定,本院予以支持。根据我国民事诉讼法的规定,当事人有答辩并对对方当事人提交的证据进行质证的权利,但本案中,宝林轩公司、叶种忍经本院合法传唤,无正当理由拒不出庭应诉,视为其放弃了答辩和质证的权利。

综上所述,依据《中华人民共和国合同法》第八条,《中华人民共和国公司法》第六十三条,《中华人民共和国民事诉讼法》第九十二条、第一百四十四条之规定,判决如下:

一、被告北京宝林轩鸭王餐饮有限公司于本判决生效后十日内给付原告单恩伶货款十四万三千二百八十四元;

二、被告叶种忍对上述第一项还款义务承担连带清偿责任。

【法官后语】

根据《中华人民共和国公司法》第五十七条规定，一人有限责任公司是指只有一个自然人股东或者一个法人股东的有限责任公司；第五十八条规定，一人有限责任公司应当在公司登记中注明自然人独资或者法人独资，并在公司营业执照中载明；第六十三条规定，一人有限责任公司的股东不能证明公司财产独立于股东自己的财产的，应当对公司债务承担连带责任。

一人有限责任公司简称"一人公司""独资公司"，是指由一名股东（自然人或法人）持有公司的全部出资的有限责任公司，组织机构比较简单。一人有限责任公司的两个基本法律特征为：一是股东人数的唯一性；二是股东责任的有限性。从公司的性质来看，一人有限责任公司应当以出资额为限负有限责任，但如果一人有限责任公司的股东将个人的私有财产和公司法人财产混淆不清，不能证明公司财产独立于股东自己财产的，应当对公司债务承担连带责任。在经营管理过程中，一人有限责任公司的管制更加严格，需要设立公司章程，提供独立的财务报表并接受每年度的财务审计。在税收上还需要缴纳公司所得税和股东的个人所得税。

公司法人人格否认制度是在承认公司具有独立人格的前提下，对特定法律关系中的公司人格及股东有限责任加以否认，直接追索公司背后股东的责任，以规制股东滥用公司人格独立。一人有限责任公司之股东利用公司独立人格进行经营活动，即使经营失败，也不会危及股东在公司之外的财产，一人股东因无其他股东的牵制，更易发生滥用公司独立人格现象。法人人格否认制度主要是为了纠正公司股东有限责任的缺陷，保护善意第三人的利益，并非专门针对"一人公司"。

在司法实践中，如何揭开"一人公司"的面纱，应以客观标准判断。通常需要考虑以下因素：1. 一人股东全部或大部分控制公司的经营权、决策权、人事权等；2. 一人股东与公司的业务、财产、场所、会计记录等相互混同；3. 公司资本显著不足，即一人公司的股东无充足资本从事营业，根本无法负担公司经营风险和公司债务，若允许该股东以如此薄弱的财产摆脱其个人责任或母公司责任，实属不公平；4. 诈欺。

具体而言，公司财产与股东财产的混同主要表现在：公司的经营场所与股东的居所混同使用，或者子公司与母公司的经营场所为同一场所。另外，股东不严格区分公司财产与个人财产，公司财产被用于个人支出而未做适当记录，均将导致财产混同，其结果是公司的财产消失于股东个人的"保险柜"中，损害债权人利益。公司业务与股东业务混同的主要表现是：两者从事同一业务活动，而且，公司业务经营常常以股东个人进行交易活动。这种场合下，极易发生股东利用同种营业，剥夺对公司有利的机会而损害公司的利益。此外，一人有限责任公司的股东发生不依照公司法或章程召开董事会，会计账册不完备等情况，虽不一定存在股东之诈欺行为，但由于财产、业务以至于人格混同，公司往往被当作股东的"另一个自我"或工具，法院应本着公平、正义之理念，对人格混同情形下的责任归属加以调整，或否认公司法人人格，或维持公司独立人格，以使公司背后的股东承担相应的法律责任。

编写人：北京市西城区人民法院　程洁玲

60

双务合同抗辩权对抗时应先审查先履行方的抗辩权

——福建永宏达建筑工程有限公司诉黄世忠买卖合同案

【案件基本信息】

1. 裁判书字号

福建省厦门市中级人民法院（2016）闽02民终2528号民事裁定书

2. 案由：买卖合同纠纷

3. 当事人

原告（被上诉人）：福建永宏达建筑工程有限公司

被告（上诉人）：黄世忠

【基本案情】

2015年4月3日，被告以无商事主体资格的福建南安水头艺灿加工厂的名义与原告代表邱辉签订《协议书》，约定原告向被告购买云彩玉大板345平方米，每平方米单价为人民币760元，合计人民币262200元；加工和编号详见图纸和清单，石材具体规格、型号、数量以现场施工员签名下单为准,地面云彩玉原告向被告转款260000元,结账周期为被告供货或加工费累计至150000元时结算。《协议书》还约定,以上石材被告应当在2015年4月25日前供应完,如图纸有改动时间可以顺延。供货时间或石材质量如未按照有关要求所造成的损失由被告承担。交付地点为厦门鹭江建行楼下。双方关于合同的加工图纸、加工尺寸清单等为本合同附件,与本合同具有同等的法律效力。原告在《协议书》签订当日通过原告法定代表人王志强银行账户向合同约定的黄世忠个人银行账户支付石材款260000元。原告于2015年5月10日、5月24日及6月15日共计七次通过电子邮件方式向被告发送云彩玉被告加工结果对比图及设计调整后的加工图。被告未根据设计调整后的加工图对已经加工的石材进行重新加工并交付给原告。2015年8月6日,原告委托律师向被告发送《律师函》,要求被告在签收《律师函》之日后五日内交付讼争石材,若逾期则协议书自第六天起解除。被告于2015年8月8日签收《律师函》,且未在五日内交付任何石材。

【案件焦点】

本案的争议焦点是双务合同中不安抗辩权与先履行抗辩权发生冲突该如何处理。

【法院裁判要旨】

福建省厦门市思明区人民法院经审理认为:原告与被告签订的《协议书》系双方真实意思表示,且内容合法,应当认定为有效。讼争协议签订后,被告并未按照约定的交货时间即2015年4月25日前向原告交付协议书约定的石材。原告委托律师向被告发送《律师函》,要求被告在签收《律师函》之日后五日内交付讼争石材,若逾期则协议书自第六天起解除。被告签收律师函后仍未交付讼争石材。根据《中华人民共和国合同法》第九十四条第(三)项的规定,当事人一方迟延履行主要债务,经催告后在合理期限内仍未履行的,另一方当事人可以解除合同。本案中,原告作为守约方,被告延迟履行交付、加工货物的义务,经原告催告在合理期限内仍未履行,原告有权解除合同,故原告要求确认《协议书》于2015年8月14日解除并要求被告返还石材货款的主张,具有事实和法律依据,本院依法予以支持。庭审中,被告提出由于原告无理要求导致延期且原告未支付加工费和货款,导致被告未提供货物的抗辩。根据被告提交的QQ邮箱截图及微信聊天记录,可知原告于2015年5月10日、5月24日及6月15日共计七次通过电子邮件方式向被告发送被告加工石材结果对比图及设计调整后的加工图，故被告在原告向其发送设计调整加工图前已经逾期交付石材，构成违约，且被告并无其他相关证据可以证明由于原告无理要求导致交货延期，故本院对其抗辩不予采信。被告提出由于原告未支付加工费及货款导致交付延期，据已查明的事实，原告于签订讼争协议书当日即向被告转款 26 万元，根据协议书约定，结账周期为被告供货或者加工费到 15 万元，但被告并未按约供货且被告亦没有证据证明其加工费已经到 15 万元，故原告付款条件尚未成就，被告关于原告未支付加工费及货款导致延期交付石材的抗辩，缺乏事实和法律依据，本院亦不予采信。

福建省厦门市思明区人民法院依照《中华人民共和国合同法》第六十条、第九十四条、第九十七条、第一百零七条，《中华人民共和国民事诉讼法》第六十四条第一款，《最高人民法院关于民事诉讼证据的若干规定》第二条之规定，判决如下：

一、确认讼争《协议书》于 2015 年 8 月 14 日解除；

二、被告黄世忠应于判决生效之日起十日内向原告福建永宏达建筑工程有限公司返还货款 260000 元及利息（利息自 2015 年 4 月 3 日起按中国人民银行同期贷款利率计至被告实际付清货款之日止）。

黄世忠持原审答辩意见提起上诉。福建省厦门市中级人民法院因上诉人黄世忠未在法定的期限内预交案件受理费，也未提出司法救助申请，依照《中华人民共和国民事诉讼法》第一百一十八条第一款、第一百五十四条第一款第（十一）项、《诉讼费用交纳办法》第二十条第一款、第二十二条第四款、《最高人民法院关于适用〈诉讼费用交纳办法〉的通知》第二条之规定，裁定如下：

本案按上诉人黄世忠撤回上诉处理。双方均按原审判决执行。

本裁定为终审裁定。

【法官后语】

双务合同履行时间的认定影响抗辩权的行使，主要有以下三种：1. 同时履行抗辩权，在没有规定先后履行顺序的情况下，在一方没有履行时，另一方也可以拒绝履行。2. 先履行抗辩权，在有履行的先后顺序下，在先履行一方没有履行时，后履行一方可以拒绝履行。3. 不安抗辩权，有先后顺序的履行中，先履行一方提供证明表示后履行一方有可能无法履行，所以拒绝先履行。

本案为买卖合同纠纷，原告向被告购买加工石材产品，原告负有支付货款的义务，被告具有交付货物的义务，双方互付债务，属于双务合同。本案合同明确约定被告的交货义务是在2015年4月25日前交付所有石材，但是并未明确约定原告结算的具体时间，而是约定原告先向被告转款260000元，之后的结账周期为被告供货或加工费累计至150000元，是一种附条件的履行期限。虽然被告主张其在2015年4月25日前已经将所有货物加工完毕，但是并没有举证其供货或加工费累计至150000元，结算条件未成就，因此原告支付余款的条件还不具备。因而被告的交货义务应当在先，原告交付余款的责任在后。

本案原告作为后履行一方主张被告未履行先交货的义务，属于先履行抗辩权。被告认为原告应支付货款余额而未支付，导致预期违约可能，并且要求被告多次修改图纸导致货物无法交付，故行使不安抗辩权。两种抗辩权发生冲突该如何处理？笔者认为两种抗辩权应当先审查不安抗辩权是否成立。被告认为原告不支付货款属于一种预期违约，行使不安抗辩权，但是被告作为先履行一方，没有确切的证据证明对方存在法定的集中有丧失或可能丧失履行债务能力的情形，并且也没有通知原告公司要终止履行，不符合《中华人民共和国合同法》第六十八条、第六十九条关于不安抗辩权的规定。同时本案中原告虽还未支付材料加工费，但是已经履行了交付材料款的义务，已经履行了买卖合同主要的债务，不应当认为其符合《中华人民共和国合同法》第九十四条对预期违约的规定。排除了不安抗辩权的可能，原告作为后履行方对于被告未先履行交货义务的先履行抗辩权，具有事实和法律依据，应当予以支持。

编写人：福建省厦门市思明区人民法院　陈远治

五、买卖合同的变更、转让和终止

61

合同变更的认定问题

——北京仁信机械加工厂诉北京精诚铂阳
光电设备有限公司买卖合同案

【案件基本信息】

1. 裁判书字号

北京市第二中级人民法院（2016）京02民终6562号民事判决书

2. 案由：买卖合同纠纷

3. 当事人

原告（上诉人）：北京仁信机械加工厂（以下简称仁信加工厂）

被告（被上诉人）：北京精诚铂阳光电设备有限公司（以下简称精诚铂阳公司）

【基本案情】

2015年4月20日，精诚铂阳公司作为买方（甲方）与仁信加工厂作为卖方（乙方）就精诚铂阳公司向仁信加工厂购买机械零件签订编号BJBY-C-20150414-03-Y0《轮轴等购货合同》，约定：一、甲方向乙方购买轮轴等货物，合同金额737220元；二、付款方式为本合同经双方盖章后，甲方向乙方支付合同总金额的20%的定金及合同总金额10%的预付款，共计221166元；所有货物运抵合同指定交付地点经甲方确认数量无误且外观检验合格后，甲方按合同总金额的60%向乙方支付到货款，计442332元；质保金为合同总金额的10%，保修期结束后，甲方按本合同约定向乙方支付合同剩余款项；三、交货时间：合同生效后 45 日内到货；四、保修期：货物的保修期为一年；五、本合同自双方签字盖章且买方支付定金或预付款后生效。该合同后附具体的采购清单，写明了具体产品的铂阳编码、中文名称、规格型号、数量、单位和单价，其中包括单价为 150 元的导轨轮 150 个。

上述合同签订后，精诚铂阳公司未支付仁信加工厂上述合同约定的定金及预付款等任何款项。2015 年 5 月 18 日，仁信加工厂向精诚铂阳公司交付上述采购清单中的 54 个单价为 150 元的导轨轮，金额共计 8100 元，精诚铂阳公司员工进行了接收。

【案件焦点】

精诚铂阳公司接收部分货物的行为是否构成对原合同生效条件的变更。

【法院裁判要旨】

北京市大兴区人民法院经审理认为：仁信加工厂和精诚铂阳公司签订的《轮轴等购货合同》中约定了合同的生效条件，即本合同自双方签字盖章且买方支付定金或预付款后生效，该约定系双方真实意思表示，未违反法律法规，对双方具有约束力。精诚铂阳公司未向仁信加工厂支付定金及预付款，根据双方约定，该合同未生效，故仁信加工厂要求精诚铂阳公司履行合同接收货物的诉讼请求，本院不予支持。另仁信加工厂向精诚铂阳公司交付 8100 元的货物，精诚铂阳公司接收货物的行为，不能认定为上述合同已生效，但精诚铂阳公司应向仁信加工厂支付已接收货物的货款，故精诚铂阳公司应向仁信加工厂支付货款 8100 元，对仁信加工厂超过上述数额的货款请求，没有合同依据和法律依据，本院不予支持。

北京市大兴区人民法院依照《中华人民共和国合同法》第一百零七条，《最高人民法院关于民事诉讼证据的若干规定》第二条之规定，判决如下：

一、北京精诚铂阳光电设备有限公司于判决生效后十日内给付北京仁信机械加工厂货款八千一百元；

二、驳回北京仁信机械加工厂的其他诉讼请求。

仁信加工厂提起上诉。北京市第二中级人民法院认为：仁信加工厂和精诚铂阳公司签订的《轮轴等购货合同》中约定了合同的生效条件，即本合同自双方签字盖章且买方支付定金或预付款后生效，该约定系双方真实意思表示，未违反法律法规，对双方具有约束力。本案中精诚铂阳公司未向仁信加工厂支付定金及预付款，根据双方约定,该合同未生效。仁信加工厂关于双方当事人多年来并未严格按照合同约定的条件履行,经常和合同约定的条件有出入;本合同的履行也是按照双方之间形成的惯例来履行的及精诚铂阳公司接收货物的行为已经表明合同已生效的上诉主张,精诚铂阳公司并不认可,仁信加工厂亦未提交证据予以佐证。仁信加工厂向精诚铂阳公司交付8100元的货物,精诚铂阳公司接收货物的行为,不能认定为上述合同已生效。且根据双方合同约定,对于合同的修改、补充必须以书面形式体现,经双方盖章后才能生效,故仁信加工厂关于涉案合同已经生效并已开始履行的上诉主张不能成立。仁信加工厂要求精诚铂阳公司履行合同接收货物的诉讼请求,一审法院不予支持并无不当。综上,仁信加工厂的上诉理由和请求,因缺乏充足证据和法律依据,本院不予支持。一审法院判决认定事实清楚,适用法律正确,处理并无不当,应予维持。依据《中华人民共和国民事诉讼法》第一百七十条第一款第(一)项之规定,判决如下:

驳回上诉,维持原判。

【法官后语】

首先,根据《中华人民共和国合同法》第三十六条、第三十七条的规定,"法律、行政法规规定或者当事人约定采用书面形式订立合同,当事人未采用书面形式但一方已经履行主要义务,对方接受的,该合同成立。""采用合同书面形式订立合同,在签字或者盖章之前,当事人一方已经履行主要义务,对方接受的,该合同成立。"上述两条款均系双方未签订有效的书面合同情况下,关于一方已履行主要合同义务、对方接受,认定合同成立的规定,在双方已经签订书面合同的情况下,对一方部分履行合同义务,对方接受的法律后果判断问题,要首先依据合同判断,而不应适用上述两个条款,故本案处理重点在于对合同变更的理解。《中华人民共和国合同法》第七十七条第一款、第七十八条规定,"当事人协商一致,可以变更合同。""当事人对合同变更的内容约定不明确的,推定为未变更。"此处的"约定明确"指的是以口头或书面形式形成合同变更的意思表示,一般表现为签订补充协议。在双方当事人对合同变更未进行任何沟通、未形成书面补充协议的情形下,应谨慎认定双方当事人变更合同的合意的形成。

具体到本案中,精诚铂阳公司与仁信加工厂签订的《轮轴等购货合同》系附生效条件的合同,合同条款约定"本合同自双方签字盖章且买方支付定金或预付款后生效",在精诚铂阳公司未支付定金和预付款的情况下,精诚铂阳公司接收部分货物的行为是否形成变更合同生效条件的意思表示系本案审理的关键。一方面,精诚铂阳公司未支付定金和预付款的行为使得合同生效条件未成立,其接收部分货物后拒绝接收余下货物的行为明确表示精诚铂阳公司拒绝合同生效的意思表示。仁信加工厂主张双方合同生效条件已经变更且合同已生效,但未举出任何证据证明双方形成变更合同的合意,故应承担举证不能的责任。另一方面,涉案合同明确约定该合同的修改、补充必须以书面形式体现,经双方盖章后才能生效。在双方未进行协商、签订书面协议的情形下,仁信加工厂主张精诚铂阳公司接收部分货物的行为已形成变更合同生效条件的合意,很难成立。

值得注意的是,合同的变更会改变当事人之间的权利义务关系,直接关系当事人的切身利益,为避免日后发生争议,合同变更本身应当是明确的。对于合同明确约定的内容,当事人一方实施了特定的行为,相对人对此明知而不作反对表示的,视为其同意,达成合同变更的意思表示;若合同无明确约定,法律亦无相关规定,当事人一方实施的行为和相对人对此保持沉默的,都不构成合同的变更。

编写人:北京市大兴区人民法院　赵芳芳　曹成成

62

以主体变更名义产生的债权债务概括转移应以"变更"时的债权债务数额为限

——北京均博阶点商贸有限公司诉北京万方西单商场有限责任公司买卖合同案

【案件基本信息】

1. 裁判书字号

北京市西城区人民法院(2016)京0102民初24710号民事判决书

2. 案由：买卖合同纠纷

3. 当事人

原告：北京均博阶点商贸有限公司（以下简称均博阶点公司）

被告：北京万方西单商场有限责任公司（以下简称西单商场）

【基本案情】

2010年1月1日起，原告均博阶点公司与被告西单商场建立买卖合同关系，由原告均博阶点公司向被告西单商场供应商品，被告西单商场向原告均博阶点公司支付货款。双方在合作过程中就货款结算周期没有作出具体约定，但交易惯例为90天左右结算一次货款。

后原告均博阶点公司出具《变更申请》，载明："均博阶点公司因业务发展需要的原因，于2012年11月18日起变更为博纳丰业（北京）科技发展有限公司（以下简称博纳丰业公司）。从2012年11月18日起原均博阶点公司与贵单位发生的各项债权债务全部由博纳丰业公司负责。变更后出现的一切问题与均博阶点公司无关，责任由变更后的博纳丰业公司承担。"《变更申请》上加盖了原告均博阶点公司与博纳丰业公司的公章及财务章。

另查，原告均博阶点公司在庭审中确认，涉案货款对应货物的供货时间为2012年1月10日至2012年10月24日。

【案件焦点】

本案的争议焦点为：1. 涉案的《变更申请》是否具有法律效力；2.《变更申请》所涉债权债务的发生区间。

【法院裁判要旨】

北京市西城区人民法院经审理认为：原告均博阶点公司虽称《变更申请》系其股东肖博雅擅自使用原告均博阶点公司已作废的公章、财务章加盖，但并未就此向法庭提供有效证据加以证明，因此西城法院对《变更申请》的真实性及效力加以确认。

虽然原告均博阶点公司在庭审中称其与博纳丰业公司是两个独立的法人，事实上并未发生合并、重组等变更事由，但根据《变更申请》的内容，被告西单商场有理由相信原告均博阶点公司于2012年11月18日发生了主体变更，原告均博阶点公司与西单商场之间尚存的债权债务将由博纳丰业公司一并承受，博纳丰业公司亦同意继受上述债权债务；在庭审中，原告均博阶点公司确认涉案货款形成的时间为2012年1月10日至2012年10月24日，双方当事人在《变更申请》确认的债权债务转移日期之后，并未产生新的债权债务关系。综上，西城法院确认《变更申请》系对2012年11月18日之前原告均博阶点公司与被告西单商场之间尚未结清的债权债务的概括转移。

被告西单商场在庭审中陈述其已向博纳丰业公司履行了相关给付义务，表明被告西单商场亦同意此种债权债务的转移行为。通过债权债务的概括转移，原告均博阶点公司涉案货款的请求权已经转让给博纳丰业公司，其对于货款抵扣的相应抗辩权也一并转让给了博纳丰业公司，因此原告均博阶点公司要求被告西单商场支付涉案货款的诉讼请求，于法无据，本院不予支持。

北京市西城区人民法院依照《中华人民共和国合同法》第八条、第八十八条、第八十九条，《最高人民法院关于民事诉讼证据的若干规定》第二条之规定，判决如下：

驳回原告北京均博阶点商贸有限公司的全部诉讼请求。

【法官后语】

债权债务概括转移一般包括了债权转让和债务承担的双重意思表示，但又不仅仅是上述两种民事行为的叠加。在未明确约定债权债务概括转移具体内容的情形下，需要法院结合变更行为相关证据及各方当事人在交易中的行为推定其意思表示。

原告均博阶点公司虽称《变更申请》系其股东肖博雅（博纳丰业公司现任法定代表人）擅自使用原告均博阶点公司已作废的公章、财务章加盖，但并未就此向法庭提供有效证据加以证明，且在庭审中，原告均博阶点公司陈述肖博雅在2012年9月4日就将原告均博阶点公司的公章、营业执照、公司账户等一并转移，但为避免与被告西单商场的合作受到影响，并未将相关情况告知被告西单商场，同时确认公章登报作废时间为2014年2月19日。因原告均博阶点公司未告知被告西单商场《变更申请》并非其真实意思表示，亦无法证明《变更申请》上的公章及财务章系作废后加盖，根据《变更申请》的内容，被告西单商场有理由相信原告均博阶点公司于2012年11月18日发生了主体变更，被告西单商场在《变更申请》出具时间之后的付款对象均为博纳丰业公司，意即作出了符合《变更申请》内容的给付行为。因此，虽然《变更申请》载明的变更事由实际上并未发生，但仍然产生了债权债务概括转移的效力。此外，原告均博阶点公司主张的涉案货款形成的时间均在双方当事人在《变更申请》确认的债权债务转移日期之前，因此法院确认《变更申请》系对2012年11月18日之前原告均博阶点公司与被告西单商场之间尚未结清的债权债务的概括转移。

编写人：北京市西城区人民法院　张佳丽

63

第三人向债权人出具《承诺函》的行为应认定为债务转移还是债务加入

——人民法院出版社诉英特华（北京）国际文化交流中心、英特嘉华（北京）电子商务有限公司买卖合同案

【案件基本信息】

1. 裁判书字号

北京市朝阳区人民法院（2016）京0105民初40615号民事判决书

2. 案由：买卖合同纠纷

3. 当事人

原告：人民法院出版社

被告：英特华（北京）国际文化交流中心（以下简称英特华中心）、英特嘉华（北京）电子商务有限公司（以下简称英特嘉华公司）

【基本案情】

2016年1月29日，英特华中心向人民法院出版社出具《账款确认单》，载明：开单日期2014年12月29日至2015年11月18日，单位名称英特华中心，发货数量合计65763，发货实洋合计2779346.04元，退货实洋合计-159002元，回款实洋均为0；

"特殊情况说明"手书为"截至 2015 年 12 月 31 日，往来余额为 2600384.37 元，差异 19959.67 元未查出原因，请核实；以上账款，双方核对无误部分予以盖章确认，日后付款结账以此为准，有差异部分，以双方协商金额为准"。

2016 年 5 月，承诺方英特嘉华公司向人民法院出版社出具《承诺函》，载明：鉴于双方长期友好合作，英特嘉华公司向人民法院出版社采购图书产品，截至 2016 年 3 月 31 日，英特嘉华公司欠人民法院出版社图书货款（含库存）2600384.37 元；英特嘉华公司自 2016 年 5 月起，分期向人民法院出版社支付上述图书货款 2600384.37 元，具体支付方式为 2016 年 5 月支付欠款 671981.25 元，2016 年 6 月至 10 月每月各支付总欠款余下金额的 20%。《承诺函》右下角落款处加盖有英特嘉华公司公章，左下角回执确认处加盖有人民法院出版社公章。

诉讼中，英特华中心、英特嘉华公司主张英特嘉华公司继承了英特华中心的债务，应由英特嘉华公司独自承担支付货款的责任；人民法院出版社则主张英特嘉华公司是加入合同履行当中，因而与英特华中心一起共同承担责任。

【案件焦点】

英特嘉华公司向人民法院出版社出具《承诺函》的行为应视为债务转移还是债务加入。

【法院裁判要旨】

北京市朝阳区人民法院经审理认为：英特嘉华公司向人民法院出版社出具《承诺函》，人民法院出版社加盖公章予以确认，该《承诺函》是双方的真实意思表示，亦未违反国家法律法规的强制性规定，应属有效。诉讼中，英特华中心、英特嘉华公司主张英特嘉华公司继承了英特华中心的债务，应由英特嘉华公司独自承担支付货款的责任，其主张实际上是将英特嘉华公司出具《承诺函》的行为视为债务转移，即英特华中心将合同义务的全部转移给英特嘉华公司。人民法院出版社则主张英特嘉华公司是加入合同履行当中，应与英特华中心一起共同承担责任，其主张实际上是将上述行为视为债务加入，即英特嘉华公司参与英特华中心债务的履行，从而与英特华中心一起连带承担支付货款的责任。债务加入，是指债务人并不脱离债务关系，而由第三人加入原存的债务关系中来，与原债务人共同承担对债权人的债务。债务加入的类型包括第三人与债权人、债务人达成三方协议，第三人与债权人、债务人达成双方协议或第三人向债权人单方承诺由第三人履行债务人的债务。本案中，英特嘉华公司出具《承诺函》，承诺于2016年10月前付清英特华中心欠付货款，英特嘉华公司的上述承诺并未免除英特华中心的还款义务。此外，根据法律规定，债务转移应由原债务与新债务形成债务转移协议，同时需要债权人的认可。本案中，《承诺函》系第三人与债权人达成的双方协议，英特华中心、英特嘉华公司虽主张与人民法院出版社达成债务转移协议，但未就其上述辩称提交相应证据予以佐证，应承担举证不能的法律后果。故英特嘉华公司出具《承诺函》属于第三人自愿加入原存债务关系的情形，债务加入发生后，英特嘉华公司与英特华中心应当对该债务承担连带偿还责任。

北京市朝阳区人民法院依照《中华人民共和国合同法》第八十四条、第一百五十九条、第一百六十一条，《最高人民法院关于适用〈中华人民共和国民事诉讼法〉的解释》第九十条之规定，判决如下：

被告英特华（北京）国际文化交流中心、英特嘉华（北京）电子商务有限公司于判决生效之日起十日内支付原告人民法院出版社货款2600384.37元。

【法官后语】

本案涉及债务转移、债务加入、债务的代为履行这几个法律概念的理解区分、法律适用与司法认定等问题。债务转移是指经债权人同意，债务人将合同的义务全部或者部分转移给第三人。债务加入是指债务承担人与原债务人一起承担债务的情形。与债务转移不同的是，债务加入情形下，原债务人并不免于负担债务，是债务承担人被追加为新的债务人。债务的代为履行是指当事人约定由第三人向债权人履行债务，当第三人不履行债务或者履行债务不符合约定时，债务人应当向债权人承担违约责任，故债务人依然负有债务，但对第三人取得要求其向债权人履行或其他免责行为的债权。

对于债权人、债务人、第三人之间的法律关系应属于债务转移、债务加入抑或是债务的代为履行这一司法认定问题，实务中，若相应合同由上述三方当事人共同缔结，其意思表示往往较为明确具体，不存在不同法律关系界定的争议。存在争议的是债权人或债务人与第三人两方之间所订立合同的法律关系应当如何认定。司法实践中，可以参照以下思路进行认定：首先，遵循当事人之间的意思自治原则。若当事人之间明确约定"债务移转""债务加入""代为履行"等内容,则可按照《中华人民共和国合同法》第六十五条、第八十四条等规定进行认定;若使用"代扣""代交"等模棱两可的措辞,则可根据合同有关条款或交易习惯对当事人的意思进行解释。若无法对当事人的意思表示做出解释时,应综合考虑债务的形成过程、债权人的意思表示与现有证据材料等因素,权衡各方当事人的利益,合理认定第三人的法律地位。

编写人:北京市朝阳区人民法院　温晓汾

64

股东出资不实对公司债务的补充责任

——无锡市金达成环锻厂诉洛阳华巩重型机械制造有限公司、巩琦买卖合同案

【案件基本信息】

1. 裁判书字号

江苏省无锡市惠山区人民法院(2016)苏0206民初2641号民事判决书

2. 案由:买卖合同纠纷

3. 当事人

原告:无锡市金达成环锻厂(以下简称金达成厂)

被告:洛阳华巩重型机械制造有限公司(以下简称华巩公司)、巩琦

【基本案情】

金达成厂长期为华巩公司加工各种规格锻件。2015年3月10日,金达成厂与华巩公司经对账确认:截至2014年12月31日,华巩公司共结欠金达成厂货款332335元,同时华巩公司承诺该款于2015年9月10日前付清。华巩公司于2015年9月2日召开股东会,并通过股东会决议,决议第三条确定巩琦增资1000万元,公司章程修正案载明出资方式为货币出资,出资时间为2015年10月10日,但巩

琦并未实际出资。金达成厂要求华巩公司支付货款并承担逾期利息损失，同时要求巩琦在出资不实的范围内对华巩公司债务不能清偿部分承担补充责任。

【案件焦点】

巩琦是否应该在其未出资范围内对华巩公司不能清偿债务的部分承担补充责任。

【法院裁判要旨】

江苏省无锡市惠山区人民法院经审理认为：双方之间的买卖合同系真实意思表示，合法有效。华巩公司对欠款事实和金额无异议，故金达成厂要求华巩公司支付货款并赔偿逾期利息损失，应予支持。因华巩公司股东会决议及公司章程确定巩琦应于2015年10月10日前完成增资1000万元，公司注册资本已变更为1500万元，但巩琦并未实际出资，故金达成厂要求巩琦在出资不实范围内承担补充责任，应予支持。股东按股东会决议及公司章程进行出资系法定义务，股东出资系公司资产的重要来源，公司注册资本系公司履行债务能力的重要信用保证，故不论华巩公司债务发生于增资前或后，巩琦均应在1000万元范围内对公司债务承担补充责任。另，补充责任已体现了公司与股东之间债务承担的先后顺序。综上，对巩琦的抗辩意见不予采信。

江苏省无锡市惠山区人民法院依照《中华人民共和国合同法》第一百零七条、第一百零九条，《中华人民共和国公司法》第三条第二款，《最高人民法院关于适用〈中华人民共和国公司法〉若干问题的规定（三）》第十三条第二款，《中华人民共和国民事诉讼法》第一百四十四条之规定，判决如下：

一、洛阳华巩重型机械制造有限公司于本判决生效后五日内支付无锡市金达成环锻厂货款332335元并赔偿逾期付款利息损失（以332335元为基数，自2015年9月11日起至实际归还之日止，按中国人民银行同期贷款利率计算）。

二、巩琦在未出资的1000万元范围内，对判决第一项确定的洛阳华巩重型机械制造有限公司债务不能清偿的部分，承担补充赔偿责任。

三、驳回无锡金达成环锻厂的其他诉讼请求。

【法官后语】

本案处理的重点在于股东出资不实时对公司债务承担补充责任的理解。审理中，有几个问题值得思考：

1. 公司债务产生于增资前后不影响股东补充责任的承担。公司的财产是债权人实现权利的保证，股东出资不实会损害债权人的利益。而补充赔偿责任的设置既是体现公司资本充实原则，也是对债权人利益的保护。公司以其独立的财产承担责任，而股东出资之后其出资作为公司的财产而存在，理应用于清偿公司的债务。

2. 债务不能清偿的判断标准。《最高人民法院关于适用〈中华人民共和国公司法〉若干问题的规定（三）》第十三条体现了公司债务承担的先后顺序，股东承担补充责任。债权人对公司的运营、资信情况难有充分的了解和掌握，无法知晓公司是否真正达到了资不抵债等情况，故应当放宽判断标准，以公司明确表示不能或者拒绝清偿或以其行为表示无法清偿为判断标准较为妥当。至于实际的责任承担则在于公司财产能够全部清偿债务。

3. 分期缴纳出资的股东补充责任承担问题。股东分期缴纳出资，期限尚未届满前能否要求其在认缴的出资范围内承担补充责任？笔者认为，债权人无权要求缴纳出资期限尚未届满的股东承担补充责任。首先，分期缴纳出资系法律和公司章程赋予股东之权利，要求期限未届满的股东承担补充责任，是对股东权利的剥夺和责任的加重；其次，股东认缴出资的方式、期限等明确载明于公司章程中，而公司章程具有公示作用，债权人对其债权能否得到清偿的风险性应当有合理的预期；最后，债权人可以寻求破产法等其他法律途径进行救济。

编写人：江苏省无锡市惠山区人民法院　司林林

65

按揭贷款商品房买卖合同法定解除权行使条件的认定

——融创公司诉詹神光、张益凤商品房买卖合同案

【案件基本信息】

1. 裁判书字号

江苏省无锡市中级人民法院（2016）苏02民终91号民事判决书

2. 案由：商品房买卖合同纠纷

3. 当事人

原告（上诉人）：融创公司

被告（被上诉人）：詹神光、张益凤

【基本案情】

2011年6月24日，融创公司与詹神光、张益凤签订商品房买卖合同，约定除首付款外，其余房款107万元办理银行按揭。补充协议约定：若银行解除抵押贷款协议，并要求出卖人承担连带清偿责任的，出卖人代买受人清偿全部款项后，出卖人有权自行或指定第三方以原价收购的方式或者解除合同的方式收回并处置买受人所购商品房等。买卖双方根据法律规定或合同约定行使解除权的，应当从解除权事由发生之日起三个月内行使，否则该权利归于消灭。同年11月24日，詹神光、张益凤与农业银行滨湖支行、融创公司签订个人购房担保借款合同，约定：詹神光、张益凤向银行借款107万元，并以购买房屋提供抵押担保，融创公司承担阶段性连带责任保证。合同签订后，银行履行了放款义务，但詹神光、张益凤未按约定归还借款本息，融创公司于2014年1月21日向银行履行代偿义务，其间融创公司未向詹神光、张益凤送达书面的合同解除通知书。2014年11月，融创公司诉至法院要求解除商品房买卖合同。

【案件焦点】

融创公司是否享有案涉商品房买卖合同的约定解除权和法定解除权。

【法院裁判要旨】

江苏省无锡市惠山区人民法院经审理认为：本案所涉买卖合同中约定融创公司代詹神光、张益凤清偿银行抵押贷款后即享有合同解除权，同时约定合同解除权应当在解除事由发生之日起三个月内行使，否则解除权消灭，故融创公司2014年1月21日履行代偿义务后即享有合同解除权，但融创公司在约定的合同解除权行使期限内并未向詹神光、张益凤提出解除合同的意思表示，直至2014年11月12日才诉至法院要求解除合同，因而其约定解除权消灭。据此，该院依法判决：

驳回融创公司的诉讼请求。

融创公司提起上诉。江苏省无锡市中级人民法院经审理认为：融创公司无权依据法定解除权解除案涉商品房买卖合同。詹神光、张益凤已通过自行支付首付款和银行按揭的方式全部履行完支付房款的义务，即使之后发生银行要求詹神光、张益凤偿付贷款，融创公司为詹神光、张益凤代偿贷款的情形，亦不影响买卖合同项下詹神光、张益凤已履行完支付房款义务的事实认定，詹神光、张益凤仅负有向融创公司偿还代付款的义务。因此，融创公司提出的詹神光、张益凤未结清亦无能力偿还代垫款项的事由并非买卖合同的法定解除条件，融创公司无权据此解除买卖合同。据此，二审法院判决：

驳回上诉，维持原判。

【法官后语】

本案系一起按揭贷款商品房买卖合同纠纷。一审的争议焦点为融创公司是否享有案涉买卖合同的约定解除权，二审的争议焦点为融创公司是否享有案涉买卖合同的法定解除权，两者审查重点有所不同，前者取决于当事人对解除权的约定，后者则取决于法律的具体规定。对于约定解除权的审查，主要着眼于双方合同约定，故相对容易判断，本文不再赘述。而对于法定解除权，尤其本案这类按揭贷款商品房买卖合同纠纷，在多重法律关系相互交织的情形下，如何进行认定，司法实践中存在一定的难点和困惑。

我国《合同法》第九十四条对法定解除权的产生条件作了明确规定，即"因不可抗力致使不能实现合同目的；在履行期限届满之前，当事人一方明确表示或者以自己的行为表明不履行主要债务；当事人一方迟延履行主要债务，经催告后在合理期限内仍未履行；当事人一方迟延履行债务或者有其他违约行为致使不能实现合同目的；法律规定的其他情形"。从前述规定可以看出，根本违约是法定解除权行使的前提条件，没有达到根本违约的程度不得轻易使合同归于消灭，这是根本违约的功能价值所在。在按揭贷款商品房买卖合同中，因涉及相互交织的多重法律关系，对于法定解除权的判断，在具体审判实践中，往往会发生重叠和混淆，以至于影响法定解除权的审查，因此，有必要在厘清各种法律关系的基础上准确适用法定解除权。

1. 厘清按揭贷款商品房买卖合同中的法律关系

在按揭贷款商品房买卖合同中，存在多重法律关系：开发商与购房人之间的买卖关系、银行与购房人之间的借款关系、银行与开发商之间的担保关系、开发商与购房人之间的追偿关系。因此，购房合同和贷款合同既有联系，又相互独立。

一是两个合同形式上联系紧密。从当事人合同地位来看，除了银行以外，其他当事人均在两个合同中涉及，购房合同中的购房人是贷款合同中的借款人，购房合同中的开发商是贷款合同中的保证人，三者既有对抗性，也有一致性。从合同标的物看，商品房既是购房合同的标的物，又往往是贷款合同项下的抵押物。从资金流向看，购房人办理按揭贷款的目的是解决资金不足，所借款项全部支付给开发商作为购房款，按揭贷款资金流向开发商，甚至并不经过购房人之手，由银行按照购房人指令直接支付给开发商；但一旦购房人未按期还贷，开发商往往会被追究代偿责任，本金金额往往就是购房人以按揭贷款方式支付的房款金额，资金流向貌似又回到了购房之初购房人仅支付首付款的状态。

二是两个合同实质上相互独立。一方面，按揭合同虽然因购房合同而产生，但在效力上并不完全从属于购房合同。当购房合同因法定原因被宣布无效或者被撤销时，并不必然导致贷款合同无效或被撤销，而可能仅是一个解除的事由。另一方面，购房合同和按揭贷款合同履行期限不一致。购房合同在购房人以首付款加按揭贷款的方式支付给开发商，开发商将符合合同约定的商品房交付于购房人之时，即因履行完毕而终止，但按揭贷款合同并未随之终止，一般言之，贷款合同的履行期限少则几年，多则几十年。

因此，基于两个独立合同之间存在着千丝万缕的纠葛，实践中，为保障各方利益，当事人会在一份合同中约定以另一份合同的履行为该份合同解除之条件，如本案中融创公司与詹神光、张益凤约定，在融创公司代偿银行贷款后，可以以解除购房合同的方式来行使追偿权。此种约定使原本联系紧密但相互独立的两个合同产生了实质关联。

2. 按揭贷款商品房买卖合同纠纷中对法定解除权的审查

如前所述，行使法定解除权的前提条件是根本违约，故无论按揭贷款商品房买卖合同纠纷中涉及的法律关系如何纷繁复杂，都应当坚持立足于需要行使解除权的合同本身，除去当事人特别约定之外，严格遵循合同相对性原则，审查有无出现使合同目的无法实现的情形。

本案中，融创公司与詹神光、张益凤在涉购房合同中对于出现特定情形约定了两种处理方式，一种是正常追偿，另一种是以解除购房合同的方式收回并处置买受人所购商品房来实现追偿，即在购房合同中以其承担了贷款合同中的担保责任作为购房合同内约定解除权的解除事由。后者使两个相互独立的合同发生了关联，但这种关联因当事人的约定而产生，故应按约定履行才发生法律效力，否则归于消灭后，两个合同即不再产生由此及彼的约束力。融创公司因未及时行使约定解除权，故只能在继续履行购房合同的情况下向詹神光、张益凤追偿。融创公司在二审中认为詹神光、张益凤下落不明，缺乏清偿能力，导致其向银行履行担保责任，属于解除购房合同的法定事由，实质上混淆了购房合同和贷款合同追偿的合同目的。

法院在审查购房合同的法定解除事由时，必须立足购房合同的合同目的能否实现，对于购房人来说，能够得到符合合同约定的房屋为合同目的，对于开发商来说，能全额收取购房人交付的购房款为合同目的。本案中，詹神光、张益凤通过首付款加按揭贷款的方式向融创公司支付了全部购房款，至此融创公司在购房合同项下的合同目的已经全部实现。融创公司之所以代詹神光、张益凤向银行承担责任系基于其与银行之间的保证关系，该保证关系与买卖关系相互独立，除非当事人特别约定，否则融创公司履行代偿义务后不能及时得到追偿并不能成为买卖合同解除的法定事由，融创公司只能基于贷款合同项下的追偿权向詹神光、张益凤另行主张。

编写人：江苏省无锡市中级人民法院　沈君　缪凌　陈迪金

66

买卖合同的解除及法律后果

——杭州富瑞司纺织有限公司诉绍兴东方能源
工程技术有限公司买卖合同案

【案件基本信息】

1. 裁判书字号

浙江省绍兴市中级人民法院（2016）浙06民终1906号民事判决书

2. 案由：买卖合同纠纷

3. 当事人

原告（反诉被告、被上诉人）：杭州富瑞司纺织有限公司

被告（反诉原告、上诉人）：绍兴东方能源工程技术有限公司

【基本案情】

原、被告于 2014 年 10 月 13 日分别签订《定型机余热回收、废气净化（静电）设备买卖合同》和《定型机余热回收、废气净化（静电）设备服务合同》，二份合同均明确"废气净化系统按经净化后的废气油烟不超过 30？/立方米，颗粒物不超过 20？/立方米的国家环保废气标准执行。甲方（原告）应在设备安装完成后 30 日内，完成当地环保监测"。买卖合同同时约定"本合同项下任何 1 台（套）设备经环保部门验收不合格的，则由乙方（被告）在十日内负责整改至合格，如整改后仍不合格，则由乙方退还甲方已付款项，并拆回设备"。合同还对其他事项进行了约定。合同签订后，原告分别于 2014 年 10 月 21 日、11 月 29 日向被告支付设备、服务款共计 25 万元。原告于 2015 年 1 月 5 日书面函告被告，以定型机烟道漏油及车间废气、烟雾弥漫等为由，要求被告尽快完工并修复存在的问题。被告已收到了该函件。2015 年 2 月 4 日，原告委托杭州市余杭区环境监测站对废气进行检测，该站于同月 10 日作出检测报告。2015 年 1 月底至 2 月 3 日，原、被告就之前的合同磋商补充协议，其中被告工作人员刘秀娟发给原告的邮件中的补充协议写明，由于定型机自身原因造成的排烟不畅问题，在增加烟罩后，可适当减轻。2015 年 2 月 6 日，原告向被告发出律师函，要求被告拆回设备，退还已收的款项。2015 年 8 月 29 日，杭州市余杭区环境保护局作出环境监察整改通知书，写明原告生产车间中 1 号定型线生产过程中有大量烟气外溢，未能被废气治理设施有效收集，现场油烟味较重，存在无组织排放现象，对园区环境产生影响，要求原告对废气治理设施进行整改，提高烟气收集率，减少无组织排放，减少对园区环境的影响，并在接到通知书后立即整改，并将整改情况于 5 日内书面报该局，该局将对原告整改落实情况进行后督查。原告于 2015 年 9 月 24 日后拆除了被告的设备，更换安装其他单位的相应设备，拆除的设备堆放在原告厂区内。现原告车间没有无组织排放现象。

因被告申请，法院依法委托浙江省环境监测中心司法鉴定所司法鉴定，结论为

定型机废气净化系统出口油烟排放浓度和颗粒物排放浓度均未超过双方合同中的约定值，但鉴定人出庭时说明鉴定当时车间内有烟气无组织排放现象。后因原告申请，法院依法委托浙江出入境检验检疫鉴定所对被告设备的烟气采集率进行司法鉴定，结论为被告设备采集烟气效果不理想及原告现更换设备采集烟气效果良好。

【案件焦点】

关于涉案合同能否解除的问题。

【法院裁判要旨】

浙江省绍兴市越城区人民法院经审理认为：

（1）原、被告之间的合同关系，双方主体适格，意思表示真实，内容未违反法律、行政法的强制性规定，应认定为合法有效。

（2）安装被告设备后，原告车间出现烟气无组织排放，双方一直就此事进行交涉，乃至协商签订补充协议，但因对无组织排放的责任意见分歧，最终未果。就原、被告而言，原告作为客户并不具有专业知识，而被告更具有专业技术，其不仅仅要保证废气经过被告提供的设备排出厂外符合合同约定，同时当然涵盖保证定型机排出的烟气能被净化设备收集的合同要求。如果原、被告的合同无法达到这个最基本的目的，那原告安装废气净化就没有现实意义。原告的定型机是早已存在的，被告作为专业的单位在针对已有的定型机配置安装设备时应结合定型机及原告实际生产需要，确保设计安装的设备接入原告的定型机能匹配，能实现收集废气并处理达到合同标准。如果无法达到上述合同目的，原告应提前告知被告，由被告考虑增添设备、变更设备或另找他人。如果设计的设备不足以实现合同目的，也要及时弥补。

（3）不论是鉴定还是环保局要求整改，都可以确认被告的设备在基础的收集烟气方面存在明显的缺陷，原告因此已到需要整改的地步。而在出现问题后，原告多次交涉，被告仅认为是原告定型机固有的问题，诉讼中又坚持认为提供的设备没有问题。原告在被告一直未予补救的情况下，因为环保局的限制整改，拆除被告的设备，由其他单位另行安装相应的设备，而其他单位的设备安装后车间没有烟气无组织排放的问题，故原告在合同目的无法实现且必须及时整改的情况下，起诉要求解除合同，符合法律规定，法院予以支持。

（4）原告在解除合同前提下要求被告撤回全部设备并返还原告已支付的款项，

本院予以支持。在本院确认双方合同解除的情况下，反诉被告要求反诉原告支付剩余款项及违约金，缺乏法律依据，本院不予支持。

浙江省绍兴市越城区人民法院依照《中华人民共和国合同法》第六十条、第九十四条、第九十七条，《中华人民共和国民事诉讼法》第六十四条，《最高人民法院关于适用〈中华人民共和国民事诉讼法〉的解释》第九十条，《最高人民法院关于民事诉讼证据的若干规定》第二十七条之规定，作出如下判决：

一、原告杭州富瑞司纺织有限公司与被告绍兴东方能源工程技术有限公司于2014年10月13日签订的《定型机余热回收、废气净化（静电）设备买卖合同》《定型机余热回收、废气净化（静电）设备服务合同》于2015年2月7日解除；

二、被告绍兴东方能源工程技术有限公司取回位于原告杭州富瑞司纺织有限公司处的定型机余热回收、废气净化（静电）设备，原告杭州富瑞司纺织有限公司应予以配合；

三、被告绍兴东方能源工程技术有限公司返还给原告杭州富瑞司纺织有限公司款项25万元；上述第二、第三项于本判决生效之日起三十日内履行；

四、驳回反诉原告绍兴东方能源工程技术有限公司的诉讼请求。

绍兴东方能源工程技术有限公司提起上诉。绍兴市中级人民法院经审理认为：本案二审中的争议焦点主要集中在原审鉴定程序是否违法以及涉案合同能否解除两个方面。

关于原审鉴定程序是否违法的问题。上诉人认为主要在以下几个方面违反法律规定：1. 被上诉人提出的鉴定申请已超过举证期限；2. 原审法院委托浙江出入境检验检疫鉴定所对涉案设备进行鉴定不符合合同约定；3. 浙江出入境检验检疫鉴定所在首次鉴定时未有效通知上诉人到场；4. 对浙江出入境检验检疫鉴定所作的鉴定应作重新鉴定而非补充鉴定；5. 补充鉴定时，涉案设备已拆除，不具备补充鉴定条件。结合本案证据，本院对上述问题逐一作如下分析：1. 被上诉人之所以提出鉴定申请，是因为上诉人对定型机废气净化系统出口油烟排放浓度和颗粒物排放浓度是否符合合同约定提出的鉴定，经浙江省环境监测中心鉴定为符合合同约定后，根据鉴定人员出庭接受质询时有关于被上诉人车间内存在废气无组织排放现象的表述，认为可能系上诉人的设备本身存在设计问题才提出了鉴定申请，应当认为被上诉人是根据审理过程中新出现的事实所提出的申请，原审法院予以准许并无不当。2. 双方在涉案合同中确有关于设备需完成当地环保监测、需经环保部门验收合格的约定，但被上诉人提出的鉴定申请是针对涉案设备的设计本身，而非设备出口的油烟和颗粒物排放浓度，原审法院委托浙江出入境检验检疫鉴定所对此进行鉴定亦无不当。3. 浙江出入境检验检疫鉴定所已向原审法院出具了（2015）绍越袍商初字第269-1号鉴定说明，就其如何告知上诉人首次鉴定时间的情况作了合理的解释说明，且上诉人虽否认收到该鉴定所的书面通知，但认可于鉴定当日接到了电话通知，只是认为因上诉人代理人在人民法院有他案在开庭而无法前往。本院认为，上诉人公司并非只有该代理人一人，其完全有能力委派公司其他人员前往或者由公司法定代表人亲自前往鉴定现场，故上诉人在浙江出入境检验检疫鉴定所进行首次鉴定时未到场不可归责于他人。4. 如上所述，浙江出入境检验检疫鉴定所有资质、有权限对被上诉人提出的鉴定申请进行鉴定，上诉人在首次鉴定时未到场也不可归责于他人，故上诉人提出的重新鉴定申请缺乏事实和法律依据，原审法院就某些问题委托该鉴定所进行补充鉴定符合法律规定。5. 因补充鉴定的内容系被上诉人厂房内的废气无组织排放是上诉人的设备原因还是被上诉人固有的定型机原因所致，在被上诉人固有定型机不变的情况下，拆除上诉人设备，更换新设备进行比较，能够客观地反映出问题所在，故应当认为具备补充鉴定条件。综上，本院认为原审各项鉴定程序符合法律规定，上诉人的该上诉理由缺乏法律依据，本院不予采信。

关于涉案合同能否解除的问题。根据庭审查明的事实，涉案设备已于2015年9月24日实际拆除，被上诉人也已安装完毕他人设备，并经验收合格，符合环保部门要求，应当认为上诉人要求被上诉人继续履行涉案合同已无必要。且被上诉人早于2015年1月5日就书面函告上诉人涉案设备存在问题，要求上诉人尽快修复存在问题，但上诉人直至被上诉人拆除涉案设备之日仍不能修复问题，也未能提供充分证据证明涉案设备不存在问题，故其主张根据合同约定，即使涉案设备存在问题，其尚有十天的整改期，在整改未果后被上诉人才有权解除合同的理由缺乏事实依据，本院不予采信。至于合同的具体解除日期，虽然被上诉人于2015年2月6日发送律师函给上诉人时解除合同的依据尚不充分，但根据之后进行的各项鉴定以及环保部门出具的《环境监察整改通知书》反映，涉案设备确实存在问题，且已达到被上诉人合同目的不能实现之情形，而2015年2月6日距2015年1月5日被上诉人向上诉人提出设备问题时已超过了合同约定的十天整改期，故原审法院以上诉人收到被上诉人发送的律师函之日，即2015年2月7日为合同的解除日并无不当。根据《中华人民共和国民事诉讼法》第一百七十条第一款第（一）项之规定，判决：

驳回上诉，维持原判。

【法官后语】

随着国家和企业对生产经营过程中环境污染问题的不断重视，环保设备类买卖合同纠纷也日益增多，但此类买卖合同不同于一般的合同纠纷，具有显著的案件特点：1. 主合同或从合同中往往对产品质量有详细的参数要求；2. 出卖人较买受人具有更为专业的知识和技术；3. 产品交付后，出卖人负有安装、调试、维护等附随义务。上述合同在履行过程中，往往涉及合同的履行、解除等问题。结合本案来看，绍兴东方能源工程技术有限公司作为出卖人，应当依约履行合同义务，提供符合质量的产品，但根据一、二审法院查明的事实来看，不论是鉴定还是环保局要求整改，都可以确认被告的设备在基础的收集烟气方面存在明显的缺陷，且其怠于对设备进行补救，致使双方的合同目的不能实现，已符合合同法定解除的条件。合同解除后，法院判令被告取回设备并返还货款，使双方恢复至合同签订前的原状，亦符合法律规定。本案裁判对合同的违约方进行了准确的认定，同时也间接地为此类合同的出卖人、买受人在合同履行中的要点进行了论述，对引导和规范买卖合同的履行起到良好的示范作用，对此类案件的裁判具有重要的借鉴意义。

编写人：浙江省绍兴市越城区人民法院　盛跃　赵飞

67

合同条款的解释

——王德文诉北京星德宝汽车销售服务有限公司买卖合同案

【案件基本信息】

1. 裁判书字号

北京市朝阳区人民法院（2016）京0105民初61680号民事判决书

2. 案由：买卖合同纠纷

3. 当事人

原告：王德文

被告：北京星德宝汽车销售服务有限公司（以下简称星德宝公司）

【基本案情】

2016年6月12日，星德宝公司作为甲方与王德文作为乙方签订《汽车销售合同》，约定王德文向星德宝公司购买BMW525Li领先1辆，外观颜色开士米银，内饰颜色黄棕，价款378000元，定金金额30000元，预计交付日期6月，备注客户自费11200元做装饰，量子膜、镀膜、脚垫1副，行车记录仪，石家庄牌照，全款反贷，收取贷款额3%手续费，2000元整车装备费，合同另就双方的其他权利义务进行了约定。其中李思宇在甲方销售代表处签字确认。

后王德文依约交纳了整车车款348000元，精品装饰费11200元，贷款手续费7938元，综合服务费2000元，星德宝公司出具了相应的交款单。2016年6月29日，星德宝公司向王德文开具了金额为378000元的销售发票。2016年6月30日，王德文取得了车辆购置税完税证明，交纳了车辆购置税37800元。2016年6月27日，王德文交纳了机动车交通事故责任强制保险费950元，交纳了商业保险费14128.62元。2016年8月1日，王德文向星德宝公司交纳了"出险无忧"续保套餐费1271元。2016年8月17日，星德宝公司为涉案车辆做了保养，王德文交纳保养费855元。

2016年7月1日，河北省石家庄市公安局交通管理局（以下简称石家庄交管局）为王德文所有的涉案车辆办理了车辆行驶证，车牌号码冀AP3W91。2016年8月24日，石家庄交管局向王德文出具撤销机动车登记决定书，载明：经查，王德文未在石家庄市实际居住，于2016年6月27日，通过不法人员李国望等，采用欺骗、贿赂的不正当手段从石家庄市公安局新华分局天苑派出所取得不符合规定的《居住登记凭证》，并于7月1日，使用该凭证骗取冀AP3W91号小型载客汽车注册登记。石家庄交管局决定撤销王德文所有的冀AP3W91号小型载客汽车注册登记，且3年内不得申请机动车登记。

庭审中，王德文提出根据双方合同备注处的"石家庄牌照"系应由星德宝公司负责为王德文办理石家庄牌照,且王德文向星德宝公司李思宇交纳了4000元上牌费,星德宝公司则提出备注处的"石家庄牌照"是为了提醒员工内部知情,以便放行车辆,星德宝公司否认收到王德文交纳的上牌费,否认承诺为王德文办理石家庄牌照,提出办理牌照是王德文的义务。

【案件焦点】

本案的争议焦点在于王德文是否有权解除双方签订的《汽车销售合同》。

【法院裁判要旨】

北京市朝阳区人民法院经审理认为:王德文与星德宝公司签订的《汽车销售合同》系双方真实意思表示,且内容不违背法律、行政法规的强制性规定,应属合法有效。当事人均应当按照约定全面履行各自的义务。本案的争议焦点在于王德文是否有权解除双方签订的《汽车销售合同》。王德文提出由于星德宝公司未履行合同约定的办理石家庄牌照的义务致使其无法实现合同目的,要求解除合同。根据石家庄交管局出具的撤销机动车登记决定书,王德文的机动车注册登记被注销的原因在于王德文不在石家庄市实际居住,其通过不法手段取得不符合规定的《居住登记凭证》。根据《机动车登记规定》,初次申领机动车号牌、行驶证的,机动车所有人应当向住所地的车辆管理所申请注册登记。首先,王德文应当明知其自己的住所地不在石家庄市,不符合石家庄市机动车注册登记条件。其次,王德文未提供证据证明不符合规定的《居住登记凭证》是星德宝公司为其办理的;最后,即使合同约定的"石家庄牌照"可以理解为由星德宝公司代王德文办理石家庄机动车注册登记,办理登记所需资料亦应由王德文提供,且王德文应对其提供资料的真实性负责。综上,王德文要求行使法定合同解除权解除双方签订的《汽车销售合同》,于法无据,本院不予支持。

北京市朝阳区人民法院依照《中华人民共和国合同法》第六十条,《最高人民法院关于适用〈中华人民共和国民事诉讼法〉的解释》第九十条之规定,判决如下:

驳回原告王德文的全部诉讼请求。

【法官后语】

本案处理重点主要在于合同条款解释的问题。关于车辆牌照的办理,双方仅在合同文本的备注处注明"石家庄牌照",但是对于如何办理牌照、办理牌照的义务由谁履行没有明确约定,因此在判决时就需要法官对合同条款进行合理解释。《中华人民共和国合同法》第一百二十五条规定,当事人对合同条款的理解有争议的,应当按照合同所使用的词句、合同的有关条款、合同的目的、交易习惯以及诚实信用原则,确定该条款的真实意思。一般来讲,合同解释的方法包括文义解释法、整体解释法、目的解释法、习惯解释法和诚信解释法等。文义解释是指依据合同条款用语的通常含义进行解释。合同是当事人意思表示一致的产物,当事人的意思表示往往通过语言文字表现于合同条款中,因此应当从合同条款中寻求其真意,从文义解释的方法入手解释合同。整体解释是指把全部合同条款和构成部分看作一个统一的整体,从各个合同条款在整个合同中所处的地位及其相互关系出发,阐明当事人对争议的合同用语的含义。目的解释是指解释合同时,如果合同所使用的文字或某个条款可能作两种解释时,应采取最适合于合同目的的解释。习惯解释是指合同所使用的文字词句有疑义时,应参照交易中大家普遍接受的,长期、反复实践的行为规则进行解释。诚实信用原则是我国民法的基本原则,因此在合同解释时,如果采用其他解释方法得出两种或两种以上不同结论或者采用其他解释方法得出的结论明显不符合诚实信用原则时,应采用诚实信用法解释合同条款。

编写人:北京市朝阳区人民法院　孙国荣

六、买卖合同的违约责任

68

以连环买卖合同形式实施融资发生违约时如何认定法律关系和违约责任

——中钢炉料有限公司诉北京天润东方经贸有限公司、北京亚欧经贸集团有限公司买卖合同案

【案件基本信息】

1. 裁判书字号

北京市房山区人民法院（2013）房民初字第08977号民事判决书

2. 案由：买卖合同纠纷

3. 当事人

原告：中钢炉料有限公司（以下简称中钢公司）

被告：北京天润东方经贸有限公司（天润公司）、北京亚欧经贸集团有限公司（原名称北京亚欧经贸有限公司）（以下简称亚欧公司）

【基本案情】

2008年4月8日，中钢公司（作为买方）与亚欧公司（作为卖方）签订《采购合同》，约定"采购名称：主焦煤。数量：主焦煤40000吨。合同总额48000000元。价格：主焦煤1200元/吨。交货时间、地点、运输方式及费用负担：2008年4月10日至2008年4月25日。天津港通瑞仓库或通达仓库交货（买方委托中钢国际货运天津有限责任公司监管仓库），以办理货权转移为准。付款、结算方式及期限：买

方在取得卖方货物所有权的同时向卖方支付货物总金额的85%货款，卖方开具增值税发票后，买方2个月内付清剩余15%货款。违约责任：1.卖方未按期交货，承担合同总货款15%的违约金，2.买方最终用户因货物数量及品质而发生的异议，卖方应妥善解决，对于买方因此而遭受的损失及费用，由卖方承担。并支付买方所付货款因延迟结算而遭受的利息损失，按货款交付的实际天数及银行同期贷款利率计算"。

2008年9月12日，中钢公司（作为卖方）与天润公司（作为买方）签订《销售合同》，该合同约定的产品名称、品质规格、数量、包装同中钢公司与天润公司之间的采购合同。销售合同还约定：合同总额：49800000元，价格：1245元/吨。天津港通瑞仓库或通达仓库交货。买方在2008年9月18日前，将全额货款支付给卖方。违约责任：在到达双方约定的付款、提货日期，买方未及时付款，卖方有权单方面终止此合同，自行销售此笔货物。

2008年12月2日，中钢公司（甲方）、亚欧公司（乙方）、天润公司（丙方）签订补充协议，约定：一、乙方向甲方供应煤炭（合同号08ZGLL－NMC1760－KF015－CN）由甲方销售给丙方（合同号：08ZGLL－NMX4230－KF015－CN）。二、如果丙方未能在合同规定的时间内向甲方全额付款，甲方有权自行处理货物，由此所产生的全部经济损失由丙方承担，乙方承担连带赔偿责任。三、合同08ZGLL－NMC1760－KF015－CN项下的货物，如果甲方未能在合同08ZGLL－NMX4230－KF015－CN规定的时间内收到丙方的全额货款，乙方免除对甲方剩余的15%货款的付款责任同时甲方有权自行处理货物，所产生的全部经济损失由丙方承担，乙方承担连带赔偿责任。

2008年4月8日，亚欧公司向中钢公司出具货权转移证明，记载"我公司现将存放于天津港通瑞仓库的焦煤40000吨，全部转移给贵公司。数量以通瑞仓库磅房所提供的手写磅单为准。特此证明"。2008年4月11日，中钢公司交付亚欧公司承兑汇票12张，金额共计40792100元。

2008年12月31日至2010年2月10日，天润公司向中钢公司支付销售合同项下货款22961712.04元，中钢公司交付天润公司主焦煤共14000吨。其后天润公司未按照销售合同约定继续支付货款，中钢公司、天润公司、亚欧公司多次协商无果，天润公司、亚欧公司致函中钢公司要求解除合同。中钢公司遂自行处理转卖焦煤共计 15120.16 吨，剩余 10879.34 吨主焦煤。

后，中钢公司诉至法院，要求天润公司继续履行销售合同，向原告支付剩余货款 13544778.3 元；天润公司赔偿损失 8063302.63 元（暂计算到 2013 年 4 月 1 日，实际应计算到被告向原告实际支付完毕剩余货款之日），该损失额包含原告自行处理货物的价差损失 4333265.4 元（差价损失共计 7575310 元，以 1245 万元付款先行冲抵 3242044.6 元），资金占用损失 3081529.1 元（利息共计 6469427.92 元，以 1245 万元付款先行冲抵 3387898.83 元），第三方退货损失 234455.75 元，仓储费损失 414052.38 元；被告亚欧公司对天润公司的前述给付义务承担连带责任；与本案有关的全部诉讼费用由天润、亚欧公司连带承担。

【案件焦点】

本案的焦点为：1. 中钢公司、天润公司、亚欧公司之间的法律关系如何确认；2. 天润公司承担违约责任的方式如何确定。

【法院裁判要旨】

北京市房山区人民法院经审理认为：

（一）关于本案合同的性质，属于买卖合同还是买卖合同形式掩盖的融资借款合同。

《中华人民共和国合同法》第一百三十条规定"买卖合同是出卖人转移标的物所有权于买受人，买受人支付价款的合同"，买卖的目的是发生标的物所有权的转移，出卖人因此取得价款。《中华人民共和国合同法》第一百九十六条规定"借款合同是借款人向贷款人借款，到期返还借款并支付利息的合同"。

第一，从合同签订的主体来看，虽然天润公司和亚欧公司股权存在交叉。但天润公司、亚欧公司均系独立企业法人，关联企业之间存在交易并不违反法律、行政法规的强制性规定，不能因为关联企业参与买卖合同，就认定是自买自卖行为。

第二，从合同内容和履行情况来看，中钢公司作为买方与卖方亚欧公司签订的《采购合同》、中钢公司作为卖方与买方天润公司签订的《销售合同》标的物数量、规格等基本一致，只是单价上有所差异，符合连环买卖合同的特征。从合同履行情况看，在采购合同项下，亚欧公司向中钢公司交付了货权凭证，中钢公司向亚欧公司支付了货款。在销售合同项下，中钢公司向天润公司交付了部分货物，天润公司亦向中钢公司支付了部分货款，即上游买卖合同和下游买卖合同均进行了实质履行。中钢公司称采购合同、销售合同约定的交货地点相同，中钢公司始终没有接触货物，仅仅是转移货权，但转移货权亦是合同约定的交付方式，该约定并不违法。从约定的交货地点来看，采购合同、销售合同约定的交货地点相同，该约定是买卖合同当事人对于交货地点选择的合意，也并不与买卖合同的特征相悖。

综上，中钢公司称涉案合同目的是由亚欧公司取得采购合同项下"货款"五个月的资金使用权、达到融资目的，其并未提供证据支持，依据不足。

（二）关于中钢公司主张的继续履行合同问题。

中钢公司除向天润公司交付14000吨主焦煤，自行转卖了部分主焦煤，属于中钢公司选择部分解除合同，其有权选择自行处理货物的数量，即有权选择合同部分解除的范围，也有权选择主张继续履行部分合同，针对剩余10879.34吨主焦煤要求被告继续履行付款义务提取货物，本院予以支持。关于天润公司应付款数额，天润应继续付款金额为已交付14000吨和应继续交付主焦煤10879.34吨的价款，扣除已付货款金额后，天润公司还应向中钢公司继续支付货款8013066.26元。

北京市房山区人民法院依据《中华人民共和国合同法》第一百零七条、第一百一十四条、第一百五十九条之规定，判决如下：

一、被告北京天润东方经贸有限公司在本判决生效后十五日内向原告中钢炉料有限公司继续支付货款八百零一万三千零六十六元二角六分，并从原告中钢炉料有限公司提取主焦煤一万零八百七十九点三四吨主焦煤；

二、被告北京天润东方经贸有限公司赔偿原告中钢炉料有限公司货物价差损失七百二十九万三千五百二十九元七角六分；

三、被告北京天润东方经贸有限公司按照同期中国人民银行贷款基准利率赔偿原告中钢炉料有限公司资金占用损失（计算方式：在2008年9月19日至2008年12月30日，以4980万元为基数；在2008年12月31日至2009年1月20日，以4880万元为基数；自2013年4月1日至判决给付货款之日止，以8013066.26元为基数；以上利息总额应减去北京天润东方经贸有限公司已付中钢炉料有限公司的利息200万元）；

四、被告北京亚欧经贸集团有限公司对本判决第一项、第二项、第三项被告北京天润东方经贸有限公司对原告中钢炉料有限公司的义务承担连带责任。

五、驳回原告中钢炉料有限公司的其他诉讼请求。

【法官后语】

审理融资性买卖纠纷,应以准确识别认定融资性买卖为前提。在审判实务中应属于一个事实认定问题。即对显性合同和隐性合同的辨别认定问题,在何种程度上可以认定隐性合同而排除显性合同的效力。即使法官凭借审判经验或者一方当事人的举证能够大致察觉隐性合同的存在,不可能直接就此否定显性合同的效力,还要取决于法官对当事人通过规避法律而订立的合同条款的解读,以及对相关法律条文的理解。

融资性买卖与一般买卖之间的根本区别在于当事人的真实效果意思为融资而非买卖,即效果意思与表示行为之间不一致。一般而言,对交易行为的性质认定应以外在表示行为,即遵循表示主义原则,具体到商法领域就是遵循外观主义原则。但当交易行为明显有悖于一般交易常理,以至于使人有理由质疑当事人意思与表示不一致,存在掩盖非法目的、规范法律限制之嫌时,则应采取意思主义,对当事人的真意进行探究。通过对融资性买卖合同的内容、交易环节、交易流程等外在形式证据的综合考量,本案的连环买卖合同具备如下要素:

1. 最终买受人存在向供货人购买货物的真实意图,货物实际发生流转,与真正的连环买卖更为相似。2. 作为托盘企业的贷款方,无真实的买卖意图和货物需求,其交易目的在于获取固定利息。3. 供货人由作为实际买受人的价款方指定,货物通常由供货人直接交付给最终买受人,贷款方不参与货物交付,不承担买方的瑕疵担保责任。

属于代垫资金型融资买卖,一般遵循外观主义原则,按照连环买卖合同处理,受买卖合同权利义务约束。

编写人:北京市房山区人民法院　栾林林

69

总合同项下多笔交易滚动付款情形下，如何确定被告未付款项及违约责任

——新疆五月山贸易有限公司诉浙江宝恒
建设有限公司分期付款买卖合同案

【案件基本信息】

1. 裁判书字号

新疆维吾尔自治区昌吉回族自治州阜康市人民法院（2015）阜民初字第499号民事判决书

2. 案由：分期付款买卖合同纠纷

3. 当事人

原告：新疆五月山贸易有限公司（以下简称五月山公司）

被告：浙江宝恒建设有限公司（以下简称宝恒公司）

【基本案情】

2013年5月18日，五月山公司与宝恒公司签订《钢材购销合同》，合同约定由甲方（宝恒公司）不定时、多批次向乙方（五月山公司）采购钢材；合同第七条（结算、付款方式）中第二、三款垫资价格中约定"甲方于收货后7天内付清全款，两个月内付款的，按送货单日期分批计算货款每日千分之一的利息"；合同第八条（违约责任）第四款约定"超过两个月付款的，从自然日起第61天开始按逾期货款每日千分之三计算违约金"。合同签订后，双方在五个月期间发生十六笔交易，总价款为2697771.79元，最后交易时间为2013年10月17日，应付款项为135495.93元；宝恒公司亦向五月山公司陆续分十六次付款2727020元，其中于2013年10月1日支付171887.25元，总计付款1807020元；2014年1月29日支付

890000元，总计付款2697020元；2014年8月29日，宝恒公司再次给付30000元。五月山公司称其主张未付货款金额342114.88元系每次交易未付金额减去宝恒公司应承担的逾期付款利息和应承担违约金累计所得；所主张利息及违约金也是根据每笔交易逾期给付金额依合同约定计算累计所得。宝恒公司则认为2014年8月29日的30000元，系在付完全部货款之后，向对方支付的逾期给付利息且违约金不存在。

【案件焦点】

在本案总合同项下多笔交易滚动付款情形下，如何确定被告未付款项及违约责任。

【法院裁判要旨】

新疆维吾尔自治区昌吉回族自治州阜康市人民法院经审理认为：在总合同项下多笔交易滚动付款情形下，根据合同法关于债的清偿抵充顺序的相关规定，当债务人的给付不足以清偿其对同一债权人所负的数笔相同种类的全部债务时，除非债权人与债务人对清偿的债务或者清偿抵充顺序有明确约定，否则应优先抵充已到期的债务。若给付不足以清偿全部债务时，应按照实现债权的有关费用、利息、主债务顺序抵充。阜康市人民法院依据《中华人民共和国合同法》第一百零七条，《最高人民法院关于适用〈中华人民共和国合同法〉若干问题的解释（二）》第二十条、第二十一条、第二十九条第一款之规定，判决如下：

一、被告浙江宝恒建设有限公司于本判决生效后十日内向原告新疆五月山贸易有限公司支付违约金30000元；

二、驳回原告新疆五月山贸易有限公司的其他诉讼请求。

【法官后语】

本案中，双方当事人在合同中约定了"收货后7天内付清全款，两个月内付款的，按送货单日期分批计算货款每日千分之一的利息；超过两个月付款的，从自然日起第61天开始按逾期货款每日千分之三计算违约金"。五月山公司要求宝恒公司支付货款342114.88元，利息20526.88元，违约金167684.86元的诉讼请求，也是在每笔交易的基础上按照上述约定计算所得。结合阜康市人民法院查明的事实及五月山公司的请求权基础，对其主张予以否定评价。

其一，本案双方当事人合同约定"自合同签订之日起，不定时、多批次采购钢材，总需货约 1000 吨，以实际供货为准"，在这样一个总合同项下，双方当事人短期内频繁交易，如抛开双方缔约时交易目的及期望，将合同项下每一笔交易割裂开来，不符合合同当事人总体合同意愿。

其二，本案双方当事人虽对"两个月内付款的（逾期货款）"计算"每日千分之一的利息"，但该种所谓利息的约定实质仍是对买受人方逾期付款所产生违约责任的约定，在性质上仍应认定为违约金条款。同时依照合同法的相关规定，除非当事人约定惩戒性违约金，违约金通常仍应以弥补因违约而造成的守约方损失为主，本案中按每日千分之一、千分之三计算违约金，显然过高。

其三，本案存在特殊性，在本案买卖合同项下存在多笔交易的情形下，当事人必然会出于对下笔交易的期待而产生对对方存在轻微瑕疵履行的容忍，若权利人确定因义务人履行存在瑕疵（宝恒公司存在逾期付款情形）而主张违约责任，即应及时主张权利并给予对方明确通知，否则应视为其为使下笔交易得以顺利完成而接受对方的瑕疵履行，不能推断为债权人保留了追究对方违约责任的权利。双方依据买卖合同在短短五个月内即发生十六笔交易（最后交易时间为 2013 年 10 月 17 日），总价款为 2697771.79 元，宝恒公司亦先后分十次付款，至 2014 年 1 月 29 日，已给付 2697020 元，基本与总货款持平。作为出卖方，五月山公司在接受每笔款项时是在合同项下交易均已实现之后再依据明显约定过高的违约金条款分项计算逾期给付利息及违约金，该种方式有失诚信，对买卖合同中的买受人也显失公平。

综上，阜康市人民法院对五月山公司能够在每笔交易中主张并在已付款项中先行抵充的违约金予以调整，参照银行同类贷款利率（计算中使用利率为 4.875‰/月，即 0.1625‰/日）确定，依此计算，以宝恒公司实际给付的每一笔款项抵充已到期债权的违约金及主债务，至 2014 年 8 月 29 日（此时，已给付 2727020 元），宝恒公司已经对合同项下所有交易货款予以清偿。故对五月山公司要求给付货款 342114.88 元的请求，不予支持。

五月山公司系依垫资价格（两个月内付款的，按送货单日期分批计算货款每日千分之一的利息）和违约条款（超过两个月付款的，从自然日起第 61 天开始按逾期货款每日千分之三计算违约金）要求宝恒公司支付货款利息 20526.88 元，违约金 167684.86 元。依上所述，五月山公司主张的利息及违约金实质均为要求宝恒公司承担逾期给付违约责任。鉴于宝恒公司在庭审中明确的合同意愿，阜康市人民法院酌定其继续承担违约金30000元。

编写人：新疆维吾尔自治区昌吉回族自治州阜康市人民法院　陈洁

70

对未采取措施防止损失扩大的部分损失不得要求赔偿

——吴涧权诉芜湖市安腾汽贸有限公司买卖合同案

【案件基本信息】

1. 裁判书字号

安徽省芜湖市鸠江区人民法院（2016）皖0207民初1385号民事判决书

2. 案由：买卖合同纠纷

3. 当事人

原告（反诉被告）：吴涧权

被告（反诉原告）：芜湖市安腾汽贸有限公司

【基本案情】

2016年4月29日下午，原告（乙方）与被告（甲方）签订《购车合同书》一份，约定：原告向被告订购跃进X500红色货车一辆，总价款83800元，订金10000元；交车日期2016年5月3日；交车地点：芜湖安腾卡车城；底盘1686号；同时约定乙方向甲方缴纳全车款且双方签字或盖章后本合同生效；本合同生效后乙方不得退订车辆；本合同车价不包含装饰、上牌所需之税费等。双方还对车辆配置等事项作出了约定。同日，原告预交定金10000元，被告销售员向原告出具收条一张，载明：收到吴涧权购跃进X500车款定金人民币壹万元整，总车价83800元，红色车，底盘号为1686号及赠品，并加盖了被告合同专用章。

2016年5月3日上午，原告去被告处提车，原告在被告经办人提供的《保险确认通知书》中付款人签字栏内署名。该通知书下方有"安跃公司"字样。此后，因原告所购车辆挂靠事宜，双方发生争执，致原告未能以《购车合同书》约定的价款购车。

当日上午，被告以"芜湖安跃汽车运输有限责任公司"为被保险人（付款人）向中国平安财产保险股份有限公司芜湖中心支公司投保了机动车交通事故责任强制保险和机动车综合商业保险，为此支付保险费6671.1元。

同日上午，被告以"芜湖安跃汽车运输有限责任公司"为纳税人为该车缴纳了车辆购置税7521.37元。

本案诉讼期间的2016年6月17日，原告在马鞍山市瑞跃商贸有限公司以83000元购买了同厂家同型号跃进牌货车一辆，并分别以吴涧权为机动车所有人、被保险人办理了机动车登记证书及车辆保险。

原告认为被告不能按合同价格出售车辆给原告，构成违约，要求解除购车合同、返还订金并赔偿损失；反诉原告认为反诉被告在签订购车合同时口头答应其挂靠在反诉原告要求的公司，反诉原告才会以较低的价格出售该车辆，后反诉被告反悔，应赔偿反诉原告已缴纳的保险费及购置税的损失。

【案件焦点】

1. 原、被告之间有无挂靠约定；2. 本案买卖合同解除的违约方是谁。

【法院裁判要旨】

安徽省芜湖市鸠江区人民法院经审理认为：关于本诉。原、被告于2016年4月29日签订的《购车合同书》约定乙方（原告）向甲方（被告）缴纳全车款且双方签字或盖章后合同生效，即该合同是附生效条件的合同。本案中，原告按约定时间去提车时因挂靠发生纠纷，尚未缴纳全车款，故双方约定的合同生效条件至今尚未成就，该合同也尚未生效。《购车合同书》约定"本合同生效后乙方不得退订车辆"，现双方均要求解除合同，故对双方要求解除合同的诉请，本院予以支持。但鉴于该合同尚未生效，双方又均要求解除合同，故原告要求退还订金10000元的主张符合法律规定，本院予以支持。对于原告诉请的未能提车期间造成的损失，因原告未提供证据证明，故本院不予支持。

关于反诉。反诉原告诉请反诉被告赔偿因履行前期合同造成的保险费及购置税损失合计14192元，该诉请争议焦点：1. 反诉原、被告签订《购车合同书》时对车辆挂靠是否有约定；2.《购车合同书》解除的违约主体。(1) 对于反诉原告主张签订购车合同时，双方达成了关于挂靠的口头协议，但反诉被告予以否认，反诉原告申请的证人沈洪当庭证实对客户购车并挂靠在反诉原告指定公司的，应在购车合同上注明，而本案双方签订的《购车合同书》中并未注明；(2) 对于反诉原告主张若反诉被告不同意挂靠，反诉原告不会以低于车辆进价的价格卖给反诉被告，反诉原告提供的车辆购置发票不能证明该发票是购买涉案车辆发生的，相反，在诉讼期间反诉被告以跟反诉原告约定的价格购买到了同厂家同型号的车辆一台，故对反诉原告的该主张本院不予支持；(3) 对于反诉原告提出的反诉被告已在《保险确认通知书》上签名确认同意挂靠并购买保险，但该通知书上无"挂靠"相关内容；(4) 对于反诉原告认为反诉被告缴纳的车辆定金低于反诉原告垫付的保险费和车辆购置税，本院认为双方签订的合同约定自反诉被告缴纳全车款且双方签字盖章后合同生效，在合同未生效的情况下，反诉原告为反诉被告缴纳购置税、保险费，且保单和发票上的付款人、被保险人均为芜湖安跃汽车运输有限责任公司，应认定为其自愿行为，也无法得出反诉被告同意挂靠的事实。综上，反诉原告称反诉被告同意挂靠的意见，本院不予采纳。因反诉原告不能按照合同价款交付车辆，已构成违约。故其诉请反诉被告承担车辆购置税 7521.37 元，本院不予支持。对于反诉原告代为缴纳的保险费 6671.1 元，考虑到反诉被告委托反诉原告办理保险且保险费已缴纳的实际，反诉原、被告在为挂靠发生纠纷并要求解除合同后，双方应及时共同至保险公司办理退保手续，但至判决前双方仍未办理退保手续，导致了损失的扩大，双方均有责任。故本院酌定反诉被告承担 1.5 个月的保险费 833.9 元（6671.1 元/年÷12 个月×1.5 个月）。超出部分，反诉原告自行承担。

安徽省芜湖市鸠江区人民法院依照《中华人民共和国合同法》第八条、第六十条、第九十四条第（五）项、第一百零八条，《中华人民共和国民事诉讼法》第六十四条、第一百四十条之规定，作出如下判决：

一、解除原告（反诉被告）吴涧权与被告（反诉原告）芜湖市安腾汽贸有限公司于 2016 年 4 月 29 日签订的《购车合同书》；

二、被告芜湖市安腾汽贸有限公司于本判决生效之日起十日内退还原告吴涧权订金 10000 元；

三、反诉被告吴涧权于本判决生效之日起十日内支付反诉原告芜湖市安腾汽贸有限公司保险费损失833.9元；

四、上述第二、三项折抵后，被告芜湖市安腾汽贸有限公司于本判决生效之日起十日内退还原告吴涧权定金9166.1元；

五、驳回原告吴涧权的其他诉讼请求；

六、驳回反诉原告芜湖市安腾汽贸有限公司的其他诉讼请求。

【法官后语】

挂靠车辆是指为了交通营运的特殊需要，将购买的车辆登记为某个具有运输经营权资质的单位名下，以单位的名义进行运营，并由挂靠者向被挂靠单位支付一定的管理费用。《中华人民共和国合同法》规定依法成立的合同，对当事人具有法律约束力。本案的买卖合同如此，挂靠协议亦如此。挂靠车辆主要以挂靠协议的形式来明确挂靠人和被挂靠单位之间的权利义务，并依照合同法的规定来处理挂靠纠纷。但本案中，双方并未订立挂靠协议来约束挂靠车辆与挂靠单位之间的权利义务，被告主张的"原告同意挂靠在被告指定公司"在双方签订的《购车合同书》内没有约定，也没有另行签订挂靠协议约定，故被告的该主张法院不予支持。关于反诉原告垫付的车辆购置税和保险费，首先，对于车辆购置税，因反诉原告不能按照《购车合同书》约定的价格交付车辆，违约在先，其不应向守约方主张损失，故车辆购置税的损失不应由反诉被告承担；其次，关于保险费，本案中有证据证明反诉被告确有委托反诉原告办理保险且保险费已经缴纳，但后期反诉原告不同意交付车辆，双方的买卖已无法进行下去，反诉原告应及时去保险公司办理退保，减少损失，《中华人民共和国合同法》也规定当事人一方违约后，对方应当采取适当措施防止损失的扩大，故本案中反诉原告未采取措施防止损失扩大，对扩大的损失不得要求赔偿，法院酌定反诉被告承担1.5个月的保险费较为合理。本案判决后，双方当事人也较为满意，均未提起上诉，本案一审生效。

编写人：安徽省芜湖市鸠江区人民法院　卞慧慧

71

逾期交房违约金的计算

——陈鑫生诉柳州市乐和房地产开发有限公司商品房预售合同案

【案件基本信息】

1. 裁判书字号

广西壮族自治区柳州市鱼峰区人民法院（2015）鱼民一初字第1734号民事判决书

2. 案由：商品房预售合同纠纷

3. 当事人

原告：陈鑫生

被告：柳州市乐和房地产开发有限公司（以下简称乐和房开）

【基本案情】

2011年11月16日，陈鑫生与乐和房开签订《商品房买卖合同》一份，约定：陈鑫生向乐和房开购买位于柳州市东环大道99号紫云华府2栋×单元6-4号房屋一套，建筑面积102.54平方米，总价款为594732元；陈鑫生付款方式为银行按揭付款。合同第八条约定，乐和房开应于2012年12月31日前向陈鑫生交付符合合同约定的验收合格条件并取得房屋建筑工程竣工验收备案证明的商品房，并约定如遇特殊原因，除双方协商同意解除合同或变更合同外，乐和房开可据实予以延期的情形，其中包括：1. 遭遇不可抗力，且乐和房开在发生之日起60日内告知陈鑫生的；2. 因政府行政管理部门的原因及市政配套设施安装延误；3. 影响工程进度但是乐和房开无法事先预见和控制的客观原因（如交通管制、停电、停水、雨日、规划发生变化、政府指令停工或因设计变更增加工程量、增加工期等）及造成工期延误，以施工单位或监理单位的签证为准。合同第九条约定，逾期不超过90日，自合同约定的最后交付期限的第二日起至实际交付之日止，乐和房开按日向陈鑫生支付已交付房价款万分之一的违约金，合同继续履行；逾期超过 90 日后，陈鑫生可解除合同，若陈鑫生要求继续履行合同的，合同继续履行，自合同规定的最后交付期限的第二日起至实际交付之日止，乐和房开按日向陈鑫生支付已交付房价款万分之一的违约金。

合同附件四：合同补充协议第一条第二项第（1）点约定，陈鑫生于 2011 年 8 月 5 日交付的 20000 元定金于签订合同时转为首期款；第（2）点约定，陈鑫生于 2011 年 11 月 17 日前支付占全部总房款 30.05%（已含定金）的首期款即 178732 元；第（3）点约定，余款占全部房款的 69.95% 即 416000 元，由陈鑫生在签订合同后七日内到乐和房开指定的银行办理完所有按揭手续，包括交纳费用及提供办理按揭规定的全部资料等，否则视同陈鑫生逾期付款，交房期限随之顺延。2012 年 3 月 29 日陈鑫生与华夏银行签订《个人房屋抵押借款合同》一份，由银行发放贷款。2013 年 11 月 11 日，乐和房开将紫云华府 2 栋 × 单元 6-4 号房屋交付给陈鑫生。《房屋建筑工程和市政基础设施工程竣工验收备案表》载明，柳州市东环大道 99 号紫云华府 2#楼及人防地下室工程开工日期为 2011 年 9 月 26 日，至 2014 年 10 月 8 日均已经勘验、设计、施工、监理、建设五单位同意备案，于 2014 年 10 月 29 日经柳州市房屋建筑工程和市政设施工程竣工验收备案。陈鑫生认为乐和房开违约逾期交房。

自 2011 年 11 月 16 日（合同签订之日）至 2012 年 12 月 31 日（合同约定交房之日），《监理工程师通知单》《施工日志》中符合合同约定（雨天、停水等原因）导致全天停工的天数为 8 日（2012 年 1 月 3 日至 5 日、2 月 29 日、3 月 4 日、3 月 6 日、3 月 15 日、6 月 5 日）。

【案件焦点】

陈鑫生向乐和房开主张逾期交房违约金是否已过诉讼时效；乐和房开是否应向陈鑫生支付逾期交房违约金。

【法院裁判要旨】

广西壮族自治区柳州市鱼峰区人民法院经审理认为：陈鑫生与乐和房开于 2011 年 11 月 16 日签订的《商品房买卖合同》，是双方当事人的真实意思表示，符合法律规定，属有效合同，双方当事人均应按合同约定全面履行义务。

乐和房开于2013年11月11日向陈鑫生交付了房屋，陈鑫生至此方可计算乐和房开逾期交房应当支付的违约金，故本案诉讼时效应当从乐和房开实际交房之日即2013年11月11日起计算两年。因此陈鑫生于2015年5月28日向本院起诉要求乐和房开支付逾期交房违约金，未超过两年诉讼时效。

根据合同约定，乐和房开应当在2012年12月31日前将经勘验、设计、施工、监理、建设五方验收合格，并符合合同约定的商品房交付给陈鑫生使用。因此，乐和房开将未通过竣工验收合格的房屋交付给陈鑫生，不符合合同约定的交付条件，仍应认定为违约交房。由于乐和房开没有提供商品房竣工验收合格时间的证明，因此，本院根据陈鑫生提供的《竣工验收备案表》，确定以竣工备案时间作为计算乐和房开逾期交房期限的截止时间，共计667日（自2013年1月1日至2014年10月29日），自2011年11月16日（合同签订之日）至2012年12月31日（合同约定交房之日），符合合同约定（雨天、停水等原因）导致停工的天数为8日，故乐和房开逾期交房的天数为659日（667日-8日）。

由于合同对陈鑫生与乐和房开均有约束力，双方应当按照约定全面履行自己的义务。结合双方签订合同时间，依合同附件四：合同补充协议第一条第二项约定，陈鑫生于2011年11月16日与乐和房开签订合同，即应于2011年11月23日前依约到乐和房开指定的银行办理完所有按揭手续，而陈鑫生系于2012年3月29日与华夏银行签订《个人房屋抵押借款合同》，即陈鑫生系于该日到乐和房开指定的银行办理完所有按揭手续，根据合同附件四：合同补充协议第一条第二项第（3）点约定，自合同规定的应付款期限第二日起至陈鑫生实际履行完毕付款义务之日止的期间系陈鑫生逾期付款天数，交房期限随之顺延。由于陈鑫生未如期履行完毕付款义务，故乐和房开依约享有交房期限顺延的权利。故自2011年11月14日至2012年3月29日止陈鑫生逾期付款合计136日，因此乐和房开违约逾期交房523日（659日-136日），依《商品房买卖合同》第九条的约定，乐和房开应向陈鑫生支付逾期交房违约金31104.48元（594732元×523日×万分之一）。

柳州市鱼峰区人民法院依照《中华人民共和国合同法》第六十条、第一百零七条、第一百一十四条，《中华人民共和国民法通则》第一百三十五、第一百三十七条之规定，作出如下判决：

一、柳州市乐和房地产开发有限公司应支付陈鑫生逾期交房违约金人民币31104.48元；

二、驳回陈鑫生的其他诉讼请求。

案件受理费人民币885元（陈鑫生已预交），由陈鑫生负担246元，柳州市乐和房地产开发有限公司负担639元。

【法官后语】

本案中，乐和房开称房屋符合交房条件即经施工、设计、监理、勘验、建设单位竣工验收就达到交房条件，而非以获得《房屋建筑工程和市政基础设施工程竣工验收备案表》为基础，但现实中"五方"竣工验收日时间一般不同且竣工验收合格15天之内需要办理备案。因此，乐和房开将未通过竣工验收合格的房屋交付给陈鑫生，不符合合同约定的交付条件，仍应认定为违约交房。由于乐和房开没有提供商品房竣工验收合格时间的证明，因此，本院根据陈鑫生提供的《竣工验收备案表》，确定以竣工备案时间作为计算乐和房开逾期交房期限的截止时间；另外，由于合同对陈鑫生与乐和房开均有约束力，双方应当按照约定全面履行自己的义务。结合双方签订合同时间，依合同附件四：合同补充协议第一条第二项约定，陈鑫生于2011年11月16日与乐和房开签订合同，即应于2011年11月23日前依约到乐和房开指定的银行办理完所有按揭手续，而陈鑫生系于2012年3月29日与华夏银行签订《个人房屋抵押借款合同》，即陈鑫生系于该日到乐和房开指定的银行办理完所有按揭手续，根据合同附件四：合同补充协议第一条第二项第（3）点约定，自合同规定的应付款期限第二日起至陈鑫生实际履行完毕付款义务之日止的期间系陈鑫生逾期付款天数，交房期限随之顺延。由于陈鑫生未如期履行完毕付款义务，故乐和房开依约享有交房期限顺延的权利。

编写人：广西壮族自治区柳州市鱼峰区人民法院　章嵘

72

违约金约定是否过高的判定及
违约金调整制度中的举证责任分配

——北京盛泽利恒食品有限公司诉绍兴市
虞瑞制冷设备有限公司买卖合同案

【案件基本信息】

1. 裁判书字号

北京市第二中级人民法院（2016）京02民终7133号民事判决书

2. 案由：买卖合同纠纷

3. 当事人

原告（被上诉人）：北京盛泽利恒食品有限公司（以下简称盛泽利恒公司）

被告（上诉人）：绍兴市虞瑞制冷设备有限公司（以下简称虞瑞制冷公司）

【基本案情】

2014年12月8日，盛泽利恒公司（甲方）与虞瑞制冷公司（乙方）签订《制冷设备购销合同》，总价106万元。2014年12月24日，双方签订《产品定作合同》，金额352000元。2015年2月13日，双方签订二期《制冷设备购销合同》，总价438000元。

上述协议签订后，盛泽利恒公司分别于2014年12月8日、2016年1月8日、2016年1月19日、2016年1月30日通过案外人账户支付虞瑞制冷公司合同款32万元、30万元、40万元、20万元，共计122万元。双方于2015年3月19日签订《关于合同应及时履行的协议书》，约定：甲方还应支付乙方的货款：肆拾伍万肆仟贰佰元整（小写454200元）……乙方在收到甲方支付的货款后的15日内，完成甲方全部机械设备的安装与调试，通过甲方的验收合格，交付甲方使用。如果超过规定的安装调试时间，乙方应按照甲方已付的货款总额的 5%，按日向甲方缴纳违约金……

协议签订后，盛泽利恒公司分别于当日和第二日（2015 年 3 月 20 日）通过银行汇款形式支付虞瑞制冷公司货款 414200 元。虞瑞制冷公司于 2015 年 4 月 29 日进行了设备的安装调试。盛泽利恒公司主张因双方协议"合同货款乙方补贴甲方肆万元"，故其所剩全部货款已付清，虞瑞制冷公司应于 2015 年 3 月 20 日起计算工期，虞瑞制冷公司逾期完成机械设备的安装与调试，构成违约，故其诉至法院。

【案件焦点】

双方约定的违约金数额是否过高及违约金调整中的举证责任分配。

【法院裁判要旨】

北京市丰台区人民法院经审理认为：关于双方约定的违约金数额是否过高的问题，首先，根据法律规定，当事人对自己提出的诉讼请求所依据的事实有责任提供证据加以证明，虞瑞制冷公司虽主张违约金过高，但未提供任何证据佐证，本院难于采信；其次，盛泽利恒公司已就违约金数额主动予以了调整，同时提供了相应证据证明其实际损失的存在，本院应予认定。最后，本案中，盛泽利恒公司虽主张的违约天数为 25 天，但根据双方三份合同约定及盛泽利恒公司支付合同款情况，虞瑞制冷公司均存在不同程度的履行迟延。根据上述理由以及综合考查双方履约情况和过错程度，均不能认定盛泽利恒公司主张的违约金数额过分高于其实际损失，故对虞瑞制冷公司的辩称意见本院不予采信。

综上，盛泽利恒公司与虞瑞制冷公司所签多份协议，均真实合法有效，盛泽利恒公司按照约定支付全部货款后，虞瑞制冷公司理应在约定的期限内完成设备的调试与安装，否则构成违约，应承担相应的违约责任。盛泽利恒公司要求虞瑞制冷公司给付违约金的请求合理正当，于法有据，本院予以支持。

北京市丰台区人民法院依照《中华人民共和国合同法》第一百零七条、第一百一十四条的规定，判决如下：

绍兴市虞瑞制冷设备有限公司于本判决生效之日起十日内给付北京盛泽利恒食品有限公司违约金五十二万三千一百八十七元五角。

虞瑞制冷公司持原审答辩意见提起上诉。北京市第二中级人民法院经审理认为,《关于合同应及时履行的协议书》的真实性、合法性和有效性,本院均予以确认。关于双方约定的违约金数额是否过高的问题,根据本院查明的事实,虞瑞制冷公司均存在不同程度的履行迟延,故应承担相应的违约责任。根据法律规定,当事人对自己提出的诉讼请求所依据的事实有责任提供证据加以证明,虞瑞制冷公司虽主张违约金过高,但未提供任何证据佐证,且盛泽利恒公司已就违约金数额主动予以了调整,同时提供了相应证据证明其实际损失的存在,故一审法院综合考查双方履约情况和过错程度,确认不能认定盛泽利恒公司主张的违约金数额过分高于其实际损失亦无不当。盛泽利恒公司要求虞瑞制冷公司给付违约金的请求合理正当,于法有据,应予支持。

综上所述,虞瑞制冷公司的上诉请求均不能成立,应予驳回。一审判决认定事实清楚,适用法律正确,审理程序合法,应予维持。

北京市第二中级人民法院依照《中华人民共和国民事诉讼法》第一百七十条第一款第(一)项之规定,判决如下:

驳回上诉,维持原判。

【法官后语】

本案的争议焦点为双方约定的违约金数额是否过高及违约金调整中的举证责任分配。审判实践中,因缔约双方约定的违约金形态各异,案件具体情况不同,违约方主观过错存在差异等情况,很容易导致审判标准尺度掌握不一,同案不同判的情况出现。因此,法官在审判实践中应遵循一定的原则,对于违约金过高的把握标准不宜过严。

1. 综合考量分析,对违约金的性质作出判断

虽然一般认为我国违约金以补偿性为主,惩罚性为辅,但是在经济社会发展的今天,也不可忽视对于部分合同缔约双方放弃司法干预和介入的情形。法官应综合损失情况,合同履行情况,约定的违约金占合同总价的比例、主观因素等综合分析,作出判断。

2. 慎用释明权,控制司法干涉合同自由的度

违约金调整规则应是在违约金过高的情况下的特殊规则,其实质上是法官对于合同自由的干涉,如合同缔约双方实力相当,法官作为裁判者就应对合同缔约双方

的约定予以尊重。合同缔约双方实力相差悬殊,才是释明权运用的合理前提。

3. 尊重立法原意,不加重原告的举证责任

违约行为发生时,守约方无须对损害发生的具体事实进行翔实的举证,而只需要对典型损害进行举证即可。如果违约方认为违约金约定过高应由其对约定过高进行举证,而非加重守约方的证明责任。

4. 立足法律规定,运用自由裁量权细致考量

违约金的减少幅度,有法律明确限制的,从法律规定,没有明确法律规定的案件类型,法官应充分合理地发挥自由裁量权,在综合考虑缔约双方实力、缔约的具体情况及宏观社会经济情况的基础上细致考量,论述分析。

本案中,合同缔约双方为势均力敌的经济实体,故对双方的约定,法官不应过多干涉。一方面盛泽利恒公司主动将违约金调整至按照合同约定计算总数的25%,另一方面则由法官行使释明权,对损失情况进行了举证责任分配。在此基础上对违约损失予以查明。关于举证责任分配,盛泽利恒公司对自身损失提供了一定证据佐证,该证据虽未达到具有高度证明力的效果,但能够证明其损失的客观存在以及损失的大致范围,则应认定盛泽利恒公司尽到了其应有的举证责任。虞瑞制冷公司虽主张违约金过高,但未提供任何证据佐证,故一、二审法官均未采信其调整意见。

编写人:北京市丰台区人民法院　徐冲　赵晓蕾

七、其他

73

买卖合同纠纷中"代办"行为是否属于居间法律关系

——刘新民诉范词银买卖合同案

【案件基本信息】

1. 裁判书字号

陕西省铜川市耀州区人民法院（2016）陕0204民初303号民事判决书

2. 案由：买卖合同纠纷

3. 当事人

原告：刘新民

被告：范词银

第三人：屈亚妮

【基本案情】

2015年5月15日，范词银在刘新民处购买生猪99头，毛重24410斤，双方约定价格每斤7元，购猪款共计为170870元，当日未付现金。刘新民与范词银生猪买卖的中间人为王双致，王双致佣金530元，由范词银给付，王双致于2015年5月20日在小丘喝酒回家后当日死亡。2015年8月12日，范词银向法庭申请调查2015年5月19~20日王双致在三原新兴信用社的存取款情况及刘新民2015年5月19~20日在小丘信用社的存取款情况，2015年8月14日本院分别向三原县农村信用合作联社新兴信用社和铜川市耀州区农村信用合作联社小丘信用社进行了调查，三原县农村信用合作联社新兴信用社和铜川市耀州区农村信用合作联社小丘信用社分别向本院出具了协助查询存款通知单回执，回执单显示2015年5月20日上午九时许王双致在三原县新兴信用社存款100000元，2015年5月19～20日刘新民在小丘信用社没有存取款业务。

【案件焦点】

买卖合同纠纷中"代办"行为是否属于居间法律关系。

【法院裁判要旨】

陕西省铜川市耀州区人民法院经审理认为：买卖合同是出卖人转移标的物的所有权于买受人，买受人支付价款的合同。该案中，范词银通过王双致的介绍，从刘新民处购买并拉走生猪99头（毛重24410斤），双方约定价格每斤7元，猪款共计170870元，刘新民与范词银之间依法成立买卖合同，刘新民作为生猪的卖方也履行了买卖合同标的物的交付义务，而范词银作为买卖合同的买方虽然提供了证据证明其在2015年5月19日取款150000元，但仅凭该证据并不能证明其已履行了相应的给付购猪款的义务，因此，原告刘新民请求范词银立即给付其购猪款170870元的诉讼请求依法应当得到支持。

对于刘新民要求第三人屈亚妮承担连带责任的诉讼请求、范词银称其已经将购猪款给付王双致的辩解，法院认为该买卖合同纠纷案件，买卖合同的相对方分别是刘新民、范词银，而范词银称通过王双致的介绍在刘新民处购猪，且在该案审理中范词银也表示其已向王双致支付了相应的报酬，故认定王双致与范词银之间的关系为居间合同，居间合同的居间人为王双致，委托人为范词银。由于刘新民与范词银之间买卖合同纠纷与范词银、王双致之间的居间合同是两个相对独立的法律关系，至于范词银辩称其已经将购猪款给付王双致的情况是否属实，在该案中不予涉及，故对于刘新民要求屈亚妮承担连带责任不予支持。

铜川市耀州区人民法院于2015年9月14日作出（2015）耀民初字第00316号民事判决书，依法判决：

一、范词银给付刘新民购猪款170870元；

二、驳回刘新民对屈亚妮的诉讼请求。

一审宣判后，范词银提出上诉。铜川市中级人民法院于 2015 年 11 月 30 日作出民事裁定，认为原审程序违法、事实不清，裁定撤销铜川市耀州区人民法院（2015）耀民初字第 00316 号民事判决，发还铜川市耀州区人民法院重审。铜川市耀州区人民法院受理后，另行组成合议庭审理，并于 2016 年 6 月 21 日作出（2016）陕 0204 民初 303 号民事判决书，判决：

一、范词银给付刘新民购猪款 170870 元；

二、驳回刘新民对屈亚妮的诉讼请求。宣判后，当事人未提出上诉，判决已发生法律效力。

【法官后语】

本案作为一起买卖合同纠纷案件，当事人双方经中间人的介绍订立了买卖合同，后因标的物交付后合同价款的支付产生纠纷。中间人的死亡是引起案件纠纷的重要原因，也是法院办案的一块绊脚石。由于案件当事人没有书面合同，买方称自己在生猪交付后将价款分两次支付给中间人，尽管其对给钱的过程和地点陈述得都非常详细，但是由于没有任何的证据证明，且双方买卖关系的中间人也已死无对证，所以买方是否履行了支付购猪款的义务、卖方要求中间人和买方承担连带责任是否应该支持以及案件当事人之间的法律关系如何成为案件争议的焦点和案件的裁判难点。

1. 关于是否应依交易习惯定案产生的争议

交易习惯是人们在长期的反复实践的基础上形成的，在某一领域、某一行业或某一经济流转关系中普遍采用的、法律未作出规定的做法或方法，其立法目的在于尊重市场秩序，维护交易安全。但是交易习惯具有很强的随意性、自由性和不稳定性，所以交易习惯作为审判过程中的定案依据认定需要格外审慎。本案中，范词银经王双致代办收购生猪，双方未就代办行为签订任何的书面约定，双方就合同价款的如何给付具有一定的私密性，第三人一般很难知晓，且王双致已经死亡，是否在二人中形成交易习惯很难界定。经过笔者针对市场中"代办"行为的调查，发现这种"代办"行为就合同价款如何给付存在有很大的随意性，即买方有时会直接当"代办人"面将合同价款直接支付给卖方，但有时也会将价款支付给"代办人"，再由"代办人"将价款支付给买方，所以该案中买方与"代办人"是否有交易习惯存在难以确定,因此应当依据证据规则定案。

2. 买卖合同纠纷中"代办"行为法律关系的认定

通过法院查明的事实可以看出,范词银作为生猪收购方,对于哪里有、谁家有能够出售的生猪不得而知,所以委托王双致向其提供生猪出售的信息,并且为范词银与卖方达成买卖合同提供媒介服务,范词银向其支付一定的报酬。从本案中刘新民向法庭提交的证据来看,范词银并未委托王双致与确定的对象达成买卖协议,范词银向刘新民出具的证明上也显示出范、刘二人明显知道彼此的存在,王双致不是以自己的名义从刘新民处购买生猪,所以范词银和王双致之间的关系不应是委托合同关系或行纪合同关系,认定王双致为范词银购买生猪的"代办"行为属于居间合同关系更为适当,他们之间的行为应当受到合同法中关于居间合同的相关法条的调整和约束。

3. 不同法律关系的诉讼请求在同一案中的处理

在司法实践中,法官们经常能遇到原告在同一案件中的诉讼请求涉及两个甚至数个不同的法律关系,法院在进行立案的过程中,经过初步审查,会对原告起诉设计的法律关系进行分类,确定争议事实的性质,承办法官根据有确定的法律关系的性质,进行法律关系的审查和判决。本案中,刘新民与范词银之间的买卖合同纠纷事实清楚,证据充分,而范词银与王双致(屈亚妮)之间的纠纷缺乏证据支持,范词银是否将合同价款即从刘新民处购猪的货款给付给王双致仍不能完全确定,所以,本案中如果同时处理买卖合同纠纷和居间合同纠纷不仅会让原、被告及第三人之间的关系更为复杂,更会对刘新民的权益造成严重影响。因此,先行处理刘新民与范词银的买卖合同纠纷,不仅维护了刘新民的合法权益,同时也保障了范词银在居间合同证据充分后对屈亚妮的诉权。

编写人:陕西省铜川市耀州区人民法院　杨博

74

居间人怠于履行如实报告义务之责任分析

——邱宇明诉颜丽琴、厦门麦田人房地产代理有限公司房屋买卖合同案

【案件基本信息】

1. 裁判书字号

福建省厦门市中级人民法院（2015）厦民终字第3854号民事判决书

2. 案由：房屋买卖合同纠纷

3. 当事人

原告（上诉人）：邱宇明

被告（被上诉人）：颜丽琴、厦门麦田人房地产代理有限公司（以下简称麦田人公司）

【基本案情】

2014年8月31日，邱宇明与颜丽琴签订《房屋买卖合同》一份，约定颜丽琴将案涉房屋出售给邱宇明，成交价1430000元；合同约定该房屋存在抵押，颜丽琴应在2014年11月10日前向抵押权人申请还款；邱宇明应于合同签订时向颜丽琴支付定金20000元，于本合同签订之日起二日内，邱宇明应另向颜丽琴支付交易定金330000元。合同第六条约定，邱宇明应在还款日期前将800000元或一次性解除该房屋抵押权所需的全部资金转入抵押权人指定的还款账户用于解除该房屋的抵押权，该款项转入抵押权人指定的还款账户后即抵作部分购房款。合同第十二条第一款第（二）项约定："甲乙双方任何一方违约导致本合同解除或无法继续履行，守约方有权按照定金罚则向违约方主张违约责任或按本合同约定的成交价的20%向违约方主张违约金"；合同第十二条第三款约定，因追究违约责任产生的差旅费、律师费等必要费用由违约方承担。麦田人公司在见证人一栏上盖章。同日，邱宇明与

颜丽琴、麦田人公司签订了《交易服务合同》及《居间服务合同》各一份，约定由邱宇明向麦田人公司支付该房屋成交价的2.5%作为居间服务费，及支付权证代办费、房屋入住手续代办费600元。上述合同签订后，邱宇明向颜丽琴支付定金合计350000元，并向麦田人公司支付了中介费。2014年11月10日，邱宇明及颜丽琴签订《关于（2014）M0000653房屋买卖合同的声明》，确认案涉房屋尚有：1. 蔡福安个人借贷350000元未解押；2. 工商银行抵押贷款800000元；3. 友众信业和夸客融资的借款未还清及其他不明借贷可能导致无法过户到邱宇明名下，为维护邱宇明的合法权利，现邱宇明无法按照合同约定的时间向颜丽琴支付部分购房款项。邱宇明及颜丽琴约定颜丽琴需于2014年11月13日前将所有借贷款项还清，待问题解决后，邱宇明及颜丽琴继续履行房屋交易合约，否则一切违约责任由颜丽琴承担，邱宇明拥有最终追讨的权利。此后，颜丽琴未能还清贷款。

二审审理中，麦田人公司经办中介人员林陈聪经传唤到庭接受调查询问，其陈述以下主要内容：在居间过程中，颜丽琴未提供产权证原件；通过厦门房地产网查询到讼争房产处于抵押状态，但未能查询到抵押的具体情况以及抵押数量；中介对于讼争房产存在个人抵押并不清楚。

【案件焦点】

麦田人公司作为房屋中介机构在从事讼争房产买卖的居间活动中是否存在过错或者重大过失，其应承担的责任如何认定。

【法院裁判要旨】

福建省厦门市海沧区人民法院经审理认为：邱宇明与颜丽琴签订的《房屋买卖合同》，系邱宇明与颜丽琴的真实意思表示，内容合法，应为有效，合同双方都应当严格依照合同履行。颜丽琴作为房屋买卖合同中的房屋出卖人，应当有义务保证案涉房屋能依照合同的约定及时进行解押及过户，但颜丽琴未能还清欠款，案涉房产存在二个抵押以及因其他债务被查封而致不能过户给邱宇明。因此，颜丽琴无法提供适合合同履行的房屋，致使邱宇明无法实现合同目的，颜丽琴的违约行为属于根本违约。邱宇明作为守约方，有权要求解除合同。同时，邱宇明有权选择适用定金条款要求颜丽琴双倍返还定金及返还邱宇明多支付的房款。案涉房屋的交易总价为1430000元，定金依法不得超过房款总额的20%，即为286000元。因此，邱宇明要求颜丽琴返还双倍定金572000元及多付的房款64000元,有相应的事实依据及法律依据,予以支持。《房屋买卖合同》有约定违约方承担律师费用,因此,邱宇明请求颜丽琴承担律师费用5000元,有相应的合同依据,予以支持。邱宇明要求麦田人公司承担连带责任,但没有提供证据证明麦田人公司在明知案涉房屋存在二个抵押情况下故意隐瞒与订立合同有关的重要事实或者提供虚假情况,因此,邱宇明请求麦田人公司承担连带责任,没有事实依据,不予支持。颜丽琴未作答辩,视为放弃抗辩权利。依据《中华人民共和国合同法》第六十条、第一百一十五条,《中华人民共和国民事诉讼法》第六十四条第一款、第一百四十四条的规定,判决如下:

一、解除邱宇明与颜丽琴于2014年8月31日签订的《房屋买卖合同》;

二、颜丽琴应于本判决生效之日起十日内返还邱宇明双倍定金572000元及多付的房款64000元及律师代理费5000元,合计641000元。

三、驳回邱宇明的其他诉讼请求。案件受理费10210元及公告费,由颜丽琴负担。

邱宇明提起上诉。福建省厦门市中级人民法院经审理认为:麦田人公司作为专门从事房地产经纪活动,具备较强专业知识、能力和风险意识的机构,应对影响双方订约的重大事项承担基本的核查义务,并如实向委托人告知与合同订立相关的情况,故意隐瞒、提供虚假信息以及重大过失给委托人造成损失的,应当赔偿。

本案中,案涉房产存在除银行抵押之外的抵押情况,麦田人公司并未予以查明,而根据原审查明的事实以及中介人员林陈聪的陈述,麦田人公司并未审核讼争房产的产权证原件以及复印件的真伪情况,亦未明确告知委托人邱宇明其无法确认卖房人颜丽琴提供的信息真伪,这些事项均属于房产交易的重大事项,足以影响双方订约。由此,应当认定麦田人公司在履行居间合同过程中存在重大过失,致使邱宇明的合法利益受到损害,麦田人公司应当承担相应的损害赔偿责任。邱宇明作为买方人亦未尽到审慎注意义务,自身存在一定的过失,故应自行承担相应的责任。本院综合本案案情及双方当事人的过错程度,酌定邱宇明自行承担30%、麦田人公司承担70%的赔偿责任为宜。

邱宇明依照《房屋买卖合同》约定主张的购房双倍定金572000元、购房款64000元以及律师代理费5000元,合计641000元,其主张范围属合理范围,原审法院认定颜丽琴承担上述费用，合法有据，予以维持。麦田人公司依法应在上述损失数额的范围内承担70%的补充赔偿责任，即在颜丽琴无法支付上述赔偿款的情况下，由麦田人公司向邱宇明支付448700元。邱宇明主张其承担连带赔偿责任，缺乏法律依据。综上，上诉人邱宇明的上诉理由，予以部分采纳。原审判决认定事实清楚，但适用法律不当，依法应予纠正。原审被告颜丽琴经本院合法传唤，无正当理由未到庭参加诉讼，本院依法缺席审判。依照《中华人民共和国合同法》第六十条、第四百二十五条及《中华人民共和国民事诉讼法》第一百七十条第一款第（一）项、第（二）项的规定，判决如下：

一、维持厦门市海沧区人民法院（2015）海民初字第25号民事判决第一、二项；

二、撤销厦门市海沧区人民法院（2015）海民初字第25号民事判决第三项；

三、厦门麦田人房地产代理有限公司在颜丽琴未能支付给邱宇明的款项部分以448700元为限额承担赔偿责任；

四、驳回邱宇明的其他上诉请求。

【法官后语】

居间人如实报告义务应予以全面理解。《中华人民共和国合同法》第四百二十五条规定："居间人应当就有关订立合同的事项向委托人如实报告。居间人故意隐瞒与订立合同有关的重要事实或者提供虚假情况，损害委托人利益的，不得要求支付报酬并应当承担损害赔偿责任。"根据诚实信用原则，居间人既负有不得恶意隐瞒事实或提供虚假情况的消极义务（加害行为的不作为义务），亦承担着尽职调查所有与订约相关的重要事实，进行专业审核，并如实且详尽地向委托人报告的积极义务。居间人对其已进行积极调查及如实报告的事实，负有举证责任。只有在居间人对房屋交易当事人、房屋权属状况及权利限制信息等进行了尽职调查，并如实向委托人报告后，由委托人自主决策而产生的风险或损害结果，居间人才可以主张免责。具体到本案中，麦田人公司未能善尽审慎调查义务是显而易见的。不仅没有核对产权证原件，且对房屋上存在个人抵押的事实毫不知情，而根据房屋居间行业的执业规范及行业惯例，核实交易房屋的产调信息属于居间人必须进行的标准作业程序。麦田人公司怠于履行该义务，存在重大过失，是造成邱宇明损失的重要原因之一。故麦田人公司理应对邱宇明的损失承担相应的损害赔偿责任。

关于麦田人公司所应承担损害赔偿责任的定性问题。邱宇明主张麦田人公司应承担连带赔偿责任,但承担连带赔偿责任的前提是有法律的明文规定。若麦田人公司与颜丽琴存在恶意串通损害邱宇明利益的行为(即侵权责任法上存在意思联络的共同侵权行为),则两被告对邱宇明所受损失承担连带赔偿责任,应当毋庸置疑。但该点尚缺乏相应事实及证据加以佐证。在无法证明两被告存在恶意串通的情况下,只宜认定麦田人公司存在重大过失或过错,其对邱宇明所受损失应当承担不真正连带责任。故麦田人公司应对在其过错责任范围内对邱宇明损失承担补充赔偿责任。因麦田人公司并非终局责任人,其在承担补充赔偿责任后,可以向颜丽琴追偿。

具体到麦田人公司所应承担的责任比例。邱宇明支付数额不菲的费用委托麦田人公司居间房屋交易,本意在于依赖麦田人公司的专业资质,加快交易进程,降低交易风险,减轻自身负累。麦田人公司作为商事居间主体,专门从事房地产经纪活动,具备较强专业知识、能力和风险意识,理应比邱宇明承担更高的注意义务。而房屋买卖作为大宗交易,邱宇明自身未能对相关资料加以审核,也应承担部分责任。综合考虑各方过错程度等因素,确定由麦田人公司在被告颜丽琴未能偿付款项的70%范围内承担补充赔偿责任,是较为适宜的。

编写人:福建省厦门市中级人民法院　胡林蓉　罗仁冰

75

海运货物到港后的善意取得认定

——荷兰合作银行香港分行诉中铁物贸有限责任公司、沈阳东方钢铁有限公司第三人撤销之诉案

【案件基本信息】

1. 裁判书字号

北京市第二中级人民法院(2016)京02民终2726号民事判决书

2. 案由:第三人撤销之诉

3. 当事人

原告（上诉人）：荷兰合作银行香港分行（以下简称香港分行）

被告（被上诉人）：中铁物贸有限责任公司（以下简称中铁物贸公司）、沈阳东方钢铁有限公司（以下简称东方钢铁公司）

【基本案情】

2012年9月1日，中铁物贸公司与东方钢铁公司签订购买60000吨矿粉《工业品买卖合同》后东方钢铁公司并未交付货物。故中铁物贸公司起诉。

2013年7月，香港分行应办公地点在香港、注册地点在英属维尔京群岛的第一先锋公司的申请，就该公司向办公地点在新加坡的TOPTIP公司采购铁矿石货物CFR至中国任一主要港口的国际买卖合同，开具了编号为DC13/11128FPH、DC13/11160FPH、DC13/11161FPH的3套不可撤销跟单信用证，信用证注明按国际商会出版物600《跟单信用证统一惯例（2007年修订本）》的规定提交文件。上述3套信用证项下金额分别为1820014.55美元、1365010.90美元、1347808.11美元，对应的货物分别为20000湿公吨、15000湿公吨、14810.960湿公吨，货物的起运港为马普托港，目的港为中国主要港口，货物装运日期为2013年6月4日，承运船为"瓦瑞莎"号，收货人为凭指示，通知行为三菱东京日联银行新加坡分行。

2013年8月9日，香港分行根据三菱东京日联银行新加坡分行的通知，支付信用证下款项1819934.55美元，2013年10月28日，香港分行再次向三菱东京日联银行新加坡分行付款2223263美元。两次付款后，香港分行取得了信用证条款记载的提单、汇票、商业发票、原产地证明、货物质量证明、重量证明、货物数量证明等其他单据。在质量检验证书、重量证书上，记载收货人是东方钢铁公司，到货地点为大连，到货日期为2013年7月5日，卸货完毕时间为2013年7月8日。

2013年9月5日，东方钢铁公司向中铁物贸公司出具了文字函件，称"我司提供给贵司在大连港的矿如下"，此后是五船标有品名、重量、品味、成分、水分的铁矿货物的表格，其中大连港的4船中，有"瓦瑞莎"号轮项下38000吨。

2013年9月12日，大连港矿石码头公司出具了《业务联系函》，称"根据中铁物贸公司与大连港股份有限公司签订的仓储合同，2013年9月12日中铁物贸公司持东方钢铁公司函件提货"，"根据函件显示内容，经双方确认铁矿石实际数量如下：……3. 瓦瑞莎轮项下的铁矿石，数量为36810.96吨"。2013年9月16日，大连港矿石码头公司出具了"库存证明"，称中铁物贸公司在大连港矿石码头公司库存进口铁矿粉60870吨。

2013年10月9日，大连海事法院根据香港分行提出的诉前海事请求保全申请，作出了（2013）大海保字第56号民事裁定书，裁定准许香港分行提出的诉前海事请求保全申请，并于当日对存放在大连港矿石码头公司瓦瑞莎轮卸下的全部铁矿砂采取保全措施，保全期间任何单位和个人不得擅自提取、转移、毁损，不得就前述货物设立质押或者抵押。

2013年10月20日，香港分行在大连海事法院提出诉讼，以普瑞休斯旁氏有限公司（即瓦瑞莎轮船东）、大连新里程船务代理有限公司（即普瑞休斯旁氏有限公司在大连港的船舶代理人）、东方钢铁公司为被告，诉讼请求为：1. 对三套提单项下的货物享有完全排他的处置权和受益权，排除任何第三人对该等提单项下权利的妨害；2. 要求普瑞休斯旁氏有限公司、大连新里程船务代理有限公司、东方钢铁公司连带赔偿其货物损失，金额为涉案货物CFR价值28579978.15美元与其从涉案货物处理价款中实际所得金额的差额；3. 普瑞休斯旁氏有限公司、大连新里程船务代理有限公司、东方钢铁公司按照中国人民银行同期银行贷款利率连带赔偿货物CFR价值自2013年7月5日至判决确定之日的利息损失；4. 普瑞休斯旁氏有限公司、大连新里程船务代理有限公司、东方钢铁公司连带承担诉讼费用和保全费用。

2013年10月28日，中铁物贸公司向大连海事法院提交《财产保全异议申请书》，主张其与东方钢铁公司签订买卖合同、支付货款，办理了交付手续，系瓦瑞莎轮项下货物所有权人，请求变更（2013）大海保字第56号民事裁定书的内容，解除对瓦瑞莎号卸下全部铁矿石中38000吨矿石的查封措施。同年12月25日，大连海事法院作出《驳回异议通知书》，认为"异议人虽主张其是涉案货物中38000吨铁矿石的货物所有人，但其提供的证据未经法律确认，亦没有提交已生效的法律文书确认其是涉案38000吨铁矿石的合法所有人，故异议人提出的理由和证据尚不具备撤销或变更本院（2013）大海保字第56号民事裁定书的足够证明力。同时，本案仅是财产保全程序，本院依法不应在本案中对当事人及异议人提供的拟证明货物权属的证据进行质证认证，进而不能对货物的所有权进行实体审理"，"综上，依照《最高人民法院关于适用〈中华人民共和国海事诉讼特别程序法〉若干问题的解释》第二十二条的规定，本院对异议人在本案中提出的异议申请予以驳回。异议人应当另行提起请求确认货物所有权的相应法律程序来维护其主张的权益"。

2014年1月，中铁物贸公司在一审法院，以东方钢铁公司为被告提出诉讼。2014年4月15日，一审法院作出（2014）丰民初字第02482号民事判决书，认为双方签订的买卖合同系当事人真实意思表示，未违反法律规定的强制性规定，应属合法有效，合同签订后中铁物贸公司按约履行了付款义务，东方钢铁公司未按约定交付货物的行为属违约，应当承担相应违约责任。关于中铁物贸公司要求确认货品指示函列存放在大连港矿石码头公司仓库内的56117.82吨进口铁矿粉归其所有的主张，一审法院认为"该批货物系其按照合同约定向中铁公司交付的货物，其东方公司已经向大连港矿石码头公司下达了交货的指示，故该批货物的所有权已经发生转移，中铁公司系该批货物的所有权人"。判决结果为："一、沈阳东方钢铁公司于本判决生效之日起十日内退还中铁物贸有限责任公司货款三百零二万八千一百元四角；二、确认存放在大连港矿石码头公司处的五万六千一百一十七点八二吨铁矿石（包括韩进蓝波号七千九百四十一点八四吨、成功轮项下二千七百八十七点零二吨、瓦瑞莎轮项下的三万六千八百一十点九六吨、麦哲伦号八千五百七十八吨）归中铁物贸有限责任公司所有；三、沈阳东方钢铁公司于本判决生效后十日内支付中铁物贸有限责任公司违约金三十万二千八百一十元。"2014年4月30日，该判决生效。

另查，东方钢铁公司因债务负担，自2013年10月之后被人民法院、公安机关等机构，以执行诉讼保全措施、前任法定代表人周波涉嫌合同诈骗等事由，查封、冻结了有关财产。香港分行主张的本案涉及货物的进口通关手续办理人员为东方钢铁公司。

【案件焦点】

中铁物贸公司是否基于善意取得而获得涉案货物的所有权。

【法院裁判要旨】

北京市丰台区人民法院经审理认为：关于本案的准据法适用问题，虽然香港分行、中铁物贸公司、东方钢铁公司没有就本案所涉纠纷处理所适用的准据法进行约定，经一审法院询问，香港分行并未作出选择，中铁物贸公司、东方钢铁公司均选定适用中国内地法律来处理本案。对此一审法院认为，香港分行申请撤销的中铁物贸公司、东方钢铁公司的买卖合同系在中国内地签订、货物在中国内地港口存放、确认涉案货物权属的判决亦在一审法院作出，与本案有最密切联系的国家的法律应为中国内地法律，故本案实体权利的审理应适用中国内地的相关法律、行政法规的规定。

根据香港分行的诉讼主张和中铁物贸公司、东方钢铁公司的抗辩意见，本案的争议焦点是：

一、香港分行持有正本提单是否系享有货物所有权证明，从而因一审法院（2014）丰民初字第02482号案件的民事判决书损害其民事权利；

二、中铁物贸公司与东方钢铁公司的买卖合同是否符合法律规定，中铁物贸公司是否取得货物所有权；

三、一审法院（2014）丰民初字第02482号案件是否属于大连海事法院专属管辖，从而一审法院无权作出民事判决。

《中华人民共和国海商法》第七十一条规定：提单，是指用以证明海上货物运输合同和货物已经由承运人接收或者装船，以及承运人保证据以交付货物的单证。提单中载明的向记名人交付货物，或者按照指示人的指示交付货物，或者向提单持有人交付货物的条款，构成承运人据以交付货物的保证。第七十八条规定：承运人同收货人、提单持有人之间的权利、义务关系，依据提单的规定确定。表明提单系在海上货物运输领域内，关于承运人、收货人、提单持有人之间权利义务关系的依据，并非货物所有权的凭据。香港分行现持有全套正本提单，表明其根据提单记载，享有相关权利，包括对承运人的合同权利、收货人的权利，因该提单系信用证项下开出，其还享有根据信用证记载的相关权利，但并非取得提单项下的货物所有权。因此，香港分行预以持有全套正本提单证明享有货物所有权，一审法院不予采信。

本案涉案货物系从瓦瑞莎轮卸下的矿石货物，依据《中华人民共和国物权法》第二十三条"动产物权的设立和转让，自交付时发生效力，但法律另有规定的除外"的规定，矿石类货物没有法律的除外规定，属于无须登记的一般动产，其所有权于交付时发生转移的法律效力。交付，指物的出让人以物权变动为目的，将本人管领的实物让渡给受让人，也包括将对第三人合法占有产生的返还请求权进行让渡。瓦瑞莎轮卸下货物系由东方钢铁公司作为收货人办理通关手续，并办理仓储手续在大连港矿石码头公司存放的货物，东方钢铁公司具备货物所有权人的全部外观特征。在此情况下，东方钢铁公司指示大连港矿石码头公司将货物转给中铁物贸公司，并由大连港矿石码头公司为中铁物贸公司出具了库存证明，表明交付已经完成。中铁物贸公司即成为涉案货物的所有权人。

《中华人民共和国物权法》第一百零六条规定：无处分权人将不动产或者动产转让给受让人的，所有权人有权追回；除法律另有规定外，符合下列情形的，受让人取得该不动产或者动产的所有权：（一）受让人受让该不动产或者动产时是善意的；（二）以合理的价格转让；（三）转让的不动产或者动产依照法律规定应当登记的已经登记，不需要登记的已经交付给受让人。受让人依照前款规定取得不动产或者动产的所有权的，原所有权人有权向无处分权人请求赔偿损失。中铁物贸公司与东方钢铁公司签订了铁矿石买卖合同，中铁物贸公司向东方钢铁公司支付了货款，东方钢铁公司指示大连港矿石码头公司将货物转给中铁物贸公司，并由大连港矿石码头公司为中铁物贸公司出具了库存证明，至此，东方钢铁公司向中铁物贸公司交付了货物，中铁物贸公司亦取得了货物所有权，取得是善意的，不受东方钢铁公司是否向出卖人支付货款的影响，中铁物贸公司的货物所有权理应受到保护。而且在向一审法院起诉前，香港分行已在大连海事法院提起诉讼，要求东方钢铁公司赔偿其货物损失，选择了救济途径。

虽然中铁物贸公司提出的《财产保全异议申请书》被驳回，但（2013）大海保字第56号民事裁定书明确写明：该案仅是财产保全程序，该院依法不应在该案中对当事人及异议人提供的拟证明货物权属的证据进行质证认证，进而不能对货物的所有权进行实体审理，综上，依照《最高人民法院关于适用〈中华人民共和国海事诉讼特别程序法〉若干问题的解释》第二十二条的规定，一审法院对异议人在该案中提出的异议申请予以驳回。异议人应当另行提起请求确认货物所有权的相应法律程序来维护其主张的权益。而且，大连海事法院对涉案货物作出的仅是诉前财产保全，适用的是保全程序，并非执行程序，因此，中铁物贸公司依据其与东方钢铁公司签订的买卖合同提起确权诉讼并无不当，并未违反专属管辖的规定。香港分行述称"中铁物贸公司和东方钢铁公司在明知涉案货物已被查封，且其已在大连海事法院提起维权诉讼的情况下，恶意串通相互配合，未通知原告就径行在法院进行诉讼的行为，损害了原告的权利"，但未提供任何证据予以证明，一审法院对此不予采信。

综上，香港分行要求撤销一审法院（2014）丰民初字第02482号民事判决书判决主文第二项的诉讼请求,没有依据,一审法院不予支持。

北京市丰台区人民法院根据《中华人民共和国合同法》第四十四条第一款的规定,作出如下判决:

驳回荷兰合作银行香港分行的诉讼请求。

香港分行上诉。北京市第二中级人民法院经审理认为:本案系涉港商事案件,一审法院按照与涉港民事关系有最密切联系的原则,认定以中国内地法律作为准据法,处理正确,各方当事人在二审审理中均未提出异议,本院予以确认。本案二审审理程序及判决,均以中国内地法律作为准据法。

根据香港分行的上诉意见以及中铁物贸公司、东方钢铁公司的答辩意见,本案在二审审理期间的争议焦点为:一、香港分行是否有资格提起本案第三人撤销之诉;二、一审法院对中铁物贸公司与东方钢铁公司买卖合同纠纷一案是否具有管辖权;三、中铁物贸公司是否基于善意取得而获得涉案货物的所有权。

关于第一个争议焦点问题。

《中华人民共和国民事诉讼法》第五十六条第三款规定,第三人因不能归责于本人的事由未参加诉讼,但有证据证明发生法律效力的判决、裁定、调解书的部分或者全部内容错误,损害其民事权益的,可以自知道或者应当知道其民事权益受到损害之日起六个月内,向作出该判决、裁定、调解书的人民法院提起诉讼。在中铁物贸公司与东方钢铁公司的买卖合同纠纷诉讼中,中铁物贸公司要求确认存放在大连港"瓦瑞莎"轮货物归其所有,一审法院判决确认上述货物归中铁物贸公司所有,该判决已经发生法律效力。香港分行持有上述货物提单,其非因本人事由未能参加该案诉讼,香港分行以一审法院生效判决损害其民事权益为由,在法定期限内提起撤销之诉,符合《中华人民共和国民事诉讼法》第五十六条第三款规定的第三人撤销之诉的起诉条件,香港分行属于第三人撤销之诉的适格原告。

关于第二个争议焦点问题。

中铁物贸公司对大连海事法院作出的保全裁定不服,向大连海事法院提交《财产保全异议申请书》,大连海事法院依照《最高人民法院关于适用〈中华人民共和国海事诉讼特别程序法〉若干问题的解释》第二十二条的规定作出《驳回异议通知书》,对中铁物贸公司的异议申请予以驳回,并告知中铁物贸公司应当另行提起请求确认货物所有权的相应法律程序来维护其主张的权益。《最高人民法院关于适用〈中华人民共和国海事诉讼特别程序法〉若干问题的解释》第二十二条规定，利害关系人对海事法院作出的海事请求保全裁定提出异议，经审查认为理由不成立的，应当书面通知利害关系人。第九十七条规定，在中华人民共和国领域内进行海事诉讼，适用海事诉讼特别程序法的规定。海事诉讼特别程序法没有规定的，适用民事诉讼法的有关规定。《中华人民共和国民事诉讼法》第一百零八条规定，当事人对保全或者先予执行的裁定不服的，可以申请复议一次。《最高人民法院关于适用〈中华人民共和国民事诉讼法〉的解释》第一百七十二条规定，利害关系人对保全或者先予执行的裁定不服申请复议的，由作出裁定的人民法院依照《中华人民共和国民事诉讼法》第一百零八条规定处理。根据上述法律、司法解释的规定，利害关系人对保全裁定不服的，可以申请复议。中铁物贸公司针对保全裁定向大连海事法院提出异议后，大连海事法院作出《驳回异议通知书》，并告知中铁物贸公司应当另行提起请求确认货物所有权的相应法律程序来维护其主张的权益，据此中铁物贸公司在一审法院提起确权诉讼，符合上述法律及司法解释的规定。香港分行依据《中华人民共和国民事诉讼法》第二百二十七条关于案外人执行异议之诉的规定，认为大连海事法院对中铁物贸公司与东方钢铁公司之间的确权争议享有专属管辖权，缺乏法律依据。此外，第三人撤销之诉所审理范围应当仅包含发生法律效力的判决实体处理内容是否存在错误，原审诉讼在审理程序上是否存在错误不属于第三人撤销之诉的审理范围。综上，香港分行对中铁物贸公司与东方钢铁公司买卖合同纠纷一案法院管辖权问题所提出的上诉意见，不能成立，本院不予支持。

关于第三个争议焦点问题。

《中华人民共和国物权法》第一百零六条规定，无处分权人将不动产或者动产转让给受让人的，所有权人有权收回；除法律另有规定外，符合下列情形的，受让人取得该不动产或者动产的所有权：（一）受让人受让该不动产或者动产时是善意的；（二）以合理的价格转让；（三）转让的不动产或者动产依照法律规定应当登记的已经登记，不需要登记的已经交付给受让人。根据一审、二审期间各方当事人的举证，中铁物贸公司与东方钢铁公司买卖涉案货物的事实情况是：中铁物贸公司与东方钢铁公司于2012年9月1日签订《工业品买卖合同》，约定中铁物贸公司向东方钢铁公司购买矿粉60000吨，合同总金额4680万元，交货地点为大连港矿石码头货场。双方在《工业品买卖合同》中对于矿粉交付时间、矿粉的产地、成分等具体情况未进行明确约定。签订合同后，中铁物贸公司随即向东方钢铁公司付款4680万元。2013年7月，承载涉案货物的"瓦瑞莎"号货轮到达大连港，东方钢铁公司办理了涉案货物的进口通关手续。2013年9月，东方钢铁公司向中铁物贸公司出具函件，内称向中铁物贸公司提供"瓦瑞莎"号货轮项下38000吨矿石。当月，大连港矿石码头公司向中铁物贸公司出具《业务联系函》《库存证明》，对存放于"瓦瑞莎"轮项下36810.96吨铁矿石的事实予以确认。根据上述合同签订和履行情况可以看出，中铁物贸公司与东方钢铁公司对于买卖矿粉达成了合意，中铁物贸公司向东方钢铁公司支付了对价，在双方没有约定具体交货时间的情况下，涉案货物到港后，东方钢铁公司办理了货物的进口通关手续，并指示大连港矿石码头公司向中铁物贸公司交付货物，中铁物贸公司亦取得了大连港矿石码头公司存放货物的确认函件。据此，中铁物贸公司作为受让人，其有理由相信东方钢铁公司是涉案货物的合法所有人，在支付了相应对价并已完成了指示交付后，中铁物贸公司作为善意买受人即取得了涉案货物的所有权。中铁物贸公司上述行为符合善意取得的构成要件，香港分行提出提单具有物权属性，其作为提单持有人享有涉案货物所有权的上诉意见，不能对抗中铁物贸公司基于善意取得所取得的货物所有权。香港分行主张涉案货物的提取需要出具提单或提货单，亦缺乏证据支持，本院不予采信。

北京市第二中级人民法院依据《中华人民共和国物权法》第二十六条、第一百零六条，《中华人民共和国民事诉讼法》第五十六条第三款、第六十四条第一款、第一百零八条、第一百七十条第一款第（一）项、第二百二十七条，《最高人民法院关于适用〈中华人民共和国民事诉讼法〉的解释》第一百七十二条，《最高人民法院关于适用〈中华人民共和国海事诉讼特别程序法〉若干问题的解释》第二十二条、第九十七条之规定，判决：

驳回上诉，维持原判。

【法官后语】

1. 提单是代表货物所有权的凭证

提单是承运人在接管货物或把货物装船之后签发给托运人，证明双方已经订立运输合同，并保证在目的港按照提单所载明的条件交付货物的一种书面凭证。提单是国际贸易中最重要的装运单据,其主要作用是使提单的持有人能够在货物运输过程中通过处分提单来处理提单项下的货物。因此,在货物运输过程中,提单就是货物的象征。提单作为一种物权凭证,它赋予提单持有人占有货物的权利。香港银行持有涉案货物的提单,其有权要求承运人交付提单项下的货物。

2. 中铁物贸公司基于善意取得享有涉案货物的所有权

善意取得,又称即时取得或即时时效,指动产占有人向第三人移转动产所有权或为第三人设定其他物权,即使动产占有人无处分动产的权利,善意受让人仍可取得动产所有权或其他物权的制度。善意取得制度的目的在于保护占有的公信力,保护交易当事人的信赖利益,进而保护交易安全,维护商品交易的正常秩序。

善意取得的构成要件:(1)受让人受让该不动产或者动产时是善意的。这里的善意,是指标的物的受让人不知道或者不应当知道占有人无处分权。判断受让人是否为善意时,应采取推定的方法,即推定是善意的,应当由原权利人对受让人是否具有恶意进行举证,如果不能证明其为恶意,则推定其为善意。且善意的确定时间应限于财产转让之时。(2)受让人须支付合理的价格。(3)转让财产依照法律规定应当登记的已经登记,不需要登记的已经交付给受让人。

结合善意取得的构成要件对本案案件事实予以分析,可以得出:首先,中铁物贸公司与东方钢铁公司对于买卖矿粉达成了合意,中铁物贸公司于合同签订后向东方钢铁公司支付了对价;其次,涉案货物到港后,东方钢铁公司办理了货物的进口通关手续,并指示大连港矿石码头公司向中铁物贸公司交付货物,中铁物贸公司亦取得了大连港矿石码头公司存放货物的确认函件,此时涉案货物已完成指示交付;最后,在前述情况下,中铁物贸公司作为受让人,其有理由相信东方钢铁公司是货物交付时的合法所有人,且在诉讼中亦无相反证据证明中铁物贸公司在受让货物时知道或者应当知道货物权属存在瑕疵。据此,中铁物贸公司受让涉案货物的行为符合善意取得的构成要件。中铁物贸公司作为善意买受人取得了涉案货物的所有权,即使香港分行持有货物提单,也不能对抗中铁物贸公司基于善意取得所享有的货物所有权。如果香港分行认为承运人存在无正本提单交付货物,损害其提单权利的情况,可基于债权请求权要求承运人、提货人等相关责任方承担合同或者侵权责任,实现其权利救济。

编写人:北京市第二中级人民法院 周维

76

分期购车合同"车贷服务费"收取的依据及其合理性的认定

——王志华诉北京奥吉通汽车销售有限公司买卖合同案

【案件基本信息】

1. 裁判书字号

北京市第三中级人民法院（2016）京03民终10080号民事判决书

2. 案由：买卖合同纠纷

3. 当事人

原告（上诉人）：王志华

被告（被上诉人）：北京奥吉通汽车销售有限公司（以下简称奥吉通公司）

【基本案情】

2013年11月16日，王志华向招商银行申请办理车购易业务及信用卡，为涉案车辆办理贷款。招商银行北京分行信用卡部出具《关于招商银行车购易业务情况的说明》，内容为：招商银行车购易业务是我行针对招商银行信用卡持卡客户开展的一项消费金融业务，持卡客户在我行合作汽车经销商处购买指定车型可享受分期购车服务，具体办理流程为：1.申请人提出分期购车。2.我行对申请人进行资格审核和分期额度审核，告知审批通过的申请人在我行合作经销商处购买指定车型才能使用审批额度。3.审批通过的客户选定经销商。4.我行给经销商发审批通过函，载明审批额度及经销商名称。5.经销商凭我行的审批通过函给客户办理交首付款、投保相关保险、开具购车发票等业务。6.由经销商向我行提交购车发票和车辆保险单。7.我行向经销商拨付分期款项。8.我行给经销商发交易确认函，告知已放款，经销商确认收款。9.经销商为客户办理提车、验车等业务。

2014年2月12日，王志华在奥吉通公司处购买了奥迪轿车一辆，双方签订《整车销售明细单》，约定，客户王志华以二手车置换+分期的方式购车，车贷银行为招商银行，费用明细为：客户车贷服务费5000元；商品车商业险8898.33元；商品车交强险950元；代收车船税366.67元；代收购置税25400元；商品车验车费1000元；客户车贷服务费9100元；续保保证金8000元；A42.0T292600元。同日，奥吉通公司向王志华开具了包含贷款服务费14100元的发票。后，王志华表示贷款是其自行办理的，所以奥吉通公司应该退还贷款手续费。奥吉通公司认可王志华自行去银行办理的贷款手续，但奥吉通公司表示，贷款本身就是奥吉通公司和银行的合作项目。奥吉通公司就整车销售明细单中载明的二项车贷服务费解释如下：对于涉案的5000元属于奥吉通公司为王志华办理相关车贷服务流程收取的服务费用；9100元为车辆贷款应由客户补交的利息。

【案件焦点】

奥吉通公司所收取的车贷服务费是否应予退还的问题。

【法院裁判要旨】

北京市朝阳区人民法院经审理认为：首先，双方就贷款手续费的服务具体事项未进行约定，且王志华未提交证据证明经销商有义务为其办理申请贷款的全部手续；其次，王志华在2013年11月去银行申请贷款并办理成功，在2014年2月与奥吉通公司签订销售单时，就贷款手续费未提出异议。

北京市朝阳区人民法院依照《中华人民共和国合同法》第六十条之规定，作出如下判决：

驳回原告王志华的诉讼请求。

王志华持原审起诉意见提起上诉。北京市第三中级人民法院经审理认为：车购易贷款业务本身是经销商和银行之间的合作项目，前提为持卡客户购买合作经销商的指定车型。本案中，双方均认可王志华办理的贷款为车购易业务，且王志华在奥吉通公司处购买了车辆，招商银行向奥吉通公司出具了车购易业务说明。需要说明的是王志华之所以能够使用招商银行提供的贷款购买涉案车辆是基于奥吉通公司与招商银行之间合作的车购易业务平台，而平台本身就系奥吉通公司所提供服务的组成部分，故王志华要求退还5000元车贷服务费的主张，缺乏事实依据，本院不予支持。

根据奥吉通公司对于9100元车贷服务费性质的解释，该9100元实质上系消费者本人应负担的车辆贷款的利息，对于奥吉通公司所收取的该项费用缺乏合同依据，且虽然王志华在整车销售明细单上签字予以确认，但亦不能证明奥吉通公司已向王志华就收取的9100元进行了充分说明，现王志华要求退还该笔费用的主张，理由正当，本院应予支持。但其要求支付相应利息的请求，缺乏依据，本院不予支持。

综上所述，王志华的部分上诉请求成立。

北京市第三中级人民法院依照《中华人民共和国合同法》第六十条、《中华人民共和国民事诉讼法》第一百七十条第一款第（二）项、《最高人民法院关于适用〈中华人民共和国民事诉讼法〉的解释》第九十条之规定，作出如下判决：

一、撤销北京市朝阳区人民法院（2015）朝民（商）初字第11743号民事判决；

二、北京奥吉通汽车销售有限公司退还王志华车贷服务费人民币9100元，于本判决生效之日起七日内执行；

三、驳回王志华的其他诉讼请求。

【法官后语】

本案涉及的主要争议焦点为经销商已经根据分期购车合同约定收取消费者车贷服务费后，消费者是否可以主张返还该服务费。对此一、二审法院观点截然不同。一审法院认为消费者在约定有服务费的买卖合同中签字确认时并未提出异议，且因买卖合同中未约定服务具体事项内容，消费者亦未举证证明商家需履行全部贷款服务手续，故驳回消费者返还服务费的请求。而二审法院则认为，消费者主张返还服务费的请求能否得到支持不仅涉及车贷服务费收取是否存在明确合同依据，同时也涉及服务费的收取是否具备合理性的判断上。

在消费领域内，消费者与商家之间往往存在双方掌握的信息不对称、签订合同时商家提供格式合同消费者直接签字确认的情形，在这种情况下，意思自治原则的当事人地位平等、缔约自由的假设不复存在。故基于诚实信用原则而衍生的格式条款解释规则以及消费者权益保护法中对消费者知情权的规定应运而生。就车贷服务费收取问题上，商家仅以双方在约定由车贷服务费的买卖合同上签字为依据主张收取该费用是不够的，商家有义务对买卖合同中服务费约定的具体事项对消费者进行解释说明，同时亦有责任全面履行其服务义务。

对于车贷服务费合理性的判断应根据服务费条款是否向消费者进行解释说明、合同履行过程中是否实施相应的服务内容来综合判断。实践中，分期购车合同多为制式合同，以销售明细单等形式表现不在少数，此种销售明细单多为商家提供的格式合同，对商家的义务多语焉不详甚至没有规定，对消费者享有的权利亦约定不足，故若因此消费者与商家对格式合同的条文产生争议时，应严格依照《中华人民共和国合同法》第三十九条、第四十条、第四十一条的规定，对上述条文的理解存在歧义的情况作有利于消费者的解释，同时商家亦有义务在销售单签订时向消费者详细说明服务费的具体内容、履行方式、履行期间等。作为消费者，其有权知悉自己支付的相关费用实际享受的是何种服务内容。在举证责任的分配上，商家亦承担自身是否履行服务义务的举证责任。如果该费用名为"车贷服务费"，实为贷款利息及其他非服务性费用，则实际上侵害了消费者的知情权，在签订合同时消费者的意思表示并不真实情况下，事后消费者又未就该笔费用享受相应的服务，则消费者有权主张经销商返还已收取的不合理费用。本案中，奥吉通公司认可该9100元服务费为贷款利息，而招商银行与奥吉通公司合作的车易购业务平台相较于普通的贷款购车的特点就在于其贷款无息，如奥吉通公司在销售单以服务费名义将利息列入，则实际上是对消费者的误导，亦难言公平，故该笔费用与车贷服务并没有关联，王志华有权主张返还该笔费用。

编写人：北京市第三中级人民法院　王黎　唐大利

77

多份合同约定管辖不一致时如何确定管辖法院

——北京恩泽兴正商贸有限公司诉北京音乐之声餐饮文化有限公司买卖合同案

【案件基本信息】

1. 裁判书字号

北京市第三中级人民法院（2016）京03民辖终1451号民事裁定书

2. 案由：买卖合同纠纷

3. 当事人

原告（被上诉人）：北京恩泽兴正商贸有限公司（以下简称恩泽兴正公司）

被告（上诉人）：北京音乐之声餐饮文化有限公司（以下简称音乐之声公司）

【基本案情】

2013 年 7 月 1 日，恩泽兴正公司作为供方与音乐之声公司作为需方签订《购销合同》，约定双方承诺建立酒水、饮料等产品长期购销合作关系，本合同有效期 2 年，如本合同到期前 15 日，任何一方未以书面形式通知对方解除本合同，则本合同自动顺延一年，直到一方提出终止本合同为止，因本合同履行发生争议，由供方所在地人民法院管辖。

2014 年 8 月 9 日，音乐之声公司作为甲方与保乐力加公司作为乙方（保乐力加公司未在合同上签章）、恩泽兴正公司作为丙方签订《保乐力加中国销售和品牌推广协议》，协议期限为 2014 年 7 月 1 日至 2015 年 6 月 30 日，三方同意在甲方店内销售保乐力加产品，合同另就品牌推广服务、销售目标和销售折扣、打假措施、知识产权等条款进行约定，因本协议引起的或与本协议有关的任何争议，应先协商解决，协商不成的，任何一方有权向上海市黄浦区人民法院提起诉讼。

【案件焦点】

本案的争议焦点在于多份合同中对于管辖法院都有约定时如何适用的问题。

【法院裁判要旨】

北京市朝阳区人民法院经审理认为：音乐之声公司提出管辖异议依据的《保乐力加中国销售和品牌推广协议》仅就双方之间购销保乐力加产品具有约束力。而本案诉争的产品不仅限于保乐力加产品，因此《保乐力加中国销售和品牌推广协议》的约定不适用于本案。双方之间就产品购销的争议应适用双方签订的《购销合同》及《补充协议》，《购销合同》明确约定发生争议由供方所在地人民法院管辖。本案供方恩泽兴正公司住所地位于北京市朝阳区，属于本院辖区。故恩泽兴正公司选择本院管辖符合法律规定，音乐之声公司提出的管辖异议理由不能成立，本院不予支持。

北京市朝阳区人民法院依据《中华人民共和国民事诉讼法》第三十四条,第一百五十四条第一款第（二）项、第二款之规定,作出如下裁定：

驳回被告北京音乐之声餐饮文化有限公司对本案管辖权提出的异议。

音乐之声公司提起上诉。

北京市第三中级人民法院经审理认为：本案恩泽兴正公司以买卖合同纠纷为由起诉请求判令音乐之声公司支付货款等,故本案属于因合同纠纷提起的诉讼。《中华人民共和国民事诉讼法》第三十四条规定："合同或者其他财产权益纠纷的当事人可以书面协议选择被告住所地、合同履行地、合同签订地、原告住所地、标的物所在地等与争议有实际联系的地点的人民法院管辖,但不得违反本法对级别管辖和专属管辖的规定。"本案中,恩泽兴正公司（供方）与音乐之声公司（需方）于2013年7月1日签订《购销合同》及《补充协议》,合同约定有效期为2013年7月1日至2015年6月30日。音乐之声公司、恩泽兴正及司与案外人保乐力加公司于2014年签订《保乐力加中国销售和品牌推广协议》,该合同有效期为2014年7月1日至2015年6月30日,其主要约定的内容是关于在音乐之声公司店内销售保乐力加产品的品牌推广要求、各方责任等内容,该合同并未约定双方买卖的具体事项。因此,双方之间有关酒水的买卖关系引起的纠纷应依据2013年7月1日双方所签订的《购销合同》及《补充协议》解决。且恩泽兴正公司主张其起诉要求的货款依据的亦是《购销合同》及《补充协议》,故本案应当依照《购销合同》第六条第七项"本合同履行发生争议,应协商解决,协商不成的,由供方所在地人民法院管辖"的约定来确定管辖法院。双方的约定管辖合法有效,因供方恩泽兴正公司的住所地位于北京市朝阳区,故一审法院北京市朝阳区人民法院依法对本案享有管辖权。

北京市第三中级人民法院依照《中华人民共和国民事诉讼法》第一百七十条第一款第（一）项、第一百七十一条、第一百七十五条之规定,裁定如下：

驳回上诉,维持原裁定。

【法官后语】

本案涉及双方在同一时期签订多份合同,且多份合同中对于管辖约定不一致的情况下,如何确定管辖法院的问题。在此种情况下,首先需要判断不同合同约定的内容是否一致。如果多份合同约定的内容一致,当然应当适用最新签订合同的约定；但如果多份合同内容不一致的情况下，就需要分析不同合同之间的关系，明确不同的合同对于双方权利义务的规制方向。本案中，双方在同一时期签订的多份合同内容不一致，因此不能简单地以合同签订的时间先后顺序判断管辖法院，而应当具体分析合同权利义务关系。通过分析不同合同的内容，可以看出《购销合同》系就双方之间建立长期酒水、饮料等产品的买卖关系的约定，在此份合同中对于买卖双方各自的权利义务以及如何结账均有明确规定。而其他合同均系双方就某一特定品牌酒水的推广与总经销商之间的协议，就合同内容而言，主要涉及的是在品牌推广过程中各方之间的责任，并未约定双方买卖的具体事项，因此在双方就酒水、饮料的买卖发生争议的情况下，关于管辖法院，应当适用双方之间签订的《购销合同》，而不是适用特定品牌推广协议的约定。

编写人：北京市朝阳区人民法院　孙国荣

78

代开发票的主体是否应对不符合食品安全标准的"十倍赔偿"承担连带责任

——喻峰诉北京西点永定百货市场有限公司、林翠买卖合同案

【案件基本信息】

1. 裁判书字号

北京市第一中级人民法院（2016）京01民终5920号民事判决书

2. 案由：买卖合同纠纷

3. 当事人

原告（上诉人）：喻峰

被告（被上诉人）：林翠、北京西点永定百货市场有限公司（以下简称西点百货）

【基本案情】

林翠系个体工商户，营业执照未登记字号，林翠自西点百货租赁一层G20号摊位出售茶叶。2015年6月15日，喻峰自林翠处购买铁观音茶叶5盒，每盒850元。同日，西点百货向喻峰出具发票，2015年6月26日，喻峰再次自林翠处购买铁观音茶叶25盒，每盒850元。同日，喻峰刷卡支付了21250元。同日，西点百货向喻峰出具金额为8500元的发票。2015年7月1日，西点百货向喻峰出具金额为12750元的发票。2015年7月9日，北京市燕京公证处就喻峰在2015年6月26日西点百货一层茶叶专柜购买铁观音茶叶的过程出具（2015）京燕京内民证字第2389号公证书。喻峰提出茶叶存在严重食品质量问题，违反2015年10月1日施行的《中华人民共和国食品安全法》，据此提交茶叶包装外观的照片及食品生产企业许可信息，该信息显示证书编号为QS350514011741的茶叶的发证日期为2015年7月24日。喻峰表示其第一次购买茶叶的外包装没有任何标识，第二次的茶叶在购买时未取得生产许可，且生产地址与产品包装标注地址不符。故诉至法院，要求：1.西点百货、林翠负责退货并返还我购物款25500元；2.西点百货、林翠向我支付赔偿金255000元；3.西点百货、林翠承担连带责任；4.本案诉讼费由西点百货、林翠承担。

【案件焦点】

1.本案应适用2009年6月1日施行的《中华人民共和国食品安全法》还是2015年10月1日修订施行的《中华人民共和国食品安全法》；2.林翠两次出售的茶叶是散装零售茶叶还是预包装的盒装茶叶；3.喻峰自林翠处两次购买的茶叶是否符合相关食品安全标准；4.西点百货是否应承担民事责任。

【法院裁判要旨】

北京市海淀区人民法院经审理认为：喻峰与林翠形成了事实上的买卖合同关系。2015年10月1日修订施行的《中华人民共和国食品安全法》不具有溯及既往的效力，故本案适用的法律应为2009年6月1日施行的《中华人民共和国食品安全法》。林翠两次向喻峰出售的茶叶均为预包装的盒装茶叶。喻峰于2015年6月15日自林翠处购买的五盒铁观音茶叶违反了《中华人民共和国食品安全法》的规定。喻峰于2015年6月26日再次自林翠处购买的25盒铁观音茶叶具备食品生产许可，符合相关法律规定，加之喻峰购买茶叶后并未开封及食用茶叶。据此，喻峰主张其第二次自林翠处购买 25 盒铁观音茶叶存在食品质量问题并主张赔偿的诉讼请求，本院不予支持。西点百货虽开具了发票，但其只是在市场内代开发票，并不参与实体的经营。故喻峰要求西点百货承担连带责任，不予支持。一审判决：

一、林翠退还喻峰购物款四千二百五十元，喻峰返林翠其自二〇一五年六月十五日购买的铁观音茶叶礼盒五盒，均于本判决生效后七日内执行；

二、林翠于本判决生效后七日内给付喻峰赔偿金四万二千五百元；

三、驳回喻峰的其他诉讼请求。

喻峰提起上诉。北京市第一中级人民法院经审理认为：喻峰与林翠之间成立事实上的买卖合同关系。本案的争议焦点有三：一是本案应适用修订前的《中华人民共和国食品安全法》还是修订后的《中华人民共和国食品安全法》；二是林翠 2015 年 6 月 26 日向喻峰出售的 25 盒茶叶是否符合相关食品安全标准；三是西点百货是否应承担连带责任。首先，一审法院适用法律正确。其次，林翠 2015 年 6 月 26 日向喻峰出售的 25 盒茶叶符合相关食品安全标准。最后，西点百货代开发票合法有据，亦未违反相关法律规定，故西点百货不应承担连带责任。二审判决：

驳回上诉，维持原判。

【法官后语】

该案例争议焦点在于西点百货是否应承担连带责任。

首先，在一般情况下，法律不具有溯及力。喻峰第二次购买茶叶的时间在 2015 年 6 月，均为食品安全法修订实施前，因此，本案应适用 2009 年 6 月 1 日施行的《中华人民共和国食品安全法》。

其次，根据《中华人民共和国食品安全法》的规定，食品安全标准是强制执行的标准，食品安全标准包括对与食品安全、营养有关的标签、标识、说明书的要求。第二十八条规定，禁止生产经营无标签的预包装食品。第四十二条第一款规定："预包装食品的包装上应当有标签。标签应当标明下列事项：（一）名称、规格、净含量、生产日期；（二）成分或者配料表；（三）生产者的名称、地址、联系方式；（四）保质期；（五）产品标准代号；（六）贮存条件；（七）所使用的食品添加剂在国家标准中的通用名称；（八）生产许可证编号；（九）法律、法规或者食品安全标准规定必须标明的其他事项。"而本案中，喻峰第一次购买的五盒铁观音茶叶未标明上述事项，违反了《中华人民共和国食品安全法》的规定。《中华人民共和国食品安全法》第九十六条第二款规定："生产不符合食品安全标准的食品或者销售明知是不符合食品安全标准的食品，消费者除要求赔偿损失外，还可以向生产者或者销售者要求支付价款十倍的赔偿金。"因此，林翠应当返还茶叶款并支付十倍的赔偿金。喻峰第二次购买的25盒铁观音茶叶包装上标明了上述事项，且林翠提交证据证明了其出售的25盒铁观音茶叶具备食品生产许可，符合食品安全法的规定，而且喻峰购买茶叶后未开封及食用茶叶。因此，喻峰两次购买的茶叶符合相关食品安全标准。

最后，依据《中华人民共和国食品安全法》第五十二条规定："集中交易市场的开办者、柜台出租者和展销会举办者，应当审查入场食品经营者的许可证，明确入场食品经营者的食品安全管理责任，定期对入场食品经营者的经营环境和条件进行检查，发现食品经营者有违反本法规定的行为的，应当及时制止并立即报告所在地县级工商行政管理部门或者食品药品监督管理部门。集中交易市场的开办者、柜台出租者和展销会举办者未履行前款规定义务，本市场发生食品安全事故的，应当承担连带责任。"喻峰未食用过茶叶，虽然发票是市场所出，但该市场只是代开发票，并不参与实体的经营。因此，市场无须承担责任。

编写人：北京市海淀区人民法院　郭晶

79

担保人担保责任认定问题

——奇台县兴农源商贸有限公司诉常贵等买卖合同案

【案件基本信息】

1. 裁判书字号

新疆维吾尔自治区昌吉回族自治州奇台县人民法院（2016）新2325民初2832号民事判决书

2. 案由：买卖合同纠纷

3. 当事人

原告：奇台县兴农源商贸有限公司

被告：常贵、马良玉、常存

【基本案情】

2013年5月20日，被告常贵在原告处购买了农机具，欠原告货款125000元，被告常贵给原告出具了欠条，被告马良玉、常存在该欠条上签了名。欠条内容为"今欠到奇台县兴农源商贸有限公司壹拾贰万元伍仟零佰零拾零元整（￥125000.00）欠款月息15‰，还款日期定于2013年8月10日一次性付清本金和利息。如不按期还清，欠款人须承担欠款之日起利息按月息30‰计算至付款之日止。担保人提供担保期限为此欠款还清为止，并承担连带担保责任，公司所开具的销售发票不作为归还欠款的依据……欠款人：常贵，担保人：马良玉，担保人：常存，2013年5月20日。"后2013年10月被告常贵支付原告货款2万元，原告给被告常贵优惠500元，原告工作人员在欠条上注明下欠104500元。之后三被告一直未向原告给付欠款，2016年5月21日原告找到被告马良玉、常存，二被告在欠条上签了名。现原告以上述理由起诉。

【案件焦点】

被告马良玉、常存的担保责任是否免除，两被告是否应承担担保责任。

【法院裁判要旨】

新疆维吾尔自治区昌吉回族自治州奇台县人民法院经审理认为：原告对自己的主张提供了被告常贵、马良玉、常存签名的欠单为证，被告马良玉、常存对欠条的真实性表示认可。被告常贵经合法传唤未到庭，视为其放弃举证、质证的权利，本院对原告提供证据的真实性、合法性及关联性均予以确认，本院对被告常贵欠原告农机货款104500元未付的事实予以确认。被告马良玉、常存辩称常贵将欠付的农机款已经付清，并未提交证据予以证实，本院认为二被告的此辩解理由不能成立。故被告常贵作为农机具的实际购买人，应该向原告支付所欠货款104500元。关于原告主张的利息应按照欠条中约定的时间进行计算。欠条中约定欠款利息为15‰，付款时间是2013年8月10日，但被告常贵给付2万元货款的时间是2013年10月，因此自2013年5月20日起至2013年10月欠款本金125000元应该按照月利率15‰计算利息，即9375元。自2013年11月1日起应按照欠款货款本金104500元计算逾期利息，庭审中原告明确表示逾期利息按照月利率15‰计算。关于被告马良玉、常存的担保责任是否免除的问题。根据双方约定的还款时间和担保方式，依据法律规定，被告马良玉、常存为被告常贵提供担保的担保期限自2013年8月11日至2015年8月10日。庭审中原告称在2016年5月21日之前曾找过二被告催款，但未提供证据，二被告又不认可。虽然原告在2016年5月21日找到被告马良玉、常存，二被告在欠条上重新签了名，根据《最高人民法院关于人民法院应当如何认定保证人在保证期间届满后又在催款通知书上签字问题的批复》的规定："根据《中华人民共和国担保法》的规定，保证期间届满债权人未依法向保证人主张保证责任的，保证责任消灭。保证责任消灭后，债权人书面通知保证人要求承担保证责任或者清偿债务，保证人在催款通知书上签字的，人民法院不得认定保证人继续承担保证责任。但是，该催款通知书内容符合合同法和担保法有关担保合同成立的规定，并经保证人签字认可，能够认定成立新的保证合同的，人民法院应当认定保证人按照新保证合同承担责任。"原告认为在2016年5月21日找到二被告后，二被告在欠条上签了名字，表示二被告继续承担担保责任，但二被告并不认可原告的主张。从欠条上二被告签名的内容看只是二被告在欠条上重新签了各自的名字，并无其他内容，原告又未提供证实其与二被告签订新的保证合同的证据。因此，本院认为仅依据二被告的签字，不能认定二被告与原告之间成立新的保证合同关系。故原告要求二被告承担担保责任的理由不能成立，二被告为被告常贵提供担保的保证责任已经免除，被告马良玉、常存在本案中不承担担保责任。综上所述，经合议庭评议，依据《中华人民共和国民事诉讼法》第一百四十四条，《中华人民共和国合同法》第一百五十九条、第一百六十一条，《最高人民法院关于适用〈中华人民共和国担保法〉若干问题的解释》第三十二条第二款，《最高人民法院关于人民法院应当如何认定保证人在保证期间届满后又在催款通知书上签字问题的批复》的规定，判决如下：

一、被告常贵于本判决生效之日起十日内给付原告奇台县兴农源商贸有限公司货款104500元、利息9375元，并按照月利率15‰承担货款本金104500元自2013

年 11 月 1 日至实际还款之日止的利息；

二、驳回原告奇台县兴农源商贸有限公司的其他诉讼请求。

【法官后语】

根据《最高人民法院关于人民法院应当如何认定保证人在保证期间届满后又在催款通知书上签字问题的批复》的规定："根据《中华人民共和国担保法》的规定，保证期间届满债权人未依法向保证人主张保证责任的，保证责任消灭。保证责任消灭后，债权人书面通知保证人要求承担保证责任或者清偿债务，保证人在催款通知书上签字的，人民法院不得认定保证人继续承担保证责任。但是，该催款通知书内容符合合同法和担保法有关担保合同成立的规定，并经保证人签字认可，能够认定成立新的保证合同的，人民法院应当认定保证人按照新保证合同承担责任。"

该批复规定了两种不同的法律效果，原则上，保证人的签字或者盖章行为不产生使保证人继续承担保证责任的法律效力，但是，在该催款通知书的内容符合保证的新要约，保证人的签字或盖章行为足以构成一个承诺，保证人明确表示对要约的内容予以接受因而成立新保证合同时，应该认定新的保证合同成立，保证人应该承担保证责任。判断当事人之间是否成立新的保证合同的，应该按照《中华人民共和国担保法》和《中华人民共和国合同法》有关保证合同成立的规定进行判断，首先，要有明确的要约和承诺，具体必须符合：1. 催款通知书要有要求保证人承担保证责任的要求；2. 必须是要求保证人继续履行保证责任的要求；3. 首先必须能够明确认定不是要求保证人履行其原保证责任，也就是说，从催款通知书中应该能够明确得知保证人是被要求承担新的保证责任，其次，保证人签字或盖章构成承诺。

编写人：新疆维吾尔自治区奇台县人民法院　王瑞

图书在版编目（CIP）数据

中国法院2018年度案例.买卖合同纠纷/国家法官学院案例开发研究中心编.—北京：中国法制出版社，2018.3

ISBN 978-7-5093-9126-6

Ⅰ.①中… Ⅱ.①国… Ⅲ.①买卖合同-合同纠纷-案例-汇编-中国 Ⅳ.①D920.5

中国版本图书馆CIP数据核字（2017）第296982号

策划编辑：李小草（lixiaocao2008@sina.cn）　　责任编辑：谢雯　　封面设计：温培英、李宁

中国法院2018年度案例·买卖合同纠纷
ZHONGGUO FAYUAN 2018 NIANDU ANLI · MAIMAI HETONG JIUFEN

编者/国家法官学院案例开发研究中心
经销/新华书店
印刷/三河市紫恒印装有限公司
开本/730毫米×1030毫米　16开　　　　　　　　　　印张/19.25　字数/253千
版次/2018年3月第1版　　　　　　　　　　　　　　2018年3月第1次印刷

中国法制出版社出版
书号 ISBN 978-7-5093-9126-6　　　　　　　　　　　　　　定价：58.00元

北京西单横二条2号
邮政编码 100031　　　　　　　　　　　　　　　　　传真：66031119
网址 http://www.zgfzs.com　　　　　　　　　　　　编辑部电话：66010493
市场营销部电话：66033393　　　　　　　　　　　　邮购部电话：66033288

（如有印装质量问题，请与本社编务印务管理部联系调换。电话：010-66032926）

中国法院2012、2013、2014、2015、2016、2017、2018年度案例系列

国家法官学院案例开发研究中心　编

简便易用、权威实用——打造"好读有用"的案例

1. 权威的作者：国家法官学院案例开发研究中心持续20余年编辑了享誉海内外的《中国审判案例要览》丛书，2012年起推出《中国法院年度案例》丛书，旨在探索编辑案例的新方法、新模式，以弥补当前各种案例书的不足。

2. 强大的规模：2012、2013年各推出15本，2014年推出18本，2015年推出19本，2016年推出20本，2017年推出21本，2018年推出23本，含传统和新近的所有热点纠纷，所有案例均是从全国各地法院收集到的上一年度审结的近万件典型案例中挑选出来的，具有广泛的选编基础和较强的代表性。

3. 独特的内容：不再有繁杂的案情，高度提炼案情和裁判要旨，突出争议焦点问题。不再有冗长的分析，主审法官撰写"法官后语"，展现裁判思路方法。

1. 婚姻家庭与继承纠纷
2. 物权纠纷
3. 土地纠纷（含林地纠纷）
4. 房屋买卖合同纠纷
5. 合同纠纷
6. 买卖合同纠纷
7. 借款担保纠纷
8. 民间借贷纠纷
9. 侵权赔偿纠纷
10. 道路交通纠纷
11. 雇员受害赔偿纠纷（含帮工受害纠纷）
12. 人格权纠纷（含生命、健康、身体、姓名、肖像、名誉权纠纷）
13. 劳动纠纷（含社会保险纠纷）
14. 公司纠纷
15. 保险纠纷
16. 金融纠纷
17. 知识产权纠纷
18. 行政纠纷
19. 刑事案例一
20. 刑事案例二
21. 刑事案例三
22. 刑事案例四
23. 执行案例

最高人民法院指导性案例裁判规则理解与适用系列

公司卷二	98元	物权卷	88元
公司卷（第二版）（上下册）	139元	婚姻家庭卷（第二版）	68元
民事诉讼卷（第二版）（上下册）	145元	合同卷四（第二版）	98元
侵权赔偿卷二	69元	合同卷三（第二版）	98元
侵权赔偿卷一	69元	合同卷二（第二版）	108元
房地产卷	98元	合同卷一（第二版）	108元
劳动争议卷	58元	担保卷（第二版）（上下册）	139元

最高人民法院知识产权审判实务系列

商标法适用的基本问题（增订版）	78元
反不正当竞争法的创新性适用【精装】	68元
知识产权保护的新思维——知识产权司法前沿问题	98元
最高人民法院知识产权审判案例指导（第9辑）	88元
最高人民法院知识产权审判案例指导（第8辑）	88元
最高人民法院知识产权审判案例指导（第7辑）	98元
最高人民法院知识产权审判案例指导（第6辑）	78元
最高人民法院知识产权审判案例指导（第5辑）	88元
最高人民法院知识产权审判案例指导（第4辑）	78元
最高人民法院知识产权审判案例指导（第3辑）	78元
最高人民法院知识产权审判案例指导（第2辑）	78元
最高人民法院知识产权审判案例指导（第1辑）	48元
中国知识产权指导案例评注（第8辑）	98元
中国知识产权指导案例评注（第7辑）	118元
中国知识产权指导案例评注（第6辑）	128元
中国知识产权指导案例评注（第5辑）	118元
中国知识产权指导案例评注（第4辑）	98元
中国知识产权指导案例评注（第3辑）	98元
中国知识产权指导案例评注（上、下卷）	188元
知识产权法律适用的基本问题——司法哲学、司法政策与裁判方法	168元
最高人民法院知识产权司法解释理解与适用（最新增订版）	69元
最高人民法院知识产权案件年度报告（2008~2015）（中英文版）	198元
知识产权司法实务新型疑难问题：专利、商标与著作权热点问题	138元
知识产权司法实务新型疑难问题：知识产权司法保护与产业发展	120元
商业特许经营合同原理解读与审判实务	58元
赢在IP：知识产权诉讼实战策略	49元
网络游戏知识产权司法保护	68元

最高人民法院审判指导书系

执行规范理解与适用——最新民事诉讼法与民诉法解释保全、执行条文关联解读	139元
最高人民法院民事立案业务指导	108元
最高人民法院审判监督业务指导	128元
最高人民法院执行业务指导	128元